as novas infraestruturas produtivas

COLEÇÃO

Mundo do Trabalho

CAPITALISMO PANDÊMICO
Ricardo Antunes

CUIDADO: TEORIAS E PRÁTICAS
Helena Hirata

GÊNERO E TRABALHO NO BRASIL E NA FRANÇA
Alice Rangel de Paiva Abreu, Helena Hirata
e Maria Rosa Lombardi (orgs.)

ICEBERGS À DERIVA
Ricardo Antunes (org.)

OS LABORATÓRIOS DO TRABALHO DIGITAL
Rafael Grohmann

AS ORIGENS DA SOCIOLOGIA DO TRABALHO
Ricardo Festi

PARA ALÉM DO CAPITAL E PARA ALÉM DO LEVIATÃ
István Mészáros

A PERDA DA RAZÃO SOCIAL DO TRABALHO
Maria da Graça Druck e Tânia Franco (orgs.)

SEM MAQUIAGEM: O TRABALHO DE UM MILHÃO
DE REVENDEDORAS DE COSMÉTICOS
Ludmila Costhek Abílio

A SITUAÇÃO DA CLASSE TRABALHADORA NA INGLATERRA
Friedrich Engels

SUB-HUMANOS: O CAPITALISMO E A METAMORFOSE DA ESCRAVIDÃO
Tiago Muniz Cavalcanti

TEOREMA DA EXPROPRIAÇÃO CAPITALISTA
Klaus Dörre

UBERIZAÇÃO, TRABALHO DIGITAL E INDÚSTRIA 4.0
Ricardo Antunes (org.)

Veja a lista completa dos títulos em:
https://bit.ly/BoitempoMundodoTrabalho

Ricardo Festi
Jörg Nowak

as novas infraestruturas produtivas

digitalização do trabalho, e-logística e indústria 4.0

BOITEMPO

Direção-geral Ivana Jinkings
Edição Frank de Oliveira
Coordenação editorial Thais Rimkus
Coordenação de produção Juliana Brandt
Assistência editorial Marcela Sayuri
Assistência de produção Livia Viganó
Preparação Clara Altenfelder
Revisão Fernanda Lutfi
Capa Maikon Nery
Diagramação Antonio Kehl

Equipe de apoio Ana Slade, Artur Renzo, Bruno Ferreira, Davi Oliveira, Elaine Ramos, Higor Alves, Isabella de Oliveira, Isabella Meucci, Ivam Oliveira, Kim Doria, Letícia Akutsu, Luciana Capelli, Marina Valeriano, Mateus Rodrigues, Maurício Barbosa, Pedro Davoglio, Raí Alves, Renata Carnajal, Tatiane Carvalho, Tulio Candiotto

CIP-BRASIL. CATALOGAÇÃO NA PUBLICAÇÃO
SINDICATO NACIONAL DOS EDITORES DE LIVROS, RJ

N824
As novas infraestruturas produtivas : digitalização do trabalho, e-logística e Indústria 4.0 / organização Ricardo Festi, Jörg Nowak. - 1. ed. - São Paulo : Boitempo, 2024.
(Mundo do trabalho)
ISBN 978-65-5717-387-9
1. Sociologia do trabalho. 2. Teoria social - Aspectos tecnológicos. 3. Trabalho - Inovações tecnológicas. I. Festi, Ricardo. II. Nowak, Jörg. III. Série.

24-93007 CDD: 306.36
CDU: 316.334.22

Gabriela Faray Ferreira Lopes - Bibliotecária - CRB-7/6643

1ª edição: setembro de 2024

Esta publicação contou com apoio financeiro do projeto de pesquisa “Para onde vai o trabalho humano na era digital?”, proveniente de Emenda Parlamentar, gerido por meio da Fundação de Empreendimentos Científicos e Tecnológicos (Finatec).

BOITEMPO
Jinkings Editores Associados Ltda.
Rua Pereira Leite, 373
05442-000 São Paulo SP
Tel.: (11) 3875-7250 | 3875-7285
editor@boitempoeditorial.com.br
boitempoeditorial.com.br | blogdaboitempo.com.br
facebook.com/boitempo | twitter.com/editoraboitempo
youtube.com/tvboitempo | instagram.com/boitempo

Sumário

Apresentação

O livro *As novas infraestruturas produtivas: digitalização do trabalho, e-logística e Indústria 4.0* é produto de vários projetos de investigação que confluem ao redor de temas similares e de perspectivas críticas de análise sobre o mundo do trabalho contemporâneo. Ele reúne tanto as reflexões em curso nos estudos coordenados por seus organizadores quanto os trabalhos de pesquisadoras e pesquisadores nacionais e de outros países, buscando conformar uma rede de intercâmbios e de interlocuções intelectuais. Além disso, a obra se soma às publicações recentes nesta mesma coleção: *Uberização, trabalho digital e Indústria 4.0* (2020) e *Icebergs à deriva: o trabalho nas plataformas digitais* (2023).

Os textos aqui reunidos abordam um conjunto de temas candentes sobre o capitalismo contemporâneo. Todos são resultado de investigações empíricas, realizadas obedecendo a múltiplas metodologias, o que atesta a objetividade de seus dados analisados sob o prisma de teorias sociais críticas. Os temas vão da análise dos impactos da automação, da plataformização e da digitalização do trabalho sobre as trabalhadoras e os trabalhadores, passando pela abordagem interseccional que coloca em relevância a raça/etnia, o gênero, a geração e a sexualidade no processo de acumulação do capital, para culminar em uma reflexão mais ampla sobre o capitalismo em sua fase neoliberal. Também é objeto de preocupação de vários textos compreender as percepções políticas e as novas formas de organização da classe trabalhadora.

Assim, apresentamos às leitoras e aos leitores um diagnóstico preciso, ainda que parcial, das tendências do capital, ressaltando-se não apenas suas formas de exploração, mas também de espoliação e de expropriação. A devastação e a corrosão dos direitos trabalhistas têm dado saltos substanciais nos últimos anos, sobretudo com o avanço das empresas-plataformas em todo o mundo. É evidente que assistimos a uma reorganização da divisão do trabalho e das cadeias de valor em escala global, mesmo com tendências contraditórias que se expressam, por um lado, pela fragmentação geopolítica da economia internacional e, por outro, pela persistência e pela expansão do modelo de terceirização, *offshoring* e subcontratação. Nesse cenário, surgem várias formas híbridas de labor que combinam subordinação a outros com a forma legal do trabalho autônomo.

Este livro pretende ser um meio de reflexão e consulta para acadêmicos e profissionais vinculados às problemáticas do mundo do trabalho, mas, sobretudo, um instrumento de conhecimento e de luta daqueles que objetivam um mundo emancipado. Ele marca um momento especial de confluência de projetos de pesquisas em curso na Universidade de Brasília (UnB). Um deles, coordenado por Ricardo Festi e intitulado *Para onde vai o trabalho humano na era digital?*, tem reunido pesquisadoras e pesquisadores em torno de uma agenda de pesquisa que busca compreender as novas formas de trabalho do mundo digitalizado e plataformizado. Nesse marco, tem refletido sobre a conformação da consciência e as formas de engajamento dos sujeitos envolvidos. Já as pesquisas de Jörg Nowak abordam conflitos de trabalho na área de transporte rodoviário e pretendem transformar os tradicionais estudos de relações industriais dentro de uma perspectiva dos estudos globais de trabalho, que incluem a reflexão sobre as diferentes formas de mobilização e sobre o racismo como estruturante do capitalismo.

Por fim, é fundamental dizer que este livro só foi possível pela generosidade e pelo empenho de várias pessoas. Temos de agradecer a Ricardo Antunes por ter acolhido esta obra na coleção Mundo do Trabalho da editora Boitempo. Desta, gostaríamos de agradecer, na figura de Ivana Jinkings, a todas as funcionárias e a todos os funcionários pelo excelente trabalho editorial. A Laura Valle Gontijo e Thamires Castelar Torres Sales pelas traduções realizadas. E a Matheus Paiva pela ajuda nos primeiros contatos com as autoras e os autores. Devemos mencionar ainda que esta obra contou com aporte financeiro de uma emenda parlamentar destinada a uma das pesquisas mencionadas acima.

Ricardo Colturato Festi e Jörg Nowak

1

Consciência em paralaxe

Tensões e ambiguidades entre entregadores de aplicativos

Ricardo Colturato Festi
João Pedro Inácio Peleja
Kethury Magalhães dos Santos
Laura Valle Gontijo

Introdução

As transformações ocorridas nas últimas décadas no mundo do trabalho por conta da implementação de novas formas de gestão e maquinários, em particular a automação algorítmica, produziram um intenso debate no meio acadêmico e político acerca dos desafios da organização das trabalhadoras e dos trabalhadores em vista de resistir à precarização de suas vidas e labores e, concomitantemente, almejar horizontes emancipatórios. A aparente rejeição do arcabouço de direitos fundamentais ao trabalho por parte dos que são explorados pelo capital deixa ainda mais complexa a reflexão em torno da consciência política e, particularmente, da identidade de classe na atualidade. Estaríamos diante de um retrocesso sem tamanho na subjetividade operária? Ou estaríamos assistindo ao alvorecer de uma nova forma de ser e pensar da força de trabalho?

Este capítulo busca contribuir com essa reflexão por meio da análise dos resultados de uma *survey* respondida por entregadores de aplicativos no Distrito Federal e Entorno em 2023. O objetivo inicial da *survey* era compreender as percepções e as demandas desses trabalhadores diante do debate acerca da regulação das plataformas digitais impulsionado pelo governo Lula. Para fazer esta análise e fugir do "fetichismo das enquetes", recorremos a um arcabouço analítico crítico e à análise comparativa de experiências de trabalho semelhantes em outros países, sempre ressaltando as particularidades do Brasil na constituição e reprodução da força de trabalho. Dessa forma, levamos em consideração a racialização e as heranças do passado escravocrata sobre o trabalho. Assim, pudemos verificar entre esses trabalhadores uma posição política ambígua, que denominaremos de consciência em paralaxe.

Metodologia

A estratégia de amostragem consistiu em construir e aplicar um questionário composto de doze perguntas fechadas sobre as percepções da regulamentação pública do trabalho plataformizado para essa população de interesse no Distrito Federal e Entorno. Trata-se de uma seleção por amostragem aleatória simples com o objetivo de ser estatisticamente representativa[1]. A aplicação ocorreu em duas fases: uma on-line e outra presencial[2], ambas utilizando a plataforma LimeSurvey. Como os entregadores de aplicativos circulam por muitos lugares e perfazem jornadas longas no decorrer da semana, torna-se difícil abordar esses trabalhadores para entrevistá-los. Geralmente isso é possível em momentos que estão descansando e esperando por chamadas, entre o final da alta demanda pelo horário de almoço dos clientes e o horário da janta à noite. Uma caraterística já apontada em pesquisas anteriores é a capacidade de mobilização da categoria nas redes sociais[3]. Além disso, é por meio de grupos de WhatsApp e perfis de Instagram, Facebook, TikTok etc. que entregadores e entregadoras compartilham suas rotinas e trocam experiências com outros colegas da profissão.Tendo em vista esses desafios e possibilidades metodológicas, primeiramente aplicamos o questionário de forma on-line entre 27 de março e 21 de junho de 2023. O *link* do questionário virtual foi compartilhado em alguns grupos de WhatsApp e redes sociais[4]. Também divulgamos o questionário por meio dos perfis do Instagram do Grupo de Pesquisa Trabalho e Teoria Social da Universidade de Brasília (UnB) e das contas pessoais dos pesquisadores deste projeto. Nessa fase, 170 pessoas responderam completamente ao questionário[5].

A etapa presencial teve início em 9 de maio e terminou em 21 de junho de 2023[6]. A aplicação do questionário foi antes planejada em reuniões do projeto de pesquisa e distribuída aos pesquisadores. O intuito era realizar a sondagem sobre o tema da

---

1 Earl Babbie, *Métodos de pesquisas de survey* (Belo Horizonte, Editora UFMG, 1999).

2 As duas etapas de aplicação basearam-se no mesmo desenho de questionário com perguntas fechadas.

3 Isabel Roque, "Organizing the digital working-class in Portugal during the Covid-19 pandemic", *Sociedade e Estado*, Brasília, v. 38, n. 1, p. 9-33, jan./abr. 2023. Ricardo Festi et al., "Os trabalhadores de plataformas no Brasil: reflexões da pesquisa de campo", em CUT, *Condições de trabalho, direitos e diálogo social para trabalhadoras e trabalhadores do setor de entrega por aplicativo em Brasília e Recife* (São Paulo, Central Única dos Trabalhadores, 2021), p. 60-111.

4 O acesso aos grupos de WhatsApp com centenas de entregadores ocorreu com a ajuda de Abel Santos, uma das principais lideranças políticas da categoria no Distrito Federal e Entorno, e um dos pesquisadores do projeto de pesquisa. Suas contribuições foram igualmente essenciais para a escolha dos locais de aplicação presencial.

5 Um total de 433 pessoas acessaram o formulário on-line pelo LimeSurvey e não enviaram suas respostas. Isso mostra que a pesquisa envolveu muitos potenciais entrevistados que não encerraram o preenchimento completo do questionário.

6 É importante notar que a aplicação da pesquisa foi encerrada antes do lançamento do Grupo de Trabalho Pleno (GT) que discutiu a regulamentação de trabalho de aplicativos pelo Poder Executivo no período entre agosto e outubro de 2023.

regulamentação em lugares do espaço urbano onde se concentram entregadores de aplicativos, que são pontos e estabelecimentos comerciais com alta demanda de chamadas para entregas em Brasília. Seguindo essa lógica, aplicamos a *survey* em locais de bastante movimento e em pontos espalhados da cidade[7]. Conseguimos entrevistar um total de 77 trabalhadores nessa segunda fase da pesquisa.

Como resultado da realização do processo em duas etapas, construímos uma base de dados estatisticamente representativa[8], uma vez que obtivemos uma quantidade satisfatória de respostas (n = 247). Ademais, o perfil sociodemográfico identificado pelo inquérito corrobora com as análises feitas em âmbito nacional a partir de pesquisas domiciliares amostrais do Instituto Brasileiro de Geografia e Estatística (IBGE). Tais estudos mostram que a maior parte dos trabalhadores plataformizados é constituída por homens, pretos e pardos (negros), e jovens adultos[9].

Os resultados obtidos com o processamento estatístico do inquérito também revelam que a imensa maioria dos entregadores no Distrito Federal e Entorno são homens, sendo 88,3% do gênero masculino e 11,7% do gênero feminino. Verificamos que 24,7% dos respondentes se autodeclaram brancos, e 75,2% se disseram pretos e pardos. Quanto à faixa etária, a maior parte tem entre 26 e 30 anos (26,7%), seguida pelas de 31 a 35 anos (21,5%), 20 a 25 anos (19,8%) e 36 a 40 anos (14,2%). Observou-se uma pequena porcentagem de jovens adultos de 18 a 20 anos (5,7%)[10] e de pessoas com idade superior a 50 anos (12,2%) nas plataformas de *delivery* na região.

---

[7] Estacionamento do Park Shopping (Guará); Estacionamento do Casapark Shopping (Guará); Área II QI 27 QI 29 Cl, Guará II (Guará); Ricco Burger, SMDB (Lago Sul); Boulevard Shopping (Asa Norte); Shopping Iguatemi (Lago Norte); Shopping Conjunto Nacional (Asa Norte); Shopping Pier 21 (Asa Sul); Pátio Brasil Shopping (Asa Sul); Taguatinga Shopping (Taguatinga); e iFood Pedal Brasília (Águas Claras).

[8] Os resultados da aplicação on-line foram comparados com os da aplicação presencial, com o objetivo de averiguar possíveis vieses de respostas obtidas por meio de redes sociais de entregadores que pudessem vir a comprometer a qualidade da amostra. De modo geral, foi possível observar uma homogeneidade dos dados registrados nas duas etapas da pesquisa.

[9] R. S. Lapa, "O trabalho em plataformas digitais e a pandemia da covid-19: análise dos dados da PNAD covid-19/IBGE", *Boletim Mercado de Trabalho: Conjuntura e Análise* (Ipea), v. 27, p. 71, disponível on-line. Geraldo Góis, Antony Firmino e Felipe Martins, "Painel da gig economy no setor de transportes do Brasil: quem, onde, quantos e quanto ganham", *Carta de Conjuntura*, n. 55, nota 14, abr.-jun. 2022. Marcelo Manzano e André Krein, "A pandemia e o trabalho de motoristas e entregadores por aplicativos no Brasil", Cesit, 2020.

[10] Em nosso questionário, optamos por selecionar o intervalo de 18 a 20 anos como a menor faixa etária. No entanto, em uma de nossas saídas de campo encontramos o jovem Heitor (nome fictício), negro, dezessete anos e morador de Planaltina (DF). Ele pedala cerca de setenta quilômetros de sua cidade até o Guará II, para seu primo fazer o reconhecimento facial no aplicativo do iFood, pois a conta que possui é emprestada. E quando não precisa fazer o reconhecimento facial, são quarenta quilômetros percorridos para trabalhar na Asa Norte. A plataforma não permite o cadastro de menores, mas a prática de empréstimo de contas é relativamente comum, como sugeriu o rapaz.

Há uma significativa concentração de entregadores que moram nas Regiões Administrativas mais pobres do Distrito Federal, como São Sebastião (16,6%) e Ceilândia (10,5%), e nos municípios do Entorno de Brasília, como Valparaíso de Goiás (8,1%). Por outro lado, existe uma predominância do deslocamento de locais mais distantes até a área central de Brasília, dado que muitos entregadores costumam trabalhar no Plano Piloto (50,2%), Lago Sul (41,3%), Lago Norte (31,2%), Águas Claras (25,5%), Guará (23,9%), Sudoeste/Octogonal (20,7%), entre outras regiões[11]. Dessa forma, obtivemos uma amostra bastante heterogênea, com trabalhadores residentes nas mais distintas Regiões Administrativas do Distrito Federal e do seu entorno.

O que pensam os entregadores do Distrito Federal sobre o debate da regulação do trabalho de aplicativo[12]

Em relação à opinião dos entregadores sobre a melhor forma de regulamentar a categoria, 59,9% optaram pela modalidade de trabalho autônomo ou por conta própria. Outros 23,1% responderam em favor da figura do Microempreendedor Individual (MEI). Apenas 7,3% escolheram que preferem a condição de contrato por tempo indeterminado, com salário mínimo ou piso da categoria e jornada diária de oito horas (CLT Normal), e 3,2% responderam em favor da condição de contrato intermitente (CLT). Já 6,4% optaram por regulamentação própria ou outra forma de regulamentação. Para outras possibilidades de leitura dos dados, agregamos as duas seleções de contrato CLT e suprimimos as opções de regulamentação própria e outra. Desse modo, observamos que 64,1% dos entregadores preferem trabalhar como autônomo/por conta própria, 24,7% como MEI e 11,3% como CLT.

Quando olhamos para as reivindicações consideradas as principais para a categoria, notamos que os entregadores demandam pautas como o fim das corridas duplas ou triplas (78,1% responderam sim), fim dos bloqueios sem defesa (71,3%), ponto de apoio (60,3%), adicional de periculosidade (57,5%), auxílio-doença e auxílio-acidente pagos pelas empresas-plataformas (55,1%) e política de desconto para compra do veículo de trabalho (53,8%). Importa destacar que as primeiras três opções mais escolhidas pelos trabalhadores se referem à pauta de reivindicações dos Breques dos Apps, mobilizações grevistas organizadas pelos entregadores nos últimos anos. Quanto aos auxílios-doença e acidente e ao adicional de periculosidade, é importante dizer que os serviços de entrega de alimentos de aplicativos tiveram um aumento exponencial durante a pandemia de covid-19. A associação

[11] Como essa questão é de múltipla escolha, consideramos as maiores porcentagens de respostas positivas em relação às regiões onde os entrevistados normalmente trabalham.

[12] Para um olhar mais detalhado do resultado dessa pesquisa de 2023 com entregadores de aplicativos do Distrito Federal, ver a nota técnica "O que pensam os entregadores sobre o debate da regulação do trabalho por aplicativos? Resultados de *survey* aplicada em 2023", publicada na revista *Mercado de Trabalho: Conjuntura e Análise*, Brasília, Ipea, ano 30, n. 77, abr. 2024.

Gráfico 1 – Porcentagem das escolhas dos tipos de regulamentação, Distrito Federal e Entorno (2023)

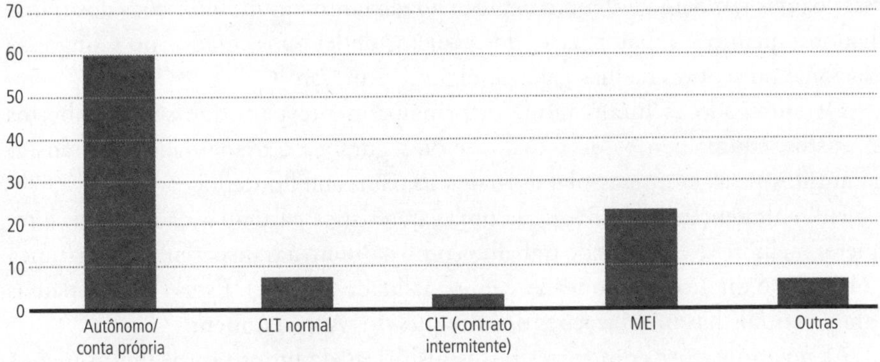

Fonte: elaboração dos autores com base nos dados da *survey*.

Gráfico 2 – Porcentagem das escolhas dos tipos de reivindicação, no Distrito Federal e Entorno (2023)

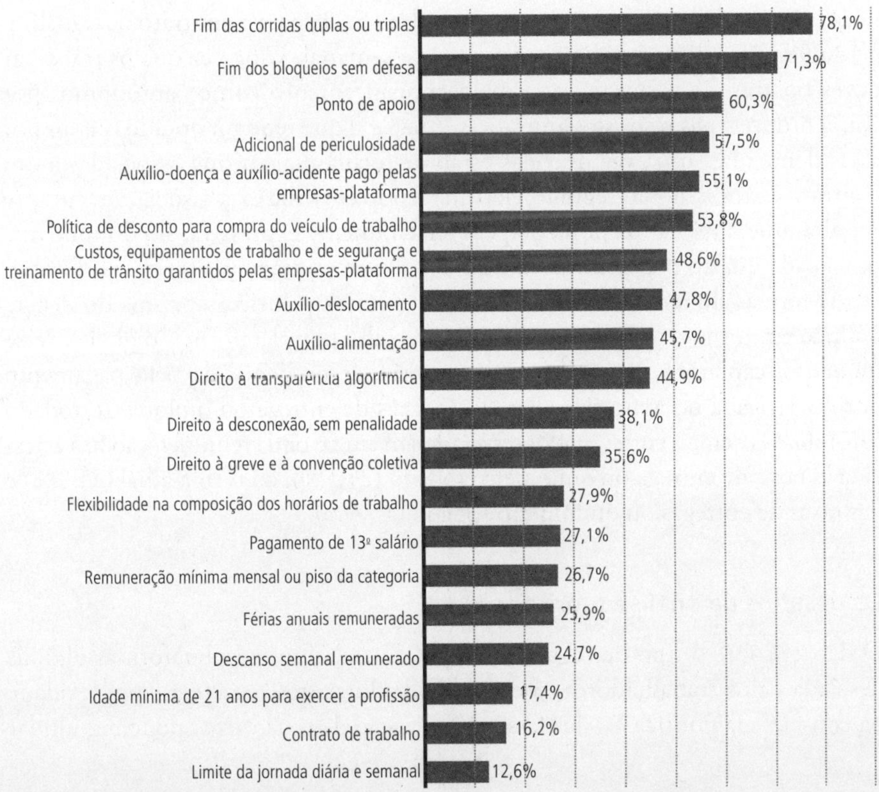

Fonte: elaboração dos autores com base nos dados da *survey*.

desse trabalho a uma atividade perigosa e insalubre, além da alta probabilidade de esses profissionais contraírem o vírus da doença, durante o expediente, fizeram essas pautas também ganharem expressividade tanto nas mobilizações dos trabalhadores quanto na maior parte dos projetos de lei apresentados no Congresso Nacional no sentido de lhes garantir alguma proteção[13].

Os entregadores lutam também principalmente para que sejam cobertos os custos, equipamentos de trabalho e de segurança e treinamento de trânsito garantidos pelas empresas-plataformas (48,6%), auxílio-deslocamento (47,8%) e auxílio-alimentação (45,8%). Há uma caraterística particular da categoria a requerer melhores condições de trabalho como o direito à transparência algorítmica (44,9%) e o direito à desconexão, sem penalidade (38,1%). Essas e outras pautas foram centrais nas mobilizações dos Breques dos Apps também.

As reivindicações com fortes raízes históricas de luta sindical foram menos demandadas pela categoria de entregadores no Distrito Federal e Entorno, pois apenas 35,7% responderam positivamente para o direito a greve e convenção coletiva; 27,1% para o pagamento de 13º salário; 26,7% para a remuneração mínima mensal ou piso da categoria; 25,9% para as férias anuais remuneradas; 24,7% para o descanso semanal remunerado; 16,2% para o contrato de trabalho; e 12,6% para o limite das jornadas diária e semanal. Uma vez que os trabalhadores optaram, em sua maioria, pelo enquadramento como "autônomos/por conta própria" nas respostas anteriores, é natural que tenham optado menos por essas demandas, uma vez que elas estão de forma mais nítida associadas a um contrato de trabalho no regime celetista. Tendo em vista essa associação, cumpre ressaltar que 25% é uma porcentagem relativamente expressiva, sinalizando que um a cada quatro profissionais deseja obter essas vantagens do vínculo formal.

As formas de remuneração constituem um dos principais pontos do debate político em torno da regulamentação do trabalho por plataformas digitais. Nesse inquérito, captamos uma tendência e prioridade na demanda pelo pagamento por hora logada no aplicativo somado às taxas de entrega ou quilômetro rodado (38,1%). Os demais entrevistados responderam em favor da remuneração fixa acrescida às taxas de entrega ou quilômetro rodado (21,5%), da forma atual (21,1%) e das taxas de entregas ou quilômetro rodado (15,4%).

Os desafios da análise teórica

O debate sobre o tipo de regulamentação do trabalho em plataformas digitais desejada pelos trabalhadores e pelas trabalhadoras nos remete à complexidade da consciência política ou de classe. A aplicação de uma *survey* pode nos ajudar

---

[13] Ver Aline Gil Pereira Soares, "Entregadores por aplicativo e a Covid-19: uma entrega destinada ao Poder Legislativo", *Laborare*, v. 6, n. 10, 2023, p. 164-77; disponível on-line.

a entender movimentos na percepção e nas atitudes políticas de grupos sociais, em determinado contexto e época. No entanto, ela não permite compreender processos subjetivos e políticos mais amplos e profundos que estão interligados com a historicidade, com as tradições políticas e com influências que estão além do contexto do trabalho[14]. No caso deste texto, nossa reflexão buscará uma relação entre as respostas obtidas na *survey*, a forma de gestão do trabalho e o contexto histórico-político.

Talvez o maior desafio político e analítico do trabalho em plataformas digitais esteja justamente na aparente contradição presente nos discursos dos trabalhadores entre a rejeição às formas tradicionais de relações trabalhistas típicas do século passado[15] e a reivindicação de direitos. Também é visível a contradição entre uma percepção de flexibilidade e liberdade no trabalho e uma subordinação algorítmica tremendamente brutal e eficaz. Assim, devemos vincular a tal "flexibilidade de horários" e a "liberdade" com a precariedade e a vulnerabilidade desse tipo de ofício[16].

A racialização do trabalho precarizado e as singularidades brasileiras

Aparentemente há uma diferença importante entre os trabalhadores de *delivery* e de transporte por passageiros nas plataformas digitais do Brasil e dos demais países,

---

[14] De janeiro a março de 2021, realizamos quarenta entrevistas com entregadores e lideranças de aplicativos e, nesse momento, mais de 50% nos revelaram preferir um contrato de trabalho, regido pela CLT, a outras formas de vínculo. Acreditamos que essa resposta se explica pelo contexto pós-pandêmico e por um certo enviesamento da amostragem que, pelo método de bola de neve, pode ter se restringido a pessoas mais engajadas politicamente. Na *survey* de 2023, fomos aos pontos de coleta e entrevistamos pessoas de forma aleatória. Foi possível observar que elas possuíam diferentes posições políticas e eram oriundas das mais distintas localidades. Ainda assim, é importante destacar que, em muitos casos, após aplicarmos o questionário e seguirmos conversando com os trabalhadores, ao final, muitos que escolheram a opção de "autônomo/por conta própria" ou "MEI" acabavam revelando que eram simpáticos ao contrato de trabalho por entender que há maior estabilidade e mais direitos.

[15] O antigo regime de trabalho (fordista) tinha como característica preponderante o contrato de tempo indeterminado e estandardizado (particularmente para homens adultos), fundado sobre uma troca entre um alto nível de subordinação e controle e de compensações de proteções sociais e garantia do emprego. Ver Alain Supiot (org.), *Au-delà de l'Emploi: Les Voies d'une vraie réforme du droit du travail* (Paris, Flammarion, 2016).

[16] Mohammad Amir Anwar e Mark Graham, "Between a Rock and a Hard Place: Freedom, Flexibility, Precarity and Vulnerability in the Gig Economy in Africa", *Competition & Change*, v. 25, n. 2, 2021, p. 237-58; disponível on-line; Francis Green, *Demanding Work: The Paradox of Job Quality in the Affluent Economy* (Princeton, Princeton University Press, 2006); Arne L. Kalleberg, *Good Jobs, Bad Jobs: The Rise of Polarized and Precarious Employment Systems in the United States, 1970s to 2000s* (Nova York, Russell Sage Foundation, 2013); Guy Standing, *The Precariat: The New Dangerous Class* (Londres/Nova York, Bloomsbury Academic, 2014) [ed. bras.: *O precariado: a nova classe perigosa*, trad. Cristina Antunes, Belo Horizonte, Autêntica, 2013]; Jan Drahokoupil e Agnieszka Piasna, "Work in the Platform Economy: beyond Lower Transaction Costs", *Intereconomics*, Bruxelas, v. 52, n. 6, p. 335-40, 2017; disponível on-line.

sendo que nos últimos é observada uma presença significativa de imigrantes. É o que se verifica na Itália[17], Polônia[18], Canadá[19], França[20], Londres[21] e Portugal[22]. Mas esse não é um fenômeno apenas de países centrais, também é visto em periféricos como Argentina, Chile, Colômbia e outros. No entanto, ainda que o Brasil não apresente essa característica como predominante, o que o aproxima dos demais é o alto grau de racialização desse tipo de trabalho. Nesse sentido, estamos compreendendo a racialização não apenas enquanto uma ação de discriminação, de exploração e de opressão contra indivíduos de determinada cor de pele, mas de forma ampliada enquanto processo de inferiorização de um grupo de sujeitos (reconhecidos a partir de algum atributo) com o objetivo de criar subordinações que permitam maior controle e espoliação por parte do capital e, concomitantemente, maiores divisões nas fileiras da classe trabalhadora[23]. Portanto, a racialização tem como resultado a reificação de uma relação de dominação[24]. Em todo o mundo, é possível verificar que o longo processo de erosão das condições de trabalho e de destruição das políticas de proteção social é acompanhado por um aumento da racialização nos setores mais precários do mundo do trabalho[25].

---

[17] Gianluca Iazzolino e Amarilli Varesio, "Gaming the System: Tactical Workarounds and the Production of Antagonistic Subjectivities among Migrant Platform Workers in Italy", *Antipode*, v. 25, n. 3, maio 2023, p. 877-96; disponível on-line.

[18] Dominika Polkowska, "Does the app contribute to the precarization of work? The case of Uber drivers in Poland", *Partecipazione e conflitto*, v. 12, n. 3, p. 717-41, 2019.

[19] Laura Lam e Anna Triandafyllidou, "Road to Nowhere or to Somewhere? Migrant Pathways in Platform Work in Canada", *Environment and Planning A: Economy and Space*, 17 maio 2022; disponível on-line.

[20] Sophie Bernard, *UberUsés: le capitalisme racial de plateforme à Paris, Londres et Montréal* (Paris, PUF, 2023).

[21] Callum Cant, *Riding for Deliveroo: Resistance in the New Economy* (Cambridge, Polity, 2020).

[22] Andrea Poleto Oltramari et al., "Sociedades do trabalho uberizado: o sonho do migrante permanece um pesadelo", em Fábio Tozi (org.), *Plataformas digitais e novas desigualdades socioespaciais* (São Paulo, Max Limonad, 2023), p. 95-114.

[23] O conceito de racialização ganha sentidos diferentes conforme a realidade concreta analisada e os referenciais teóricos dos autores. Em muitos países, o sujeito racializado é o migrante. Na França, por exemplo, a racialização recai sobretudo aos originários de países árabes e africanos, mas também de regiões mais pobres da União Europeia. Nos Estados Unidos, a racialização atinge não apenas os afro-americanos, mas também os latinos (migrantes ou filhos de migrantes da América Latina). Para uma reflexão sobre o capitalismo racial de plataforma, ver Sophie Bernard, *UberUsés*, cit.

[24] Nesse caso, vale o conceito de *devir-negro* de Mbembe: "Pela primeira vez na história humana, o nome Negro deixa de remeter unicamente para a condição atribuída aos genes de origem africana [...]. A este novo caráter descartável e solúvel, à sua institucionalização enquanto padrão de vida e à sua generalização ao mundo inteiro, chamamos o *devir-negro do mundo*"; Achille Mbembe, *Crítica da razão negra* (trad. Marta Lança, Lisboa, Antígona, 2014), p. 18 [ed. bras.: *Crítica da razão negra*, trad. Sebastião Nascimento, São Paulo, n-1 edições, 2018].

[25] J. Alimahomed-Wilson, "La Révolution de la e-logistique. E-commerce, travail et retransformation de la chaîne d'approvisionnement de la Californie du Sud", *Travail et Emploi*, n. 162, 2020, p. 103-26.

Veena Dubal, em seus estudos com motoristas de plataformas digitais nos Estados Unidos, constatou uma diferença na opinião entre trabalhadores estadunidenses não migrantes e trabalhadores migrantes[26]. Enquanto os primeiros geralmente possuem uma experiência sindical pregressa e relatam a necessidade de terem um contrato de trabalho e de serem classificados como "empregados", os segundos preferem ser classificados como "prestadores de serviço"[27]. Assim, a autora reconhece que, para os profissionais migrantes, a identificação como "prestadores de serviço" lhes permitia se distanciar de uma identidade de trabalhador assalariado ou "escravo assalariado", fornecendo-lhes uma posição respeitosa em um ofício que é desvalorizado socialmente. Da mesma forma, o sentimento de poder determinar as pausas para um café ou mesmo a opção de não trabalhar em determinado dia lhes conferiam uma sensação de "liberdade" e "flexibilidade". Ter um certo controle sobre sua vida é uma forma de conferir dignidade ao seu trabalho, afirma a autora.

É possível utilizar-se da reflexão de Dubal para analisar a realidade dos entregadores de aplicativos no Brasil. Como observamos em nossa *survey*, há uma preferência pelo enquadramento como "autônomo" ou "por conta própria". Nesse sentido, a hipótese de Dubal com relação à busca por dignidade e à fuga de uma identidade de "trabalhador escravo" também serve para a realidade brasileira. Na verdade, muito antes da automação digital, é sabido que, no Brasil, parte significativa dos setores precarizados possuem uma relação de dubiedade com o emprego regido por um contrato de trabalho. Ao mesmo tempo que o aspiram e o veem como um meio de estabilidade e ascensão social, na prática, principalmente os setores subalternos da sociedade já vivenciaram contratos de trabalho precários, mal pagos, submetidos às diversas formas de violência física e simbólica. Não foram poucos os entregadores entrevistados que nos descreveram situações de humilhação e violência, além de má remuneração, em empregos pretéritos com carteira assinada. No entanto, como é possível ver no depoimento que nos foi concedido em 2021, o que tem importado é menos os direitos e mais a remuneração, vivendo-se numa lógica acelerada da sobrevivência, o que acaba por gerar uma expropriação do futuro de setores significativos da classe trabalhadora:

---

[26] Veena B. Dubal, "The Drive to Precarity: a Political History of Work, Regulation, & Labor Advocacy in San Francisco's Taxi & Uber Economies", *Berkeley Journal of Employment and Labor Law*, v. 38, n. 1, 2017, p. 73-135; disponível on-line; idem, "Wage Slave or Entrepreneur?: Contesting the Dualism of Legal Worker Identities", *California Law Review*, v. 105, n. 1, 2017, p. 65-124; disponível on-line.

[27] A autora utiliza a categoria *independent contractor*. A palavra *contractor*, de acordo com o *Oxford Language Dictionary* (disponível on-line), é comumente utilizada em língua inglesa para se referir a "uma pessoa ou empresa que assume um contrato para fornecer materiais ou mão de obra para efetuar um serviço ou um trabalho". Traduzimos a palavra, portanto, para prestador de serviço.

> Eu nem me lembro quando foi que eu trabalhei de carteira assinada. Eu tive algumas decepções, viu! Para mim, não faz muita diferença. Acho que essa questão que eles colocaram o MEI: como os governantes não conseguem gerar emprego para todo mundo e a galera já sabe lidar com autônomo. Acredito que a única coisa que falta é eles colocarem algumas regrinhas pra quem presta serviço. Não falo só de entregador, mas todo mundo que é MEI. Simples, ninguém pode ganhar menos que x. De acordo com a inflação do país. [...] O que eu queria mesmo era, não importa se é de carteira assinada, não importa se é MEI, eu queria mesmo era ter uma remuneração que acompanhasse a inflação, entendeu? (Flávio, 35 anos, negro.)[28]

Esse discurso pode ser explicado por fatores histórico-estruturais herdados da escravização, como é o caso da alta taxa de informalidade presente no nosso mercado de trabalho[29]. Além disso, por mais de um século, construiu-se uma memória e uma identidade em torno da precariedade e que esta seria sinônimo de "flexibilidade" e "liberdade" por não haver uma subordinação direta a um patrão. A isso, soma-se a racialização da força de trabalho precarizada.

Esse é um velho debate das ciências sociais brasileiras acerca das singularidades da classe trabalhadora de nosso país. Juarez Brandão Lopes[30] foi um dos primeiros, nas décadas de 1950 e 1960, a identificar uma vontade entre os setores mais precarizados (e racializados) de fugir da condição operária, isto é, do trabalho industrial subordinado a um patrão por meio de um contrato de trabalho. Suas pesquisas empíricas demonstraram uma significativa fração desejosa pelo que entendiam por "independência", que seria conquistada com o retorno ao meio rural ou a abertura de um comércio (quase sempre informal) nos meios urbanos. Segundo o autor, "esse valor cultural de trabalhar por conta própria, ser independente, valer-se da própria iniciativa e não se subordinar a ninguém"[31] estava presente nas classes baixas de origem rural, principalmente do Nordeste. Ainda que sua conclusão parta de uma premissa equivocada, baseada no estrutural funcionalismo e na teoria da modernização dos anos 1950[32], que via no mundo rural a representação do arcaico e do atraso, não conseguindo com isso identificar o papel central do racismo nesse processo de subjetivação, os relatos reproduzidos em seus livros comprovam a existência e a importância do fenômeno, abordado posteriormente por outras investigações[33].

---

28 Para manter o anonimato do entrevistado, criamos um nome fictício.

29 Francisco de Oliveira, *Crítica à razão dualista: o ornitorrinco* (São Paulo, Boitempo, 2003).

30 Juarez Rubens Brandão Lopes, *Sociedade industrial no Brasil* (São Paulo, Difel, 1964); idem, *Crise do Brasil arcaico: estudo das relações industriais na sociedade patrimonialista brasileira* (São Paulo, Difel, 1966).

31 Juarez Rubens Brandão Lopes, *Sociedade industrial no Brasil*, cit., p. 36.

32 Ver Ricardo Festi, *As origens da sociologia do trabalho: percursos cruzados entre Brasil e França* (São Paulo, Boitempo, 2023).

33 Lúcio Kowarick, *Trabalho e vadiagem: a origem do trabalho livre no Brasil* (3. ed., São Paulo, Editora 34, 2019).

Como ressalta Galvão:

> Se, por um lado, ser CLT garante proteção e direitos ao trabalhador, por outro, significa uma redução do ganho imediato, além do assalariamento ser associado à ausência de liberdade e à subordinação ao poder patronal. Embora a recusa da CLT não seja sinônimo de adesão ao empreendedorismo, não se pode desprezar o impacto dessa ideologia, que se propaga em diferentes segmentos da sociedade, também entre os trabalhadores por aplicativo.[34]

A população negra, assim como as mulheres e os jovens, tem maior dificuldade de acesso ao mercado de trabalho e, por conta disso, acaba recebendo os salários mais baixos[35]. A preferência ligeiramente maior pelo regime "autônomo/por conta própria" e "CLT" pode estar relacionada a uma experiência pretérita com a informalidade e a uma busca por maior segurança de renda, respectivamente. Entre os brancos, a opção pelo "MEI" pode estar relacionada a uma maior chance de "escolha" de regime de trabalho. Tendo em vista toda a carga ideológica do empreendedorismo vigente, o "MEI" se apresenta como uma opção para o exercício do trabalho de forma "autônoma" com alguma proteção assegurada, como é o caso da previdência social.

No Brasil, a análise do labor mediado por plataformas digitais não pode ocorrer sem que o ponto de partida seja o da *divisão racial do trabalho*. Tendo isso em vista, evocamos as reflexões traçadas por Lélia Gonzalez[36] sobre a formação do modo de produção capitalista no território brasileiro e suas articulações com as categorias gênero e etnicidade. Ao elaborar suas formulações acerca do lugar que a população negra ocupa no mundo do trabalho, a autora recorre ao conceito de "massa marginal" elaborado pelo sociólogo argentino José Luis Nun[37]:

> Chamarei de "massa marginal" essa parte afuncional ou disfuncional da superpopulação relativa. Portanto, este conceito – mesmo que seja o de exército industrial de reserva – se situa ao nível das relações que se estabelecem entre a população sobrante e o setor produtivo hegemônico. A categoria implica, assim, uma dupla referência ao sistema que, por um lado, gera esse excedente e, por outro, não precisa dele para seguir funcionando.[38]

---

[34] Andréia Galvão, "Sindicalismo e ação coletiva diante da precarização do trabalho no Brasil", em Adalberto Cardoso, Fabiano Santos e Ericson Crivelli (orgs.), *Trabalho em transe: raízes e efeitos políticos das mudanças no mundo do trabalho no Brasil* (São Paulo, Contracorrente, 2023).

[35] Clara Velasco, "Negros ganham R$ 1,2 mil a menos que brancos em média no Brasil; trabalhadores relatam dificuldades e 'racismo velado'", *G1*, 13 maio 2018; disponível on-line.

[36] Ver Lélia Gonzalez, "Cultura, etnicidade e trabalho: efeitos linguísticos e políticos da exploração da mulher", em *Por um feminismo afro-latino-americano: ensaios, intervenções e diálogos* (Rio de Janeiro, Zahar, 2020).

[37] Ver José Luis Nun, "Superpoblación relativa, ejército industrial de reserva y masa marginal", *Revista Latinoamericana de Sociología*, Buenos Aires, CIS-Instituto Torcuato Di Tella, v. 5, n. 2, jul. 1969, p. 178-235.

[38] Ibidem, p. 21 (tradução nossa).

Com a deterioração das condições de vida e de trabalho impostas pela pandemia de covid-19 e pelo aumento das taxas de desemprego[39], houve um grande deslocamento dessa massa de trabalhadores para as plataformas como alternativa à falta de trabalho. Pode-se dizer que essas empresas vêm reunindo indivíduos que possuem em suas trajetórias uma vasta experiência com a discriminação ocupacional, como por exemplo negros, jovens, mulheres, pessoas mais velhas e egressos do sistema prisional[40].

Assim, retornando à reflexão de Gonzales, o produto das economias desiguais e dependentes é a formação de uma população excedente, que assumirá o papel de massa marginal. Esse segmento do exército industrial de reserva dificilmente será absorvido pelo mundo do trabalho de forma estável, pois constitui a parte dispensável da acumulação capitalista. No Brasil, como observou a autora, ela é majoritariamente composta pela parcela da população subordinada racialmente e que não possui participação integral nos processos políticos, econômicos e culturais e, normalmente, se concentra em serviços domésticos, ocupações-refúgio ou bicos, trabalho ocasional, intermitente etc.[41]. Pode-se acrescentar, atualizando a lista, as plataformas digitais de *delivery*.

A precariedade estrutural e suas implicações na consciência

A precariedade do trabalho assume múltiplas formas, a depender do contexto em que este está inserido. Roux, por exemplo, analisou o que denominou de *precariedade durável* na França, em particular entre artistas e operários agrícolas sazonais, que durante a vida ativa passam por diversos contratos de trabalho por tempo determinado. Nesses casos, o que há em comum entre eles é a *descontinuidade* do emprego (temporário, sazonal, intermitente etc.). No entanto, o autor ressalta uma percepção positiva dos agentes a essas formas de emprego, justamente por permitir maior liberdade e flexibilidade, deixando-os com o que consideram o mais importante, o tempo livre (para buscar novos trabalhos ou para exercer o ócio e o lazer)[42].

No caso da realidade brasileira – e aqui, em particular, entre os trabalhadores de plataformas digitais, como entregadores e motoristas, mas também outras categorias –, o que se verifica é uma *precarização estrutural*. Esta é sustentada,

---

[39] Joana Simões Costa, Ana Luiza Neves de Holanda Barbosa e Marcos Hecksher, *Texto para discussão 2684: desigualdades no mercado de trabalho e pandemia da Covid-19* (Brasília/Rio de Janeiro, Ipea, 2021); disponível on-line.

[40] Tanto nas incursões de campo quanto nas entrevistas em profundidade que realizamos, apareceram nos discursos dos respondentes e dos entrevistados menções à presença massiva de ex-detentos que encontram nas plataformas uma forma de driblar as barreiras impostas pelo mundo do trabalho.

[41] Lélia Gonzalez, "Cultura, etnicidade e trabalho", cit.

[42] Nicolas Roux, *La Précarité durable: vivre en emploi discontinu* (Paris, PUF, 2022).

sobretudo, pela informalidade. No entanto, ela também se reproduz em diversos empregos com contrato de trabalho precários, muito mal remunerados e com poucos direitos garantidos. Não se trata apenas da manutenção de um exército de reserva, fundamental para os ciclos do capitalismo, senão de um contingente totalmente marginalizado e despossuído de qualquer possibilidade de acesso aos empregos mais bem remunerados, estáveis e com proteção social. Aqui também há a reafirmação do racismo estrutural, que mantém negros e negras na informalidade, no desemprego ou em empregos com contratos de trabalho precários[43].

O discurso da flexibilidade propagado pelas empresas-plataformas tem sido questionado pelas pesquisas empíricas, como é o caso do estudo realizado por Sun, Yujie Chen e Rani entre 2017 e 2019 em Pequim, na China. Se, em 2018, a maioria dos trabalhadores de *delivery* de aplicativos exerciam suas atividades em regime de tempo parcial (60,04%), em 2019 a maioria já se encontrava em regime integral (74,54%). Assim, concluem as autoras, há uma "de-flexibilização" e, como consequência imediata, uma situação de *sticky labour* [trabalho pegajoso], isto é, um trabalho com pouquíssimas possibilidades de mobilidade na carreira "profissional"[44].

Não podemos descartar também a dimensão ideológica e as discussões políticas acerca da legislação trabalhista e, sobretudo, os processos de subjetivação do neoliberalismo[45]. Martínez e Maca, ao analisar os entregadores de aplicativos de Cali, na Colômbia, identificam que o modo específico de subjetividade neoliberal se expressa na individualização, por meio de uma concorrência permanente entre colegas de trabalho, na disposição para a flexibilidade e numa autopercepção de empresário de si mesmo. Cant encontrou trabalhadores em Londres que preferiam ser classificados como "independentes" devido ao medo de que a Deliveroo fosse à falência caso tivesse que garantir todos os direitos trabalhistas[46]. Não obstante, esse argumento foi encontrado nas opiniões de trabalhadores de plataformas digitais do Brasil e de Portugal, onde também empreendemos uma pesquisa. Esse discurso está presente na grande mídia e marcou, por exemplo, o debate em torno da reforma trabalhista[47].

---

43 Ver Lélia Gonzalez, "Cultura, etnicidade e trabalho", cit.; e Mário Theodoro, *A sociedade desigual: racismo e branquitude na formação do Brasil* (Rio de Janeiro, Zahar, 2022).

44 Ping Sun, Julie Yujie Chen e Uma Rani, "From Flexible Labour to 'Sticky Labour': a Tracking Study of Workers in the Food-Delivery Platform Economy of China", *Work, Employment and Society*, v. 37, n. 2, abr. 2023, p. 412-31; disponível on-line.

45 A subjetividade seria o resultado temporal do processo de subjetivação em que existe uma tensão entre sujeito e agência. Ver Sandra Patricia Martínez e Deidi Maca, "Empresarios de sí y subjetividades neoliberales en una ciudad colombiana", *Revista Mexicana de Sociología*, v. 85, n. 2, 2023, p. 309-38; disponível on-line.

46 Callum Cant, *Delivery Fight!: a luta contra os patrões sem rosto* (trad. Alexandre Boid, São Paulo, Veneta, 2021).

47 O principal argumento da reforma trabalhista era o de que a legislação vigente, respaldada no "manto da proteção ao emprego", "estimulava o desemprego e a informalidade", que era preciso

Dada a desvalorização e a perda do poder de compra que o salário mínimo sofreu nas últimas décadas, os trabalhadores acreditam na possibilidade de auferirem uma renda maior no trabalho em plataformas e para isso identificam que o enquadramento desse serviço segundo o regime celetista limitaria suas possibilidades de ganhos. De acordo com a pesquisa *Teletrabalho e Trabalho por Meio de Plataformas Digitais 2022*[48], os trabalhadores de aplicativo recebiam em média 1.784,00 reais, no quarto trimestre de 2022, valor um pouco superior ao salário mínimo vigente[49]. No estudo que realizamos em 2021, junto aos entregadores de aplicativos do Distrito Federal, encontramos um rendimento mediano líquido no valor de 1.237,50 reais, também ligeiramente superior[50], o que descontrói a ideia de que o rendimento obtido por meio das plataformas digitais é significativamente mais vantajoso que o obtido por meio de um contrato tradicional de trabalho[51]. Ainda que na nossa pesquisa tenhamos buscado aferir o rendimento total mensal, não podemos nos esquecer de que a gestão algorítmica funciona por meio do pagamento das taxas de entrega, que acaba se assemelhando ao sistema de salário por peça.

Dubal denomina a forma de remuneração adotada pelas plataformas digitais na contemporaneidade como "pagamento por peça digital"[52]. A autora defende que esse modelo de remuneração se funde com a ideologia neoliberal, assentada em valores meritocráticos e individualistas. O tempo é controlado por uma autogestão que produz a obrigação de perceber todos os momentos como potencial de

---

"modernizar as relações de trabalho no Brasil" com novas modalidades de contratação, mais precárias que as vigentes até então, e que havia um "excesso de normas trabalhistas" e de "rigidez" nessas normas. O que ocorreu, cinco anos depois, foi exatamente o contrário. De acordo com o IBGE, o percentual de pessoas na informalidade apresenta-se estável, na casa dos 40%, e a ampliação da utilização de contratos precários de trabalho, a partir da reforma trabalhista, provocou uma queda no rendimento médio dos trabalhadores. Instituto Brasileiro de Geografia e Estatística, *PNAD Contínua: Pesquisa Nacional por Amostra de Domicílios Contínua* (IBGE, 2022).

48 Idem, *Teletrabalho e Trabalho por Meio de Plataformas Digitais 2022: PNAD Contínua* (IBGE, 2023); disponível on-line.

49 O salário mínimo vigente no quarto trimestre de 2022, quando foi realizada a pesquisa do IBGE com os trabalhadores de aplicativos, era de 1.212,00 reais. Ver Brasil, Lei n. 14.358, de 1º de junho de 2022, Dispõe sobre o valor do salário mínimo a vigorar a partir de 1º de janeiro de 2022, Brasília, *Diário Oficial da União*, 2022; disponível on-line.

50 O salário mínimo vigente a partir de 1º de janeiro de 2021 era de 1.100,00 reais. Ver idem, Lei n. 14.158, de 2 de junho de 2021. Dispõe sobre o valor do salário mínimo a vigorar a partir de 1º de janeiro de 2021, Brasília, *Diário Oficial da União*, 2021; disponível on-line.

51 Na amostra pesquisada, encontramos uma discrepância entre os rendimentos e as jornadas de trabalho. Esta se explica pela forma da gestão algorítmica, em particular a gamificação. Ver Instituto Brasileiro de Geografia e Estatística, *Teletrabalho e trabalho por meio de plataformas digitais 2022*, cit.

52 Veena B. Dubal, "The Time Politics of Home-Based Digital Piecework", *Center for Ethics Journal: Perspectives on Ethics*, Simpósio The Future of Work in the Age of Automation and AI, n. 50, 2020; disponível on-line.

produtividade e, portanto, de trabalho exaustivo. Simultaneamente, esse modelo de pagamento engendra uma subjetividade antissocial. O sentimento de que esses trabalhadores só têm a si mesmos é muito mais exacerbado, levando-os também a possuírem menor confiança nas redes de proteção do Estado. A autora sustenta que, em vez de proporcionar maior flexibilidade, essa política restringe a autonomia do trabalhador alimentando sua motivação e necessidade financeira de trabalhar todo o tempo. A autora também cunhou outro conceito, o de "discriminação salarial algorítmica"[53]. Os trabalhadores são remunerados com base na discriminação de preços praticada pelas empresas em relação aos consumidores, segundo a qual um mesmo produto é vendido por preços diferentes, extraindo o máximo do que o consumidor está disposto a pagar. No contexto laboral, essa prática significa que os salários são manipulados e personalizados de acordo com o que os algoritmos sabem sobre os hábitos, práticas e objetivos de rendimento dos trabalhadores.

É importante destacar também que os profissionais observam que não estão sendo pagos corretamente, uma vez que acreditam que deveriam ser remunerados pelos momentos nos quais estão disponíveis para a empresa-plataforma. Essa disponibilidade é o que permite a rapidez na entrega da mercadoria. A forma de remuneração posta permite fracionar o período de trabalho ao máximo, fazendo com que só seja pago o tempo efetivamente gasto na execução da tarefa demandada e não o tempo necessário para sua realização. Moore e Newsome identificam que o dito "trabalho independente" é utilizado para remover o chamado tempo "improdutivo" do âmbito do trabalho remunerado[54].

Não é de espantar que a questão central reivindicada pela Associação Nacional de Entregadores de Aplicativos (Anea) no Grupo de Trabalho criado em 1º de maio de 2023 pelo governo federal tenha sido justamente o reconhecimento das horas logadas como horas trabalhadas e, consequentemente, sua remuneração. As empresas-plataformas estavam dispostas a negociar um aumento nas taxas de entregas, mas não o pagamento das horas logadas. Essa questão evidencia que a utilização do trabalho não pago – isto é, da disposição de uma multidão de precários disponíveis (logados) nos aplicativos –, é a chave para a gestão algorítmica, aumentando-se dessa forma a concorrência, diminuindo o valor pago e, indubitavelmente, fazendo crescer o lucro da empresa-plataforma.

---

53 Idem, "On Algorithmic Wage Discrimination", *Social Science Research Network*, 2023; disponível on-line.

54 Sian Moore e Kirsty Newsome, "Paying for Free Delivery: Dependent Self-Employment as a Measure of Precarity in Parcel Delivery", *Work, Employment and Society*, v. 32, n. 3, jun. 2018, p. 475-92; disponível on-line. Por outro lado, nota-se que, ao preferirem a manutenção das taxas de entregas ou quilômetro rodado, os trabalhadores sinalizam que veem a possibilidade, oferecida por esse tipo de remuneração, de obter um salário um pouco maior, caso intensifiquem seu trabalho ou estendam sua jornada.

Considerações finais

A erosão do trabalho formal típico do século XX não significa o fim do trabalho assalariado. Muitas plataformas digitais insistem que não existe em suas empresas trabalho subordinado e, portanto, uma relação de emprego. Os trabalhadores vinculados às suas plataformas estariam na condição de autônomos, independentes ou microempreendedores, e seus proventos, advindos das atividades junto a essas empresas, não seriam salários. Esse argumento torna-se falacioso quando lembramos um dos princípios fundamentais da condição de assalariado, que é o de não possuir os bens de produção necessários à manutenção da sua própria sobrevivência.

O trabalho assalariado é a forma típica da sociedade capitalista, ainda que nesta possamos encontrar outras relações de trabalho, como é o caso da escravidão. Em sua versão concreta, o trabalho assalariado pressupõe um pagamento relativo ao preço da força de trabalho utilizada. Seria, portanto, a remuneração das atividades exercidas pelos trabalhadores ou, sob a perspectiva dos empresários, do consumo da força de trabalho. No entanto, é importante destacar que "o que o operário vende não é diretamente seu trabalho, mas sua força de trabalho, cedendo temporariamente ao capitalista o direito de dispor dela"[55]. Assim, nessa relação de poder por meio da subsunção real do trabalho ao capital, este tem à sua disposição o tempo dos trabalhadores. É nesse sentido que podemos dizer que a relação dos entregadores de aplicativos é salarial e, portanto, existe uma relação de subordinação e de emprego.

Para as plataformas digitais, o tempo de trabalho não pago e o tempo de espera em que um entregador ou um motorista de aplicativo fica aguardando o próximo serviço é parte constitutiva da eficácia da gestão algorítmica. Assim, dessa relação, provém a falácia da liberdade e da flexibilidade que os trabalhadores teriam nesses aplicativos (em oposição à ideia de uma relação de subordinação rígida dos celetistas). Um entregador de aplicativo pode até optar por se deslogar da plataforma ou fazer uma jornada de trabalho totalmente flexível, concentrando suas atividades nos horários que lhe convierem, no entanto uma decisão como essa implicará sobre seu *score* e, portanto, sobre seu rendimento. Isso, por si só, é a negação de qualquer princípio de autonomia.

Entretanto, ainda que a realidade aponte para um brutal e acelerado processo de precarização com intensificação das jornadas e dos ritmos do trabalho, concomitantemente a uma queda relativa dos valores das remunerações, temos verificado entre os entregadores e entregadoras de aplicativos uma *consciência em paralaxe*. Com isso, a realidade aparece sob outra perspectiva, já que o ponto de observação desses trabalhadores também está alterado. Não queremos aqui reforçar a ideia de uma

---

[55] Karl Marx, *Para a crítica da economia política; Salário, preço e lucro; O rendimento e suas fontes; A economia vulgar* (trad. Edgard Malagodi et al., São Paulo, Abril Cultural, 1982, coleção Os Economistas), p. 159.

falsa consciência ou de uma falsa realidade. O que a consciência em paralaxe nos indica é que o observador está em posição de não reconhecimento de sua condição de classe trabalhadora, o que acaba por resultar em uma percepção aparentemente ambígua e permeada de tensões sobre a realidade e, portanto, sobre as próprias demandas políticas. Ainda que possamos provar na teoria que os trabalhadores de plataformas digitais são assalariados, no sentido marxiano da subordinação ao capital essa não é a percepção deles e isso acaba por conduzir suas ações, inclusive suas lutas políticas. Dessa forma, tal condição reflete, em última instância, uma crise mais profunda da subjetividade que leva à perda da identidade do sujeito como agente do trabalho, isto é, enquanto produtor da riqueza e transformador de toda a sociedade. A consequência mais evidente é um deslocamento entre as lideranças e suas bases, entre uma vanguarda com potencial classista e a grande massa de trabalhadores que não se reconhecem enquanto tal.

2
Conectados na luta
Classe trabalhadora, redes sociais e as recentes mobilizações no Brasil*

Marco Santana
Jörg Nowak

Introdução

A utilização das redes sociais por diferentes grupos, em termos da sua organização e mobilização, já é um campo bem desenvolvido no âmbito de estudos sobre movimentos sociais, mas ainda requer uma atenção mais pormenorizada quando se trata do emprego dessas redes pelos movimentos de trabalhadores. A tentativa de discutir como estes fazem uso desses recursos pode ser um caminho interessante[1]. A nosso ver, como apontam Atzeni e Cini[2], "na intersecção dos estudos do trabalho e da pesquisa dos movimentos sociais", as análises destes podem nos ajudar a compreender suas dinâmicas contemporâneas.

Este texto se insere nessa abordagem, analisando as recentes mobilizações dos trabalhadores no Brasil pela perspectiva da sua utilização das redes sociais. Para tanto, revisita três temas presentes nos estudos sobre o assunto. São eles: a) a construção da identidade; b) o impacto nas práticas de participação democrática; e c) os riscos em termos da visibilidade que as mídias sociais proporcionam a líderes e ativistas.

Dado o perfil das categorias profissionais, as mobilizações que realizaram e o uso intensivo das mídias sociais nesse processo, acreditamos que a greve dos caminhoneiros (2018) e o Breque dos Apps dos entregadores de aplicativos (2020)

* A tradução de todas as citações de obras estrangeiras foi feita pelos autores do artigo. (N. E.)

1 Jörg Nowak e Marco Santana, "Social Media and Collective Action in Brazil: The Experience of Truck Drivers and Delivery Workers", *Socialism and Democracy*, v. 36, n. 1-2, 2022, p. 116-36; disponível on-line.

2 Maurizio Atzeni e Lorenzo Cini, "New Theories and Politics for Working Class Organizing in the Gig and Precarious World of Work", *Economic and Industrial Democracy*, out. 2023, p. 7; disponível on-line.

servem como experiências importantes e bastante ilustrativas[3]. Algumas perguntas nos servem como orientação geral: a) Até que ponto as redes sociais foram úteis para criar uma identidade coletiva de trabalhadores? b) Sua utilização facilitou a democracia no seio das organizações de trabalhadores? c) Até que ponto seu uso foi seguro em termos de perseguição por parte do Estado e de outros atores antagônicos?

Nossa tese é a de que as redes sociais foram elemento importante de facilitação e fortalecimento para a mobilização, mas ainda não resta plenamente claro até que ponto contribuíram de forma crucial para a construção das identidades dos trabalhadores. Em segundo lugar, que sua utilização aumentou a participação dos trabalhadores na comunicação em torno da mobilização e da organização, mas não teve necessariamente efeitos substanciais na democratização das estruturas de suas organizações. Em terceiro lugar, que a visibilidade proporcionada pelo uso desses recursos conduziu a uma presença considerável dos protestos nos meios de comunicação social, mas também foi acompanhada de várias formas de perseguição por parte de empregadores e de agências estatais.

Os movimentos

As mobilizações de caminhoneiros (2018) e entregadores[4] (2020), momentos-chave dos recentes movimentos laborais no Brasil, basearam-se fortemente na utilização das redes sociais. Ambos os grupos de trabalhadores têm tido enormes dificuldades em definir seu estatuto (como empregados ou empresários, por exemplo), entre outras coisas, devido às notórias divergências entre as principais organizações, pelo que sua identidade permanece frágil e contestada. No caso dos caminhoneiros, um aspecto a ter em conta é a colaboração entre as organizações de empregadores e de trabalhadores dos transportes, bem como a natureza frequentemente ambígua de algumas organizações que representam ambos os grupos. Assim, especialmente os caminhoneiros autônomos têm uma forte identidade profissional setorial, mas encontram-se num vazio quanto à questão de saber se são trabalhadores (dependentes) ou agentes econômicos independentes. Além disso, entre a maioria das organizações de caminhoneiros predomina a pretensão de serem não politizadas, mas setoriais, em distinção e distância dos organismos sindicais nacionais do espectro de esquerda.

Nos dois casos, as características do processo de trabalho individualizado, seja na cabine do caminhão ou na moto (ou bicicleta), bem como a dispersão espacial,

---

3 Em outro artigo, analisamos esses movimentos em maior detalhe, fornecendo mais elementos sobre eles. Ver Jörg Nowak e Marco Santana, "Social Media and Collective Action in Brazil", cit.

4 A análise sobre o Breque dos Apps faz parte de um projeto de pesquisa do Núcleo de Estudos Trabalho e Sociedade (Nets-IFCS-UFRJ). O projeto é financiado pela Bolsa CNE da Fundação de Amparo à Pesquisa do Estado do Rio de Janeiro (Faperj) e pela Bolsa PQ do Conselho Nacional de Desenvolvimento Científico e Tecnológico (CNPq).

conferem aspectos peculiares a esses grupos de trabalhadores[5]. Não é por acaso que a ideia de que são donos, empreendedores, "sem patrão", embora não seja única, tem ganhado muito espaço em ambos os grupos profissionais.

No caso dos caminhoneiros, eles tanto podem manter vínculos e relações de trabalho com empresas como empregados quanto trabalhar como caminhoneiros autônomos. No caso dos entregadores de aplicativo, a maioria deles trabalha como "autônomos", forçados à informalidade, já que as empresas de aplicativos não reconhecem e se recusam a aceitar qualquer vínculo trabalhista com eles.

Esses cenários produzem tensões que limitam o processo de construção de uma identidade profissional e política. No entanto, dois eventos de mobilização contribuíram de forma importante para criar as condições para acelerar o processo de organização das demandas e construção de sujeitos coletivos.

No caso dos caminhoneiros, a situação de aumento do preço dos combustíveis em ano eleitoral, em que uma figura supostamente *antiestablishment* crescia nas pesquisas, com a ideia de "contra tudo o que está aí", com clara simpatia dos caminhoneiros, abriu um campo de possibilidades para "parar o país" em maio de 2018.

Como em mobilizações anteriores de caminhoneiros no Brasil, foram os autônomos que estiveram no centro do movimento, parcialmente apoiado e financiado pelos empregadores. Ao mesmo tempo, a mobilização levou a que outros grupos profissionais aderissem à greve, como os motoristas da Uber, os de ônibus escolares e os entregadores, que também foram afetados pelo aumento do preço da gasolina[6].

No caso dos entregadores, as dificuldades provocadas pela pandemia de covid-19 revelaram o quadro de supressão da proteção social e trabalhista promovido pela reforma laboral de 2017. O fechamento da maioria dos setores econômicos, devido à correta política de isolamento social, trouxe um enorme contingente de trabalhadores para os aplicativos. Os entregadores, eles próprios enfrentando os riscos de adoecimento, foram fundamentais para a manutenção da política de isolamento social. No entanto, viram seus rendimentos caírem drasticamente e assistiram a um aumento exponencial dos lucros das empresas com a chegada cada vez maior de trabalhadores. Tinham de trabalhar nesse cenário, mas sem qualquer proteção básica contra a doença, como máscaras e álcool em gel. Diante dessa situação, organizaram o Breque dos Apps, que conseguiu construir uma pauta básica de demandas (sobre proteção sanitária, seguro de acidentes pessoais e remuneração, por exemplo) e se desdobrou em dois dias do mês de julho de 2020[7].

---

[5] Jörg Nowak e Marco Santana, "Social Media and Collective Action in Brazil", cit.

[6] Jörg Nowak, "Do Choke Points Provide Workers in Logistics with Power?: A Critique of the Power Resources Approach in Light of the 2018 Truckers' Strike in Brazil", *Review of International Political Economy*, v. 29, n. 5, 2022, p. 1.675-97; disponível on-line.

[7] Marco Aurélio Santana e Ruy Braga, "#BrequeDosApps: enfrentando o uberismo", *Blog da Boitempo*, 25 jul. 2020; disponível on-line; Renata Dutra e Ricardo Festi, "A greve dos entregadores", *GGN*, 11 jul. 2020; disponível on-line.

Os movimentos dos caminhoneiros e dos entregadores – baseados na articulação entre ação coletiva e ação conectiva – podem ser considerados muito bem-sucedidos política e organizacionalmente, na medida em que, mesmo temporariamente, conseguiram ultrapassar o perfil individualista de trabalho dos dois grupos de trabalhadores, superaram a dispersão territorial dos grupos profissionais, organizaram e apresentaram publicamente um conjunto de reivindicações e construíram um sujeito coletivo.

A construção do sujeito coletivo

O uso das redes sociais foi intenso e extenso em ambos os processos de mobilização aqui analisados. Essa utilização foi caracterizada por plataformas digitais como WhatsApp, Facebook, YouTube e Twitter. Nos dois casos, o uso do WhatsApp, como tem sido o caso em outras experiências[8], foi extremamente importante no sentido organizacional, comunicativo e mobilizador. É possível dizer que a utilização das redes sociais pelos caminhoneiros e entregadores apoiou a construção de uma identidade como sujeito coletivo, atuando politicamente em termos de suas demandas por direitos.

Há uma lacuna sobre identidade coletiva na literatura acerca da relação entre movimentos sociais e mídias sociais[9]. Esse desinteresse pela identidade coletiva – ou mesmo pela importância ou não da identidade – oculta os "aspectos simbólicos e culturais inerentes ao ativismo nas redes sociais e à comunicação de protesto em geral"[10]. É um erro colocar as redes sociais digitais e seus usos em oposição à identidade coletiva, dado o "conteúdo efetivo transmitido por estes 'canais', como os discursos e as iconografias que os ativistas forjam através das redes sociais"[11].

Um certo tipo de identidade, uma identidade profissional, sempre acompanhou os grupos de trabalhadores. Ela se forma no seu dia a dia, nas relações construídas tanto no desempenho das atividades laborais quanto nos momentos de lazer. Constrói um sentimento de pertença, de valores, de linguagem comum, de formas de autodesignação que estão relacionadas com o local de trabalho, mas que o transcendem para formas de visão do mundo.

Alguns estudos recentes sobre os trabalhadores de plataformas indicam a elevada relevância da utilização das possibilidades das redes sociais em termos

---

8 Callum Cant, *Riding for Deliveroo: Resistance in the New Economy* (Cambridge, Polity, 2019); Jamie Woodcock, *The Fight against Platform Capitalism: An Inquiry into the Global Struggles of the Gig Economy* (Londres, University of Westminster Press, 2021).

9 Paolo Gerbaudo e Emiliano Treré, "In Search of the 'We' of Social Media Activism: Introduction to the Special Issue on Social Media and Protest Identities", *Information, Communication & Society*, v. 18, n. 8, 2015, p. 865-71; disponível on-line.

10 Ibidem, p. 866.

11 Idem.

da construção de sentido de comunidade, solidariedade e resistência. Bonini et al.[12] salientaram como "os *gig workers* restauraram formas de mutualismo não proporcionadas pelos aplicativos através da criação de grupos privados de conversação on-line". Mostraram também "como a prática de grupos privados de conversação on-line criados por entregadores permite: (1) a emergência de comunidades de prática; (2) resistência e desprezo; (3) mutualismo e solidariedade". Ao fazê-lo, criaram cooperação e apoio mútuo, mas também desafiaram "a lógica individualizada e competitiva da plataforma".

A investigação de Scerb indica que "os ambientes de intercâmbio digital surgem como espaços centrais para a formação de identidades entre os entregadores". Além disso, essas identidades são "construídas em torno da partilha de experiências comuns nos grupos e baseadas na valorização do trabalho, do esforço individual e do sacrifício ligados aos riscos que permeiam sua atividade"[13]. Ao observar os usos e as interações feitas pelos entregadores nos grupos de aplicativos de mensagens e nas redes sociais, Scerb percebeu a "presença de percepções ambíguas, e por vezes até contraditórias, do trabalho nas plataformas". Por um lado, havia várias formas de cooperação, críticas às condições de trabalho e às dinâmicas de exploração das empresas e, por outro, a elaboração de táticas para "jogar o jogo da plataforma" e a valorização de aspectos do trabalho como a flexibilidade e a autonomia[14].

Por sua vez, Atzeni e Cini afirmam a importância do que chamam de comunidades de apoio. Indicam que a investigação sobre os trabalhadores de plataformas "destacou a relevância destas comunidades na ajuda para encontrar trabalhos que valham a pena, conselhos e truques para lidar com um cliente ou empregador ou ainda na criação de fóruns específicos [...], para evitar maus empregadores". Torna-se claro que a "função associativa mutualista e de resolução de problemas cria – como mostra a história da organização da classe trabalhadora – apoio emocional, colegialidade e um sentido de identidade partilhada, valores e solidariedade que promovem a ação coletiva"[15].

Pode-se dizer que o ambiente virtual dos entregadores é amplo e diversificado. Embora neste artigo nos concentremos em questões organizacionais e de mobilização, existem muitos perfis de entregadores nas redes sociais dedicados a dar conselhos sobre a profissão, a ensinar a lidar com problemas cotidianos na vida

---

12 Tiziano Bonini et al., "Cooperative Affordances: How Instant Messaging Apps Afford Learning, Resistance and Solidarity among Food Delivery Workers", *Convergence: The International Journal of Research into New Media Technologies*, v. 30, n. 1, fev. 2024, p. 565; disponível on-line.

13 André Scerb, "Os usos de aplicativos de mensagens instantâneas e grupos de redes sociais no cotidiano dos entregadores de plataforma: como jogar as regras do jogo e a produção de identidades coletivas", *Geografares*, Vitória, Ufes, v. 2, n. 35, jul.-dez. 2022, p. 3; disponível on-line.

14 Idem.

15 Maurizio Atzeni e Lorenzo Cini, "New Theories and Politics for Working Class Organizing in the Gig and Precarious World of Work", cit., p. 8.

profissional, a saber como fazer as coisas, a avaliar, comparar e classificar empregadores e clientes etc. Por vezes, as críticas e queixas sobre as relações laborais, as condições de trabalho etc. são articuladas de forma bastante aberta, mesmo que não resultem necessariamente em propostas de ação coletiva.

Os comentários, as respostas e as trocas de ideias a partir dos *posts* articulam um número importante de entregadores, interligando-os. O YouTube é a plataforma mais utilizada nesse sentido. Alguns desses perfis e canais são produtores de conteúdo já reconhecidos entre os entregadores. Os grupos de WhatsApp também servem no mesmo sentido, numa troca mais ampla, na medida em que, mesmo ligando perfis de outras plataformas, por meio de postagem de *prints*, ocorrem trocas que não estão necessariamente associadas a elas, mantendo-se apenas no interior dos grupos.

As organizações de caminhoneiros recorreram bastante à criação de programas no YouTube, que também envolvem frequentemente a possibilidade de as pessoas que os seguem fazerem perguntas e colocarem suas questões no *chat*. Por exemplo, a Federação dos Caminhoneiros Autônomos de Cargas em Geral do Estado de São Paulo (Fetrabens), um sindicato estadual de caminhoneiros autônomos do estado de São Paulo, realiza no YouTube o *Programa do transportador* de duas em duas semanas. Normalmente, é composto de três ou quatro oradores convidados que abordam um tema específico e tem uma duração de 90 a 120 minutos. Por exemplo, em 19 de janeiro de 2023, sua 52ª edição tratou de um novo documento eletrônico de frete desenvolvido pelo governo federal, e os convidados foram dois especialistas do Ministério dos Transportes e dois caminhoneiros autônomos. Nesse formato, a atração não só garante a participação de pessoas interessadas do setor pelo *chat*, como também as expõe como oradores especialistas. O apresentador é um advogado trabalhista da Fetrabens.

A identidade coletiva estabelecida entre os caminhoneiros como um grupo explorado e ao mesmo tempo essencial revelou-se tanto um aspecto mobilizador como um limite. Essa identidade era tão forte que tinha apelo para incitar outros grupos de motoristas que dependem dos preços da gasolina. Uma vez que a causa imediata da greve estava ligada a uma mudança na política de preços da empresa estatal Petrobrás, também mobilizou os trabalhadores das plataformas petrolíferas cujos sindicatos são de esquerda e eram críticos da nova política orientada para o mercado de fixação dos preços do petróleo. Ao mesmo tempo, embora a identidade coletiva dos caminhoneiros seja consistente, ela está também muito impregnada de valores como a independência econômica e o empreendedorismo, que foram postos em causa pela dependência dos preços do petróleo mediados pelo Estado (ou pela falta deles).

O que nos interessa aqui é a construção de uma identidade que, embora entrelaçada com a profissional mais cotidiana, ou articulada a partir dela, a transcende em momentos de mobilização, produzindo sujeitos políticos coletivos. Como já foi indicado para a experiência dos movimentos sociais por Gerbaudo e Treré[16], as ações nas redes sociais tiveram um papel importante na elaboração de uma identidade coletiva, replicando formas de pertencimento já estabelecidas, mas agora utilizadas para fins políticos coletivos, por meio de dinâmicas de ação coletiva. Entre esses propósitos, destaca-se a estruturação de um consenso mínimo para a luta, no caso dos Breques, para além das muitas reivindicações que já vinham sendo expressas por diferentes setores da sociedade.

Em ambos os grupos profissionais há alguma complexidade em termos de representação laboral. Não só existem sindicatos, nos formatos mais tradicionais e oficiais, como também associações e vários coletivos autônomos, dos mais diversos tipos, e lideranças, que competem no mercado da representação dos trabalhadores. Essas entidades e coletivos advogam visões muito diferentes e divergentes sobre a forma de organização e representação dos interesses dos grupos, sobre os modos de relacionamento com o governo e sobre a questão da regulamentação do trabalho.

A experiência dos entregadores durante os Breques mostrou que as redes sociais também ajudaram a apresentar, discutir, definir e divulgar este consenso mínimo. Assim, foi dada uma valiosa contribuição ao movimento por meio das mídias sociais, e/ou do material produzido nelas e para elas, ao propiciarem um espaço de produção e divulgação de imagens, vídeos, fotos, músicas, depoimentos e histórias de vida, formas de autodefinição e imagens de luta.

Apesar de sua relevância na elaboração de uma identidade coletiva, é inegável que as ações digitais também acabam por expressar muito da fragmentação e das divisões existentes entre os entregadores. Caberia perguntar se um problema político do mundo real foi melhorado ou piorado com o uso das redes sociais[17]. A construção de um centro orgânico teria sido importante para esse tipo de movimento[18].

No caso dos Breques, nunca foi desenvolvida uma instância que ao menos unificasse a produção e a divulgação sem reduzir sua pluralidade e diversidade. Pode-se dizer que, sem tal instância, talvez o movimento tenha se tornado mais dinâmico. No entanto, também não se pode negar que ele não avançou na mesma medida na criação de continuidades organizacionais que perdurassem para além dos Breques. Embora a organização digital tenha garantido a expressão de uma pluralidade de pontos de vista por meio de canais específicos e atomizados, que refletiam principalmente as posições dos coletivos autônomos de trabalhadores e seus canais nas redes sociais, ela não conseguiu avançar no sentido de ajudar a construir um consenso mais amplo entre os profissionais.

---

[16] Paolo Gerbaudo e Emiliano Treré, "In Search of the 'We' of Social Media Activism", cit.

[17] Cristina Flesher Fominaya, *Democracy Reloaded: Inside Spain's Political Laboratory from 15-M to Podemos* (Nova York, Oxford University Press, 2020).

[18] Idem; Anastasia Kavada, "Connective or Collective?: The Intersection between Online Crowds and Social Movements in Contemporary Activism", em Graham Meikle (org.), *The Routledge Companion to Media and Activism* (Londres, Routledge, 2018), p. 108-16.

Na experiência dos caminhoneiros, a mobilização por meio das redes sociais alargou sua identidade coletiva, mas também levou a um esvaziamento, uma vez que podia representar ao mesmo tempo a exigência de intervenção do Estado a favor da regulação dos preços do petróleo e do controle estatal dos preços dos fretes ou da abolição dos impostos sobre a gasolina, que era frequentemente vista como um remédio para os preços mais elevados do petróleo. Uma vez que existiam poucos canais alternativos de coordenação entre diferentes organizações de empresas de transportes e caminhoneiros com agendas diferentes, as reivindicações destes permaneceram vagas, o que se refletiu numa implementação pouco convicta de taxas de frete controladas pelo Estado e num desconto limitado do diesel no rescaldo da mobilização.

Visibilidade, vigilância e contramobilização

Uma das dimensões sempre presentes nos debates acerca do uso das redes sociais é a de dar visibilidade aos seus utilizadores (indivíduos, coletivos, movimentos). Por definição, quanto maior o número de seguidores e engajamentos, mais os *posts* ganham alcance e atingem públicos amplos. No entanto, mesmo uma postagem em pequenos grupos pode atingir grandes audiências, no chamado processo de viralização.

A utilização das redes sociais pelos movimentos analisados garantiu-lhes um grande alcance dentro das suas categorias profissionais, mas também para além delas, conquistando audiências que estavam fora de suas chamadas "bolhas". Isso fez com que elementos militantes, geralmente já com algum destaque ou reconhecimento, ganhassem cada vez mais destaque na opinião pública.

No caso dos entregadores, apesar de se afirmarem como um movimento sem lideranças, algumas figuras militantes se destacaram, como, para ficarmos apenas em alguns, Edgar Francisco da Silva – "Gringo" –, de São Paulo, Ralf Alexandre – "Ralf MT" –, do Rio de Janeiro, e Alessandro Conceição – "Sorriso" –, do Distrito Federal. Mas, sem sombra de dúvidas, o nome que mais ganhou visibilidade e circulação, tanto nas redes sociais quanto em outros meios de comunicação, foi o de Paulo Lima – "Galo" –, de São Paulo. Galo estava à frente do coletivo Entregadores Antifascistas. Assumindo uma postura claramente mais à esquerda do que o movimento geral, e num contexto de avanço de posições de extrema direita no país – a começar pelo próprio ocupante da presidência do Brasil –, esse coletivo autônomo de trabalhadores deixou sua marca no Breque.

Além do destaque de suas postagens em mídias sociais como Facebook e Twitter, Galo chegou aos jornais de grande circulação, concedendo entrevistas que aumentaram ainda mais seu reconhecimento público. Ele deu visibilidade ao movimento, dentro e fora das redes, da mesma forma que alcançou, ele próprio, grande visibilidade.

É claro que, devido à sua postura em relação às empresas de aplicativos e ao grau de exploração dos trabalhadores, à sua dura crítica à ideia de que eram empresários/empreendedores e não uma mão de obra explorada e à sua defesa da transformação social, Galo se tornou um alvo preferencial para as empresas. Sua visibilidade, que aproveitou muito bem para divulgar sua mensagem a públicos cada vez mais alargados, virou-se contra ele. É um exemplo claro do que Dencik e Wilkin indicam sobre a segurança dos ativistas ser também comprometida pela sua exposição nas redes sociais, o que os torna alvos facilmente identificados [19].

Os entregadores sempre mantiveram sua exigência de acabar com os bloqueios injustificados por parte das empresas, que os utilizam como forma de punição, deixando os trabalhadores desligados sem receberem os pedidos de entrega. O fim dessa prática estava entre as principais reivindicações do Breque dos Apps. As empresas de aplicativos de entregas também utilizam esse mesmo expediente durante as mobilizações, bloqueando os pedidos, que não chegam aos trabalhadores que aderem aos movimentos. Isso já é grave. Mas o que foi feito com o Galo foi muito além.

Surpreendidas pelo sucesso da estratégia do movimento nas redes, que teve um grande impacto negativo em sua imagem, um dano reputacional considerável, ligando-as a práticas de precarização do trabalho, as empresas usaram vários meios para enfrentá-lo. De acordo com reportagem da *Pública* – agência de jornalismo investigativo –, o iFood, por exemplo, criou uma agência de inteligência e monitoramento digital, além das campanhas publicitárias na televisão[20].

Com "a visibilidade alcançada pela greve, a estratégia de comunicação do iFood não se limitaria a comerciais na TV que defendessem a reputação da empresa". Uma das partes importantes dessa estratégia era uma campanha "suja" baseada no chamado "marketing 4.0" e no "lado B". Nesse caso, era o seguinte: "Oito dias após o 'Breque dos Apps' foi criada a página Não Breca Meu Trampo no Facebook. 'O objetivo era suavizar o impacto das greves e desnortear a mobilização dos entregadores'". A campanha teria se infiltrado em grupos de entregadores no WhatsApp. Para além disso, um falso entregador foi inserido no movimento para divulgar agendas concorrentes[21].

Segundo a matéria, "No vídeo acessado pela reportagem, coordenadores da Benjamim Comunicação [empresa contratada para realizar a campanha] avaliam a incidência da página 'Não Breca Meu Trampo'". Eles mencionam que, ao longo do tempo, a *fanpage* "cumpriu uma missão", mas "contaminou" e deve "ser suspensa". No vídeo, os publicitários afirmam que "a narrativa disseminada pela página teria

19 Lina Dencik e Peter Wilkin, "Digital Activism and the Future of Worker Resistance", em Graham Meikle (org.), *The Routledge Companion to Media and Activism*, cit., p. 125-33.

20 Clarissa Levy, "A máquina oculta de propaganda do iFood", *Pública*, 4 abr. 2022; disponível on-line.

21 Idem.

sido responsável por enfraquecer a liderança" do Galo. Chegam a comentar, em sentido figurado, "nós matamos o Galo"[22].

Antes mesmo de termos essa confirmação factual da prática das empresas, já estava claro que elas estavam agindo para fazer do Galo o alvo de uma campanha de difamação. Nas diversas *lives* em que ele participou na época, em várias plataformas digitais, a enxurrada de ataques vindos do *chat* deixava claro que não se tratava de posicionamentos espontâneos, de divergências de grupos entre entregadores. Era claramente algo orquestrado, feito em quantidades industriais, que impedia qualquer tipo de troca e diálogo naquele espaço que não fossem repetições mecânicas do mesmo texto atacando-o, usando todas as formas de informações falsas sobre sua pessoa. Frases como "Sai fora Galo! Você não é um entregador. Você é político!" eram colocadas no *chat* sempre que Galo falava, por exemplo.

O resultado de tudo isso foi que Galo foi bloqueado por diversas plataformas de entrega, que não permitiam que ele recebesse pedidos, impedindo-o de realizar seu trabalho e de poder sustentar a si mesmo e a sua família com esse tipo de atividade. Mas, acima de tudo, produziu-se a redução dos seus espaços de reconhecimento e de ação no grupo profissional, levando-o a um claro distanciamento deste.

Para o caso dos caminhoneiros, após o término do mandato de Jair Bolsonaro, tornou-se público que, durante seu governo, líderes desse grupo, que eram vistos conduzindo suas mobilizações, foram monitorados pela Agência Brasileira de Inteligência (Abin), subordinada ao gabinete da presidência da República. Em abril de 2020, a Abin produziu um documento com os perfis pessoais de oito deles[23]. Quando novas mobilizações foram planejadas durante 2021, porque o governo Bolsonaro não havia cumprido as promessas feitas aos caminhoneiros, os líderes das organizações receberam avisos legais de que qualquer participação em bloqueios de rua teria multas muito altas, mesmo antes do início do movimento. Assim, a grande visibilidade das mobilizações de caminhoneiros nas redes sociais e nos meios de comunicação, inclusive previamente aos atos, também permitiu que o governo tomasse medidas antecipadas e intimidasse os organizadores.

Os oito líderes de caminhoneiros já mencionados foram agrupados pela Abin em três categorias diferentes de risco (baixo, intermediário e alto). A agência utilizou seis critérios para estabelecer a classificação: 1) acesso à grande mídia; 2) presença nas redes sociais; 3) histórico de presença física em bloqueios de rodovias; 4) grau de agressividade do discurso; 5) conexões com grupos políticos que fazem parte da oposição ao governo federal; 6) capacidade e intenção de mobilização. Outras informações avaliadas foram as reivindicações específicas

---

[22] Idem.

[23] Rubens Valente et al., "Governo Bolsonaro fichou líderes caminhoneiros segundo o grau de 'ameaça'", *Pública*, 25 maio 2023; disponível on-line.

ostentadas por eles e o grau de apoio às medidas econômicas, sociais e de saúde do governo Bolsonaro em resposta à covid-19.

Dessas oito lideranças, cinco eram regionais e três tinham projeção nacional. Dois foram classificados como de baixa ameaça, e os outros seis como de média ameaça. Wallace Landim, presidente da Associação Brasileira dos Condutores de Veículos Automotores (Abrava), havia sido um dos líderes mais expressivos de uma grande greve em 2018 e esteve aliado ao governo Bolsonaro mais ou menos até 2021. A partir de então, Landim distanciou-se cada vez mais do então presidente devido ao que ele viu como promessas não cumpridas em relação aos caminhoneiros. Ele era um dos dois líderes considerados como uma ameaça baixa.

Outro líder bem conhecido incluído no relatório da Abin é Carlos Alberto Dahmer, um líder sindical do Sul do Brasil, e uma figura importante na Confederação Nacional dos Trabalhadores em Transportes e Logística (CNTTL), que faz parte da maior federação sindical do país, a Central Única dos Trabalhadores (CUT), uma organização tradicional de esquerda. A terceira pessoa mais conhecida nacionalmente é Diumar Deleo Cunha Bueno, do estado do Paraná, e à época presidente nacional da Confederação Nacional dos Transportadores Autônomos (CNTA), que coopera estreitamente com a Confederação Nacional do Transporte (CNT), com o organismo corporativista, desde 2017.

Os outros seis líderes eram dos estados do Espírito Santo, Minas Gerais, Bahia, Pernambuco e São Paulo. Ubirajara Nobre Carlos foi candidato pelo Partido Liberal (PL), o mesmo de Bolsonaro, na eleição de 2022, na qual se candidatou, sem sucesso, a deputado estadual. Ele foi o segundo líder considerado como baixa ameaça. O baiano Marconi França havia se aproximado das forças de esquerda da CUT durante a pandemia.

Descobriu-se que a Abin utilizava um programa de espionagem chamado First Mile, usado para localizar pessoas por meio do rastreamento de seus telefones celulares. O First Mile é um produto da empresa israelita Cognyte. Foi usado para rastrear o paradeiro de líderes dos caminhoneiros, mas também de políticos, jornalistas, advogados e opositores do governo Bolsonaro[24]. A Polícia Federal (PF) investiga se essas formas de vigilância eram ilegais, uma vez que foram aplicadas sem qualquer base judicial nem qualquer controle formal por parte da Abin. Aparentemente, o First Mile foi utilizado até maio de 2021, com capacidade para monitorar os movimentos de até 10 mil indivíduos por ano. A PF prendeu duas pessoas e fez buscas nas casas e nos locais de trabalho de outras 25 no âmbito dessas apurações em outubro de 2023[25].

---

[24] Paolla Serra, "Caso Abin: PF investiga monitoramento de representante de caminhoneiros em programa espião durante governo Bolsonaro", *O Globo*, 1º nov. 2023; disponível on-line.

[25] Idem.

As investigações sobre o escândalo da vigilância tomaram outro rumo com novas buscas em janeiro de 2024, levando à demissão do vice-diretor da Abin pelo presidente Luiz Inácio Lula da Silva. A suspeita da PF é de que a família Bolsonaro tenha criado uma Abin paralela dentro da agência, que entregava dados ao presidente sem respeitar os canais oficiais habituais de distribuição das informações. Um grupo de advogados próximos ao Partido dos Trabalhadores (PT) exigiu que todos os nomes das pessoas que estavam sob vigilância fossem divulgados, estimando um número de 30 mil indivíduos investigados[26].

Em setembro de 2020, o Supremo Tribunal Federal (STF) declarou explicitamente ilegítima a recolha de dados sobre grupos oposicionistas por parte dos serviços secretos do Estado, depois de ter sido revelado que uma agência do Ministério da Justiça e da Segurança Pública (MJSP) tinha reunido listas de nomes de organizações antifascistas de professores e pessoal da polícia. Em maio de 2022, o STF declarou essa prática ilegal. Apesar da decisão de setembro de 2020, a Abin prosseguiu a operação de espionagem não autorizada até maio de 2021.

Envolvimento e participação: democratização?

Há todo um debate sobre as dinâmicas de envolvimento e de participação individual e coletiva viabilizadas pelas redes sociais[27], bem como sobre as possibilidades de democratização que elas oferecem devido à sua estrutura horizontal[28]. Nesse sentido, se pensarmos nas formas tradicionais e verticais de organização sindical, as perspectivas de ampliação dos modos de participação soam sempre muito generosas.

Estudos voltados para o uso das redes sociais pelos movimentos de trabalhadores têm trazido alguns pontos interessantes. Desde a primeira geração da internet, os sindicatos têm sido muito lentos na adoção das vias digitais. Além disso, parece que os usos que eles fazem dessas novas tecnologias quase sempre ocorrem dentro de uma cultura há muito estabelecida, bem como no interior de uma estrutura de poder centralizada[29]. Dessa forma, a democratização surge muitas vezes como uma dimensão importante na adoção de tais ferramentas, mas também na resistência à sua implementação. As novas tecnologias, por exemplo, podem ajudar a alcançar novos públicos, organizar as bases, estabelecer ligações dentro das comunidades

---

[26] Pedro Venceslau e André Rigue, "Grupo Prerrogativas pede ao STF publicação de lista com nomes que foram monitorados ilegalmente pela Abin", *CNN Brasil*, São Paulo, 25 jan. 2024; disponível on-line.

[27] W. Lance Bennett e Alexandra Segerberg, "The Logic of Connective Action: Digital Media and the Personalization of Contentious Politics", *Information, Communication and Society*, v. 15, n. 5, 2012, p. 739-68; disponível on-line; Anastasia Kavada, "Connective or Collective?", cit.

[28] Manuel Castells, *Networks of Outrage and Hope: Social Movements in the Internet Age* (2. ed., Cambridge/Malden, Polity, 2015).

[29] Lina Dencik e Peter Wilkin, "Digital Activism and the Future of Worker Resistance", cit.

e com outros movimentos, auxiliar coletivos de trabalhadores a questionar as estruturas burocráticas das suas organizações representativas em prol de uma maior democratização etc.[30]. Elas têm, inclusive, contribuído para que trabalhadores formem novas composições políticas de múltiplas maneiras[31].

Contudo, mesmo do ponto de vista do processo comunicativo, ainda existem algumas limitações nas dinâmicas de organização digital, sendo que o modelo unidirecional e vertical é reiterado no uso das mídias sociais em detrimento de um padrão mais interativo e horizontal. O ativismo on-line pode, assim, reproduzir as mesmas estruturas hierárquicas das organizações off-line[32].

No caso do movimento dos entregadores, o uso das redes sociais no Breque foi uma combinação de ação concreta e ação digital, que se retroalimentaram, trazendo elementos de natureza organizativa e mobilizadora. A utilização delas revelou-se uma ferramenta crucial para conectar literalmente trabalhadores que se encontram territorialmente dispersos, devido ao processo laboral sem um local de trabalho comum. A articulação de ações concretas – a partir de reuniões em pontos de descanso e de encontro, do empilhamento das suas mochilas em frente a locais específicos indicando a ocorrência do protesto e das reivindicações – com ações digitais via debate por meio de grupos de WhatsApp, circulação de notícias e troca de informações frequentes sobre a mobilização, mensagens de orientação para o movimento etc. – abriu possibilidades de participação mais ativa para muitos trabalhadores. Tudo estava acessível na palma da mão por meio de seus celulares.

Mas, é claro, mesmo nos grupos de WhatsApp, como costuma acontecer nesse tipo de estrutura de comunicação, acabou havendo muito mais um processo de postagem e circulação de *prints* de informações, notícias, reportagens etc., que se tornou unilateral, do que um local mais aberto de participação e debate amplo, e algumas figuras mais proeminentes acabaram ocupando o espaço de forma mais frequente e abrangente, indicando e marcando determinadas posições e caminhos.

No caso dos caminhoneiros, o WhatsApp facilitou a comunicação entre diferentes organizações, mas não resolveu a notória fragmentação da representação do grupo. Na esteira das mobilizações de 2018, um grande número de organismos se juntou em um novo fórum, mas ainda existem diversos centros de organizações nacionais sem qualquer coordenação institucionalizada. Os que são empregados pertencem a organizações distintas das dos trabalhadores

---

30 Idem.

31 Rafael Grohmann, Mateus Mendonça e Jamie Woodcock, "Communication and Work from Below: The Role of Communication in Organizing Delivery Platform Workers", *International Journal of Communication*, v. 17, 2023, p. 3.919-37; disponível on-line.

32 Bia Carneiro e Hermes Augusto Costa, "Digital Unionism as a Renewal Strategy?: Social Media Use by Trade Union Confederations", *Journal of Industrial Relations*, v. 64, n. 1, fev. 2022, p. 26-51; disponível on-line.

autônomos, e ambos os grupos são representados por uma gama de diferentes organizações regionais e nacionais.

Conclusão

Os estudos sobre a utilização das redes sociais pelos movimentos sociais e de trabalhadores têm apontado para suas grandes potencialidades, mas também para os desafios que elas trazem. Nossa pesquisa, em relação aos dois setores aqui analisados, indicou pontos de convergência com análises sobre outras experiências internacionais.

No que diz respeito à construção de identidade, solidariedade e sujeitos políticos coletivos, o exemplo dos caminhoneiros e entregadores demonstrou que o uso das redes sociais ajudou na elaboração de uma identidade profissional forte, que serviu de base para uma ação coletiva contestatória. A mobilização, com o apoio do uso dessas redes, auxiliou na criação de um sujeito político coletivo baseado em um pequeno conjunto consensual de demandas. Mas esse aspecto positivo é acompanhado, de forma contraditória, pela incapacidade de definir essa identidade de "entregador" ou "caminhoneiro", geralmente na forma masculina, em termos de uma autodefinição que especifique o estatuto jurídico desejado como funcionário, trabalhador independente ou empresário e empreendedor – a categoria jurídica e política ligada à identidade profissional e popular baseada no processo material de trabalho permaneceu ambígua, sujeita a conflitos internos e com obstáculos importantes a uma luta bem-sucedida pelos direitos econômicos.

As clivagens baseadas nessas diferentes perspectivas quanto à natureza da atividade econômica continuam a afetar negativamente a capacidade de organizar um formato nacional mais duradouro que permita a construção e a defesa das reivindicações desses trabalhadores de forma mais regular[33]. Na verdade, isso fica claro no fato de que pouco se avançou em termos de direitos e regulamentação na legislação para as duas categorias, que ainda apresentam fortes segmentações, aproveitadas pelas empresas para dividir ainda mais os profissionais e os movimentos, no que diz respeito tanto à necessidade de alguma regulamentação quanto à forma em que ela se daria.

No caso da participação, do engajamento e da democratização das estruturas, pode-se dizer que, embora se amplie a capacidade de participação dos trabalhadores por meio do uso das redes sociais, isso não significa necessariamente que haja um ganho no processo de democratização das estruturas representativas.

---

[33] A criação da Aliança Nacional dos Entregadores por Aplicativos (Anea) foi um passo importante em direção a uma organização nacional. Reunindo diversos grupos de entregadores de todo o país, foi fundada em dezembro de 2022. Contudo, não abrange todos os setores atuantes na categoria profissional.

As organizações sindicais, por exemplo, têm resistido a uma utilização mais alargada desses recursos. Quando o fazem, isso ocorre não necessariamente no sentido de ampliar e democratizar processos. Mesmo em termos comunicativos, estão sempre presentes mecanismos mais unilaterais e a manutenção de hierarquias de decisão.

Os problemas no que diz respeito à identidade e à democracia são anteriores à utilização das redes sociais e, portanto, não decorrem dela, mas persistem apesar de seu uso. É nesse sentido que a visibilidade de certos líderes, impulsionada por essas redes, parece, por vezes, eliminar as questões da identidade e da democracia, como se ela pudesse pura e simplesmente resolver tais questões. E sabemos que não é tão simples.

No caso da identidade dos trabalhadores e da democracia interna, embora não tenham sido negativamente afetadas pelo uso das redes sociais, pode-se dizer que se tratou de questões que teriam de ser solucionadas no âmbito da ação coletiva, e a ação conectiva foi por vezes vista como um possível substituto daquela, afetando assim indiretamente a resolução desses assuntos.

Houghton e Hodder indicam que é necessária uma maior e mais aprofundada investigação sobre a utilização das redes sociais e a visibilidade obtida com elas, a fim de determinar a natureza e a extensão da vigilância, por exemplo, sobre os trabalhadores e as potencialidades de os empregadores as usarem para a contramobilização[34].

Tufekci[35] aponta para o fato de que as redes sociais são extremamente úteis para iniciar um movimento social, mas não garantem, por si só, sua continuidade ao longo do tempo. Isso revela a necessidade de combinar a ação conectiva e a ação coletiva, em vez de substituir uma pela outra. Indica também um ponto importante relativo ao fato de que o uso das redes sociais tem se mostrado mais eficiente em termos de mobilização do que de organização. Nesse sentido, esse uso acaba tornando os movimentos mais rápidos e eficazes no processo de desencadeamento e desenvolvimento da mobilização do que no auxílio à construção de processos organizativos mais orgânicos e duradouros. Nos dois casos analisados, isso é claro. Não se pode dizer que se trate *per se*, como em outras questões, de uma caraterística intrínseca e determinante das redes sociais, mas talvez de uma das questões políticas e opções estratégicas a resolver.

No que se refere aos dois movimentos investigados neste artigo, podemos afirmar que ambos ganharam dimensão, capacidade de mobilização e presença nos meios de comunicação em geral e no debate público devido à utilização das redes sociais e, embora o aspecto da visibilidade tenha sido usado contra os

---

[34] David J. Houghton e Andy Hodder, "Understanding Trade Union Usage of Social Media: A Case Study of the Public and Commercial Services Union on Facebook and Twitter", *New Technology, Work and Employment*, v. 36, n. 2, jul. 2021, p. 219-39; disponível on-line.

[35] Zeynep Tufekci, *Twitter and Tear Gas: The Power and Fragility of Networked Protest* (New Haven, Yale University Press, 2017).

caminhoneiros e os entregadores com vigilância estatal, perseguição e campanhas privadas de difamação, podemos concluir que os benefícios dessa visibilidade ultrapassaram largamente os danos que a ela estão associados.

Pode-se dizer que as redes sociais são extremamente úteis em alguns aspectos da mobilização e da organização, mas não contribuem essencialmente para outros que teriam de ser resolvidos no âmbito da ação coletiva. Em vez de se perguntar se a ação coletiva ou a conectiva é o instrumento certo, o caminho para o sucesso do movimento estaria na combinação de ambas adequada ao contexto, e em alguma cautela a fim de não confundir as funcionalidades de uma como solução para os problemas da outra.

O fato de os dois movimentos terem sido construídos por grupos profissionais caracterizados pela precarização do trabalho, pela fragmentação, pela dispersão territorial, por enfrentarem clivagens políticas internas e serem permeáveis à ideologia do empreendedorismo não os impediu de, com a ajuda das redes sociais, articulando ações digitais e coletivas, realizarem importantes mobilizações que marcaram a história recente da classe trabalhadora brasileira.

3

Um capitalismo racial de plataforma

Pesquisa com motoristas da Uber em Paris, Londres e Montreal*

Sophie Bernard

Desde sua criação em 2009 em São Francisco por Garrett Camp e Travis Kalanick, a Uber tem exercido uma fascinação midiática e tem sido alvo de inúmeras controvérsias que, no entanto, não frearam sua expansão: hoje ela está presente em setenta países e em mais de mil aglomerados urbanos. Sua implantação marca o surgimento de um novo modelo econômico no qual as empresas assumem a forma de plataformas que atuam como intermediárias entre clientes e prestadores de serviços, com a particularidade de estes últimos serem frequentemente trabalhadores independentes**, que colocam à disposição das empresas não apenas sua força de trabalho, mas também uma parte dos instrumentos de produção (bicicletas, carros etc.). O "capitalismo de plataforma" estabelece, assim, uma distribuição desigual do valor entre os detentores da plataforma e os trabalhadores que nela atuam[1].

Embora vários estudos tenham elaborado tipologias de motoristas da Uber de acordo com seu grau de engajamento na plataforma[2], o fato de eles serem,

---

* Tradução de Thamires Castelar Torres Sales, doutoranda pelo Programa de Pós-graduação em Sociologia da Universidade de Brasília (UnB). (N. E.)

** Na França, a referência aos chamados *travailleurs indépendants* tem respaldo no enquadramento legal e equivaleria, no Brasil, aos trabalhadores "autônomos" ou "por conta própria", salvo, decerto, todas as especificidades jurídico-normativas de cada contexto nacional. A escolha por manter a terminologia francesa foi uma maneira de reforçar o argumento, desenvolvido no texto, sobre o caráter insidioso da noção de "independência". (N. T.)

1 Sarah Abdelnour e Sophie Bernard, "Vers un capitalisme de plateforme?: Mobiliser le travail, contourner les régulations", *La Nouvelle Revue du Travail*, n. 13, 2018; disponível on-line.

2 Amanda Peticca-Harris, Nadia DeGama e M. N. Ravishankar, "Postcapitalist Precarious Work and Those in the 'Drivers' Seat: Exploring the Motivation and Lived Experiences of Uber Drivers in Canada", *Organization*, v. 27, n. 1, jan. 2020, p. 36-59; disponível on-line; Alex Rosenblat, *Uberland: How Algorithms Are Rewriting the Rules of Work* (Oakland, California University Press,

predominantemente, homens racializados é, no entanto, um ponto cego nessas análises. Esses estudos tendem, assim, a apagar a racialização, que se refere às "lógicas de produção das hierarquias raciais numa dada sociedade"[3]. A racialização, no entanto, caracteriza o capitalismo de plataforma, no sentido de que ela é "um princípio organizador do capitalismo de plataforma" e de que "a própria plataformização é uma inovação do capitalismo racial"[4]. Os motoristas da Uber são uma figura emblemática deste "capitalismo racial de plataforma"[5].

Veremos que a análise do processo pelo qual é operada essa equação "motorista da Uber = homem racializado" exige que se apreendam, simultaneamente, a estratégia de estabelecimento e de implementação da plataforma, as evoluções nas condições de trabalho e de remuneração dos motoristas, a posição ocupada por essas populações no sistema de emprego em função de seus atributos sociais, de raça e de gênero. Para isso, apoiar-nos-emos nos resultados de uma pesquisa etnográfica baseada numa "abordagem comparativa abrangente"[6], que busca apreender as representações que os motoristas têm a respeito de sua própria condição "na interseção das trajetórias de vida e das dinâmicas institucionais"[7]. O material coletado consiste principalmente em cerca de cem entrevistas com motoristas da Uber em Paris, Londres e Montreal. A análise dessas entrevistas permite mostrar que, embora a profissão se apresentasse de modo particularmente atraente para homens racializados no momento da criação da plataforma, nas três metrópoles, as condições de trabalho e de remuneração se deterioraram rapidamente, para eles, no decurso da implementação da plataforma.

A implantação da Uber: uma condição atraente para homens racializados

O modelo de negócios da Uber pressupõe que haja uma oferta excessiva de motoristas em relação à demanda, de modo que esta possa ser atendida rapidamente e, assim, sua satisfação seja garantida para fazer frente à concorrência. Para isso, a plataforma empenhou-se em limitar as barreiras de entrada na profissão e em oferecer condições de trabalho e de remuneração favoráveis, revelando-se particularmente atraentes para homens racializados, que veem aí uma oportunidade para melhorar sua condição.

2018); Juliet B. Schor et al., "Dependence and Precarity in the Platform Economy", *Theory and Society*, v. 49, n. 5-6, out. 2020, p. 833-61; disponível on-line.

3 Sarah Mazouz, *Race* (Paris, Anamosa, 2020).

4 Dalia Gebrial, "Racial Platform Capitalism: Empire, Migration and the Making of Uber in London", *Environment and Planning A: Economy and Space*, 2022; disponível on-line.

5 Idem.

6 Didier Demazière et al., *Être Chômeur à Paris, São Paulo, Tokyo: une méthode de comparaison internationale* (Paris, Les Presses de Sciences Po, 2013).

7 Ibidem, p. 24.

Limitar as barreiras de entrada na profissão

A Uber alega não ser uma empresa de transportes, mas uma "empresa de tecnologia" que oferece um *software* inovador apropriado por trabalhadores independentes, que o empregam a serviço de seus clientes. Desse modo, ela escapa às regulamentações às quais os motoristas de táxi permanecem sujeitos, o que, por sua vez, limita as barreiras de entrada na profissão para incentivar a expansão do número de motoristas. Esse posicionamento gerou protestos e ações judiciais por parte dos motoristas de táxi, que denunciaram uma concorrência desleal. Embora tenha sido constrangida a adaptar-se aos contextos institucionais específicos de cada uma das metrópoles estudadas, a plataforma conseguiu, no entanto, fazer com que o poder público convertesse as regras em vigor a seu favor. Para tanto, a Uber adotou uma estratégia de fato consumado, que consistiu em, sistematicamente, iniciar sua atividade sem autorização e sem respeitar as regras aplicáveis ao transporte individual de passageiros, acompanhada de intensa atividade de *lobby*, e depois solicitar às autoridades locais que alterassem o enquadramento legal para adaptá-lo à "inovação tecnológica" que ela encarnaria[8].

Foi em Montreal que a plataforma obteve as condições mais favoráveis nessa área, já que para trabalhar como motorista da Uber basta possuir uma carteira de motorista e um veículo com menos de dez anos de uso. Quando a Uber foi criada em 2013, os táxis ocupavam uma posição de quase monopólio. Para contornar as regras que regulavam estritamente as modalidades de exercício da profissão de taxistas, a plataforma apresentou, então, seu novo serviço como "carona solidária"* e, após vários anos de controvérsias, conseguiu desregulamentar totalmente o setor de transporte de passageiros[9]. As condições de acesso à profissão são um pouco mais restritivas em Paris e Londres, onde o setor é organizado em dois segmentos: táxis, de um lado, e veículos de entrega, de outro. A plataforma busca sistematicamente contornar as regras que regem a atividade de táxi, posicionando-se no segundo segmento. Quando de sua implantação em Paris, em janeiro de 2012, a atividade da Uber situava-se no setor de VTC**, que é uma continuação da *grande remise****. Este último oferecia um serviço de luxo que consistia no fornecimento de carros

8 Alex Rosenblat, *Uberland*, cit.

* Em francês, *co-voiturage citoyen*. (N. T.)

9 Urwana Coiquaud e Lucie Morissette, "La Déréglementation du secteur des taxis au Québec: une négociation entre l'État et Uber", *Chronique Internationale de l'IRES*, v. 168, n. 4, 2019, p. 101-9; disponível on-line.

** A sigla refere-se a *voitures de transport avec chauffeur* (VTC), que, em português, corresponderia a "automóveis de transporte com motorista". Trata-se de uma categoria que, junto aos táxis, é regulamentada, na França, pela Lei n. 1.104/2014, de outubro de 2014. (N. T.)

*** A expressão francesa *grande remise* é uma forma abreviada e usualmente empregada em referência a *voitures de grande remise* – em tradução literal, seria algo próximo a "grandes automóveis de entrega" –, que, por sua vez, diz respeito aos automóveis turísticos de luxo. Embora não caiba "top de linha" com motorista, apenas mediante reserva e com destino definido, com tarifas abertas relativamente elevadas[10]. Para exercerem sua atividade, os motoristas da Uber devem possuir uma licença VTC e um veículo com menos de seis anos de uso. Sua especificidade é que estão autorizados a desenvolver uma clientela privada para a qual podem trabalhar diretamente, sem intermediário. Desse modo, a Uber aproveita a liberalização da *grande remise* para desenvolver um aplicativo que contribua para a generalização desse serviço para além do nicho dos transportes de luxo. O setor de transporte de passageiros em Londres é, assim como na França, dividido em dois segmentos: táxis (*black cabs*) e *minicabs**. Estes últimos, no entanto, para atuarem, são obrigados a passar por um intermediário autorizado pela autoridade local, Transport for London (TfL). Quando a Uber se estabeleceu em Londres em 2012, a plataforma posicionou-se como uma operadora de *minicabs*. As condições de acesso à profissão são, de fato, muito menos restritivas do que para os táxis. É muito mais fácil obter uma licença de *minicab* que uma licença de táxi (esta leva, em média, mais de quatro anos para ser adquirida) e a gama de veículos autorizados é muito mais ampla (de menos de dez anos de uso). No entanto, limitar as barreiras ao ingresso na profissão não é suficiente para garantir o fluxo de mão de obra que permite a implantação da plataforma. Esta procura, então, atraí-la com condições de trabalho e remuneração particularmente favoráveis.

Atrair os motoristas

Para incentivar os motoristas a trabalharem por seu intermédio, a Uber enfatiza o acesso à independência e a remunerações elevadas. No momento de sua implantação, a plataforma de fato oferecia aos motoristas bônus substanciais, e isso ocorreu nas três metrópoles estudadas. Nos primeiros anos, utilizar o aplicativo se revela, assim, uma operação lucrativa para eles:

---

aqui uma digressão quanto à sua origem na França, que remete ao século XVII, valeria a pena ressaltar que, hoje, os ditos automóveis de *grande remise* são altamente regulamentados, e a modalidade é definida com base em uma clara distinção em relação aos "pequenos automóveis de entrega". Enquanto estes, assim como os táxis convencionais, estão vinculados ao Ministério do Interior, aqueles são de responsabilidade de três ministérios, quais sejam o do Interior, o do Turismo e o dos Transportes. (N. T.)

10 Sophie Bernard, "Des Salariés déguisés?: L'(in)dépendance des chauffeurs des plateformes numériques", *Sociologie du Travail*, v. 62, n. 4, out.-dez. 2020; disponível on-line.

* Os chamados *black cabs*, "táxis pretos" em português (embora possam ser de qualquer cor), são aqueles que têm uma sinalização no topo, indicando disponibilidade, e cujas tarifas, cobradas com base no taxímetro, são reguladas e definidas pela Transport for London (órgão local responsável pelo sistema público de transportes metropolitano). Dentre outras particularidades, eles podem tanto ser abordados no meio da rua como pré-reservados. Já os *minicabs* exigem reserva e confirmação prévias por um operador licenciado, e estão incluídos num conjunto mais amplo de veículos de aluguel particular, que, além deles, inclui automóveis com motorista, "carros executivos" e limusines. (N. T.)

> E a Uber se instala por conta dos bônus. Os primeiros motoristas da Uber faturavam 10 mil euros por mês, então naquela época a gente ouvia falar de uns caras que ganhavam 3 mil, 4 mil euros por mês. Eles recebiam 42 euros pela hora conectada. Eles se sentavam nos cafés, deixavam o telefone e esperavam [...]. Depois eles acabaram com essa história dos 42 euros por hora, e passaram para 15 euros por hora, mais o preço da corrida. [...] Em seguida, acabaram com a história dos 15 euros por hora e colocaram sistemas de bônus. É um funil, de pouco em pouco [...]. Daí, eles conseguiram com uma taxa de aceitação superior a 90%: "vocês terão a garantia de um faturamento mensal de 8 mil euros, incluindo impostos". E aí todo mundo entrou na onda. (Tarik, motorista parisiense.)

Com altos níveis de remuneração, esses motoristas tornam-se os principais promotores da Uber entre aqueles ao seu entorno. Todos os entrevistados ingressaram na profissão por recomendação de alguma pessoa próxima que já a exercia. Este "recrutamento por cooptação"[11] é incentivado pela plataforma por meio de patrocínios. Os motoristas recebem bônus cada vez que um motorista se registra na plataforma por recomendação deles. É o que explica Yaseen Aslam, um motorista londrino que é também secretário-geral do principal sindicato dos motoristas de Londres:

> No início, era possível ganhar a vida bem trabalhando para a Uber. Por exemplo, recebia bônus de dez libras esterlinas por cada viagem concluída, além de receber 85% do valor pago pelo cliente pelo trajeto. Comecei a trabalhar quatro dias por semana, em média cerca de dez horas por dia. Depois de deduzir todas as minhas despesas, eu estava ganhando em torno de mil libras por semana. Além disso, se eu recomendasse um motorista para a plataforma, recebia mais duzentas libras de bônus. Eu dizia para todos os motoristas que conhecia para se inscreverem, assim como para os meus amigos.[12]

A Uber organiza também campanhas de comunicação agressivas nas três cidades para incentivar os motoristas a trabalharem por seu intermédio, destacando o fato de "ser seu próprio patrão" e as oportunidades de sucesso econômico oferecidas pela profissão. A plataforma visa, em particular, aos bairros da classe trabalhadora, como no caso da operação "70.000 empreendedores" implementada na França em comunidades populares na região de Île-de-France, em maio de 2016. Essas promessas de independência/autonomia e elevada remuneração revelam-se particularmente atraentes para homens racializados, que ingressarão em massa na profissão.

Promessas atraentes para homens racializados

Constatamos haver uma super-representação de homens racializados entre os motoristas da Uber: somente uma pessoa não racializada entre os entrevistados

---

[11] Nicolas Jounin, *Chantier interdit au public: enquête parmi les travailleurs du bâtiment* (Paris, La Découverte, 2008).

[12] Yaseen Aslam e Jamie Woodcock, "A History of Uber Organizing in the UK", *South Atlantic Quarterly*, v. 119, n. 2, abr. 2020, p. 412-21; disponível on-line.

em Montreal, nenhuma em Londres e apenas seis em Paris. Embora as condições de estabelecimento e de implementação da plataforma favoreçam esse perfil (em particular, o patrocínio e o direcionamento para bairros da classe trabalhadora), são sobretudo as promessas de acesso à autonomia e à alta remuneração que se mostram especialmente atraentes para essas populações, tendo em vista a posição que ocupam no sistema de emprego e as discriminações das quais são vítimas. A despeito das especificidades de cada contexto institucional e normativo, a maioria dos motoristas compartilha características comuns: eles vivenciam a "designação racializante"[13] e ocupam a posição de "Senhor Provedor"*. A pesquisa permite lançar luz sobre dois motivos principais para o ingresso na profissão, transversais às três metrópoles e correspondentes a dois perfis de motoristas.

Por um lado, encontramos indivíduos com diploma de curso superior e/ou indivíduos experientes das classes alta ou média alta, cujas qualificações e experiência profissional não são reconhecidas ou que o são aquém de suas expectativas. Eles ingressam na profissão com o objetivo de mitigar sua desqualificação. Uma parcela deles realiza a atividade a título de ocupação secundária, como forma de complementar sua renda, a fim de melhorar seu padrão de vida, enquanto outros a exercem como ocupação principal, para alcançar a independência/autonomia. No primeiro caso, pode tratar-se de uma "pluriatividade adicional", com o objetivo de complementar a renda considerada baixa demais. Uma parcela dos motoristas de Londres está nessa situação. Trata-se de uma população de imigrantes que vivem em Londres há muitos anos, oriundos principalmente do Sul da Ásia, que dominam perfeitamente o inglês e vêm de famílias abastadas, nas quais os diplomas são fortemente valorizados. A maioria deles, aliás, emigrou para Londres para prosseguir no ensino superior. Graças aos diplomas que obtiveram no Reino Unido, esses indivíduos ocupam posições profissionais estáveis, mas consideram que estas não estão em conformidade com seu alto nível de qualificação e, por isso, trabalham como motoristas para complementar a renda, considerada insuficiente tendo em vista o padrão de vida a que aspiram. É o caso de Nazir, um paquistanês de 45 anos, solteiro, com MBA em administração por uma universidade inglesa e oriundo de uma família de cinco filhos, que trabalha em tempo integral no *Financial Times* com diagramação e revisão de artigos. Seus irmãos são médicos e pilotos de avião, enquanto suas irmãs fizeram "belos casamentos". Trabalhando à noite e nos fins de semana como motorista, ele complementa sua renda com o único objetivo de viajar regularmente pela Europa e pelos Estados Unidos. Os motoristas de Montreal que realizam a atividade a título de ocupação secundária a exercem como parte de uma "pluriatividade de sobrevivência", essa renda

[13] Sarah Mazouz, *Race*, cit.

* A autora emprega a expressão *Monsieur Gagne-pain* que, ao pé da letra, em português, seria "Senhor Ganha-pão". (N. T.)

adicional sendo, pois, considerada indispensável para garantir sua subsistência[14]. Estes últimos obtiveram seus títulos acadêmicos em seus países de origem (principalmente Haiti, Norte da África e África Subsaariana), e não no país anfitrião. Eles não são, desse modo, reconhecidos em Quebec. Embora possuam diplomas de nível superior e/ou tenham ocupado cargos profissionais consideravelmente altos em seus países de origem, em Montreal eles se veem vinculados a empregos não qualificados. É o caso de Bruno, um haitiano de 44 anos, divorciado e pai de uma menina, que chegou a Montreal há nove meses. Enquanto no Haiti ele era responsável por uma equipe de motoristas, no seio da Cruz Vermelha Canadense, e encontrava-se muito bem de vida, hoje ele trabalha como técnico de manutenção em tempo integral, e complementa sua baixa remuneração trabalhando como motorista à noite e nos finais de semana: "A Uber é só para pagar meu aluguel, o carro, o seguro aqui, tudo isso, e para alimentar minha filha duas vezes por dia, para pagar a escola. Aqui dizem que a escola é gratuita, mas não, para mim não é gratuita. A Uber me ajuda muito. Sem a Uber, meu salário não é suficiente".

Confinados a empregos não qualificados, alguns se arriscam e se tornam trabalhadores por conta própria como atividade principal, vendo nesse tipo de trabalho uma forma de evitar o controle hierárquico e de gozar de autonomia. Tornar-se um motorista da Uber é, portanto, uma oportunidade de encontrar um meio de subsistência e, ao mesmo tempo, atenuar o sentimento de desvalorização desses homens diplomados. Venezuelano de 64 anos, Diego imigrou para o Canadá com sua esposa e três filhos há quatro anos. Advogado em seu país de origem, suas qualificações acadêmicas não são reconhecidas. Além disso, ele não domina a língua francesa. Depois de uma experiência difícil em uma mercearia, ele começou a trabalhar como motorista da Uber há três anos, enfatizando as vantagens do *status* de autônomo: "Uber, eu não acho que seja um bom negócio, mas eu prefiro do que um outro trabalho. [...] Mas posso repetir um milhão de vezes que prefiro esse trabalho ao meu outro, em que os gerentes eram pessoas que diziam: 'Acho que isso é bom, faça algo assim'. Já trabalhei em muitas, muitas empresas na minha vida, e vem uma pessoa que nunca estudou nada e me diz: 'Não, quem decide o que você vai fazer aqui sou eu'".

Ao lado desses perfis de trabalhadores diplomados que veem na profissão uma oportunidade de mitigar seu rebaixamento, encontramos nas três áreas metropolitanas muitos motoristas com pouca ou nenhuma qualificação e de origem imigrante da classe trabalhadora, tendo multiplicado o número de empregos precários não qualificados, por vezes não declarados, por vezes alternados com curtos períodos de desemprego. Ao se tornarem motoristas da Uber, trata-se para eles de encontrar um

---

14 Grégori Akermann, Laurence Cloutier e Fanny Dubois, "Entrepreneurs pluriactifs", em Pierre-Marie Chauvin, Michel Grossetti e Pierre-Paul Zalio (orgs.), *Dictionnaire sociologique de l'entrepreneuriat* (Paris, Presses de Sciences Po, 2014), p. 259-74.

emprego melhor, um "*good bad job*"*, para usar o termo de Alex Rosenblat[15]. Esses motoristas afirmam nunca terem tido dificuldades para encontrar um emprego, e veem a profissão como uma oportunidade de escapar do árduo trabalho manual e da pressão da hierarquia, que vivenciaram em suas experiências profissionais anteriores. Se comparado à atividade na construção, com o manuseio de materiais, com entrega ou logística, o trabalho de motorista se apresenta como "mais limpo" e menos penoso à primeira vista. Foi por essa razão que Rayan entrou na profissão. Esse argelino de 29 anos, sem nenhuma qualificação formal, começou a trabalhar aos 17 na construtora de seu falecido pai e, há dois anos, imigrou para o Canadá para se casar. Ele nunca passou por um período de desemprego, e, desde sua chegada a Montreal, multiplicou o número de empregos precários e não qualificados: "É fácil encontrar trabalho aqui. O trabalho manual é sempre fácil de encontrar. Nunca fiquei sem trabalho. [...] Motorista da Uber é melhor, não tem trabalho físico. Não tem supervisor, não tem pressão, não tem nada".

Muitos desses motoristas destacam igualmente a autonomia de tempo como uma das vantagens do *status* de trabalhador independente. Aqueles que migraram recentemente, em particular, apreciam o fato de poderem interromper sua atividade profissional sem terem de pedir permissão aos superiores. É o caso de Ayoub, um motorista de Montreal de 45 anos. Casado, com um filho pequeno, ele emigrou da Argélia há um ano com sua esposa, agora grávida. Ele insiste quanto ao fato de poder estar disponível caso seu filho esteja doente:

> Os quebequenses têm família por perto. Os migrantes não têm família, não têm pessoas próximas. Eu sou tudo para minha esposa e meu filho. Então, quando meu filho está doente, preciso estar disponível porque não tem família para ajudar. Quando a gente é assalariado, a gente não pode se liberar. A gente não tem família aqui. Assim, a flexibilidade e a autonomia de trabalhar com Uber, isso possibilita de se adaptar às restrições familiares.

A disponibilidade de tempo da qual dispõem os motoristas representa também uma oportunidade de aumentar seu nível de remuneração, alongando suas jornadas de trabalho. Se os assalariados dependem de seus superiores para fazerem horas extras, trabalhadores autônomos, por sua vez, têm a liberdade de trabalhar mais para ganhar mais. Esse é um dos motivos que levaram Brandon, um motorista de 39 anos de Paris, a entrar na profissão há dois anos. Ele é pai de quatro filhos e sua esposa é cuidadora em uma casa de repouso. Depois de emigrar de Madagascar há dezesseis anos "para sair da miséria", ele trabalhou por vários anos com entrega de encomendas, experimentando condições de trabalho particularmente penosas em troca de baixos salários. Ele encara o trabalho de motorista da Uber como uma oportunidade de aumentar sua renda: "A maior vantagem: a liberdade.

---

* Expressão em inglês equivalente a "bom emprego ruim". (N. T.)

15 Alex Rosenblat, *Uberland*, cit.

Você pode parar a qualquer momento, mas, por outro lado, se quiser ganhar muito, pode chegar longe, não há limites. Se você quiser trabalhar quinze horas por dia, vai ver bem o resultado depois, vai ter algo no final".

Em Paris, onde o legado da *grande remise* continua a influenciar as aspirações pessoais, alguns motoristas associam essas remunerações potencialmente elevadas à possibilidade de ascensão social pela via econômica[16]. Seja qual for o caso, as promessas de independência e de remuneração elevada feitas pela Uber são particularmente atraentes para homens racializados que sofrem com a desqualificação e/ou com a designação a empregos não qualificados. Eles são ainda mais sensíveis a isso por ocuparem, em sua maioria, também a posição de "Senhor Provedor". O fato de a esposa ser dona de casa ou trabalhar meio período reforça, na verdade, a pressão econômica sobre o principal provedor perante as necessidades da família. Ao mesmo tempo, por ela assumir todas as tarefas domésticas e parentais lhe é permitido um investimento intensivo no trabalho[17]. Este último não será pago. De fato, as promessas da Uber não serão cumpridas durante sua implementação.

A implementação da Uber: uma deterioração das condições de trabalho e de remuneração

Seduzidos por condições de trabalho e de remuneração particularmente atraentes, os homens racializados que ingressaram na profissão para melhorar sua condição encontram-se *in fine* presos em "um trabalho para imigrante"[18]. Uma vez que a plataforma tenha se estabelecido como um ator incontornável, engendrando a dependência econômica dos motoristas, ela provocará, de fato, uma degradação de suas condições de trabalho e de remuneração.

Da construção de uma posição quase monopolista à dependência econômica dos motoristas

O modelo de negócios da Uber se baseia nos "efeitos de rede"[19], os quais fazem com que o valor de um serviço dependa do número de seus usuários: quanto mais esse número cresce, mais aumenta seu valor. Esse efeito é ainda mais significativo em um

[16] Lise Bernard, "Le Capital culturel non certifié comme mode d'accès aux classes moyennes: l'entregent des agents immobiliers", *Actes de la Recherche en Sciences Sociales*, v. 191-2, n. 1-2, 2012, p. 68-85; disponível on-line.

[17] Carlotta Benvegnù e Sophie Bernard, "La Bourse ou la vie?: Régimes temporels et normes parentales chez les chauffeurs Uber à Paris et à Montréal", *Revue des Politiques Sociales et Familiales*, v. 149, n. 4, 2023, p. 55-72; disponível on-line.

[18] Abdelmalek Sayad, "L'Immigré, OS à vie", em *La Double Absence: des illusions de l'émigré aux souffrances de l'immigré* (Paris, Seuil, 1999), p. 234-53.

[19] Catherine Sauviat, "Le Modèle d'affaires d'Uber: un avenir incertain", *Chronique Internationale de l'IRES*, v. 168, n. 4, 2019, p. 51-71; disponível on-line.

mercado dupla-face. A Uber apresenta-se, assim, como um mercado intermediado por uma plataforma digital que conecta passageiros e motoristas. Atingir uma massa crítica de usuários em ambos os lados desse mercado pode levar a uma situação em que todo mundo tenha interesse em convergir para o uso de uma única plataforma. Assim, quanto mais motoristas da Uber houver, mais os clientes terão interesse em fazer uso dela para encontrar um veículo rapidamente. Da mesma forma, quanto mais os clientes utilizam a Uber, mais os motoristas têm interesse em usá-la, a fim de acrescer suas chances de conseguir viagens. Para desencadear essa dinâmica de "o vencedor leva o máximo", a plataforma incentiva os clientes a utilizá-la, oferecendo-lhes preços atraentes e ofertas promocionais, e garante que os motoristas trabalhem por meio dela, ofertando-lhes bônus substanciais. Embora tenhamos visto anteriormente que, num primeiro momento, a plataforma lançou mão de incentivos econômicos para atrair motoristas, estes últimos não têm, num segundo momento, outra opção senão trabalharem por seu intermédio se quiserem ganhar a vida. De fato, ela consolidou-se como um ator incontornável do setor nas três metrópoles.

Em Montreal, a Uber não teve de enfrentar concorrentes fortes além dos táxis tradicionais. Havia apenas dois outros aplicativos – Téo táxi e Eva – que compreendiam pouquíssimos motoristas. Desde então, a plataforma se impôs como um ator incontornável no setor. A situação é mais complexa em Londres e Paris, onde a plataforma é confrontada com uma concorrência acirrada. Embora os táxis estejam enfrentando dificuldades desde a implantação da Uber, por ora, eles têm conseguido se manter no mercado. São principalmente os motoristas de Paris, herdeiros da *grande remise*, e os *minicabs*, de Londres, que padecem com a concorrência da plataforma. Frente às baixas tarifas praticadas por ela, os motoristas parisienses que conseguiram desenvolver uma clientela particular, e para os quais as viagens obtidas por meio da Uber não passavam de um complemento, estão lutando para mantê-la: "Está ficando difícil manter os clientes. A concorrência é bastante acirrada. É por isso que só me restam dois. Eu costumava ter quatro clientes regulares. Infelizmente, nosso preço vai ser muito alto para o que a Uber oferece. Nós, a gente não pode competir" (Marc).

Embora alguns motoristas parisienses ainda consigam manter uma clientela particular, hoje eles representam uma minoria. Agora, a maioria deles trabalha principalmente por intermédio de plataformas. Se, em Paris, a Uber destruiu parcialmente o que restou do legado da *grande remise*, em Londres, por sua vez, a plataforma também criou problemas para as operadoras de *minicab*. Lá, desde a implantação da plataforma, o número de motoristas da Uber tem experimentado uma expansão considerável, enquanto o número de operadores de *minicab* continua a diminuir: "Eu era motorista de *minicab*, mas a Uber tomou conta do mercado. Você também pode, se quiser, trabalhar para uma outra operadora além da Uber, mas não adianta. Eles não têm mais clientes, todo mundo está migrando para a Uber. Os clientes e os motoristas" (Abu).

Graças às baixas tarifas praticadas, a plataforma conseguiu ainda vencer a concorrência dos motoristas particulares parisienses e dos operadores de *minicab* londrinos. Entretanto, em ambas as cidades, ela também enfrenta a concorrência de várias outras plataformas. A pesquisa revela, porém, que a maioria dos motoristas trabalha apenas por intermédio da Uber e, quando não é esse o caso, eles obtêm somente uma parte ínfima de seu faturamento por meio de plataformas concorrentes: "Não há mistério quanto a isso, porque a Uber ainda é o aplicativo que oferece mais viagens; ele cobra mais comissões, mas dá mais viagens. Os outros aplicativos recebem menos comissões, mas não têm tanto impacto sobre a clientela quanto a Uber. Na verdade, é psicológico, todo mundo usa Uber, tanto os clientes quanto os motoristas" (Hamid, um motorista parisiense). "A Uber tem mais clientes. O número de viagens da Uber é maior. Mais do que outras empresas, como a Bolt ou a Ola. [...] Mas eu te digo, esses 25%, 15% [de comissão] é besteira. É tudo a mesma coisa. Porque, como eu te disse, a Uber oferece mais trabalho. Ela pega 25%, mas ela te oferece mais trabalho. Nessa, Bolt, a comissão é de 15%, mas ela te oferece apenas um trabalho em uma hora" (Ismail, motorista de Londres).

Nas três metrópoles, desse modo, a posição quase monopolista ocupada pela Uber força os motoristas a trabalharem por intermédio dela, se quiserem ganhar a vida, utilizando outras plataformas, a rigor, a título complementar. Eles tornam-se, portanto, economicamente dependentes da plataforma e experimentam uma deterioração em suas condições de trabalho e de remuneração.

Da dependência econômica à deterioração das condições de trabalho e de remuneração

Uma vez que a plataforma disponha de um número suficiente de motoristas e tenha conseguido se impor como um ator incontornável no setor, ela não precisará mais oferecer remunerações atraentes para retê-los. Tendo sido a concorrência de fato destituída graças à política tarifária bastante agressiva adotada pela Uber, os motoristas agora não têm outra opção a não ser trabalhar por intermédio dela, se quiserem ganhar a vida. Eles são economicamente dependentes da plataforma. A Uber, então, suprime os bônus, baixa as tarifas e aumenta sua comissão (de 20% para 25%). Os motoristas experienciam uma queda drástica em suas rendas. Se quiserem manter seu nível de renda, eles são, então, obrigados a trabalhar mais. Desse modo, alguns motoristas dizem limitarem suas férias ou até mesmo renunciarem a elas. Qualquer interrupção no trabalho de fato custa caro. Eles trabalham entre doze e catorze horas por dia, mas a rentabilidade de sua atividade exige que optem por uma grande amplitude horária. Assim, o tempo de trabalho de Baako, um motorista de 38 anos, é de catorze horas por dia, mas sua jornada de trabalho excede dezoito horas: "Eu começo todas as manhãs às 4h30. Pelo menos nesse horário, você tem a certeza de que vai pegar uma corrida de longa distância, até o aeroporto. [...] Daí, vou terminar lá por volta das 11h-12h, eu paro e pego de novo das 16h até as 23h. No sábado, são os dias mais intensos. Se você evita os sábados, não é rentável. Eu trabalho seis dias e meio, porque trabalho nas manhãs de domingo".

Além desse alargamento da duração do trabalho, os motoristas, para manter seu nível de renda, se veem obrigados a privilegiar horários atípicos, aqueles que correspondem aos períodos de aumento das tarifas. De fato, para garantir que haja um número suficiente de trabalhadores disponíveis de acordo com as variações na demanda, os aumentos de tarifa (baseados num coeficiente multiplicador) são definidos em tempo real em função da oferta e da demanda em determinadas áreas, para incentivá-los a se conectarem ou se deslocarem para áreas onde há escassez de motoristas num determinado instante *t*. Isso ocorre mais frequentemente de manhã cedo, no final do dia, à noite e nos finais de semana, ou na ocasião de determinados eventos (como Natal e Ano-novo): "Eles dizem: 'Bem, você pode começar a qualquer momento e terminar a qualquer momento'. Você sabe que pode fazer isso e, ao mesmo tempo, não pode, porque o dinheiro que eles pagam, que você recebe deles, não é suficiente para permitir que você o faça. O sistema de remuneração, da forma como funciona, obriga você a trabalhar em horários malucos, longas horas, sem parar, sem parar" (Aylan, um motorista de Londres).

Esses horários de trabalho extensíveis associados aos horários atípicos afetam a vida pessoal e familiar dos motoristas. Esse é um sacrifício que eles estavam dispostos a consentir quando ingressaram na profissão, estando suas esposas de acordo, mas tendo como contrapartida uma remuneração elevada. Assim, o fato de esta última não estar à altura de seus esforços é fonte de uma profunda decepção e gera tensões entre o casal:

> Nós, a gente está num mundo, a gente trabalha setenta horas por semana, a gente não vê mais nossas famílias. A pior tristeza dessa história é a ninharia* que nos pagam para sacrificar uma família. Honestamente, pessoalmente, quando a gente falava disso no início, eu e minha esposa, pensei que seria assim: "Escute, vai ser um corte de setenta a oitenta horas por semana, é pra me esquecer, não tô mais aqui. Talvez um dia por semana eu esteja aqui, para dormir, mas tem uma esperança de uns 3,5 mil a 4 mil euros por mês. Se eu fizer isso por dois anos, eu me sacrifico pela família, e temos uma dinheirama em casa". No fim das contas, não tem nada disso. (Tarik, motorista de Paris.)

Da mesma forma, embora tenham ingressado na profissão para escapar à dureza do trabalho manual, todos os motoristas relatam múltiplas doenças ocupacionais. Os primeiros sinais de desgaste se manifestam rapidamente. Depois de apenas alguns meses em tal ritmo, eles já sentem um esgotamento generalizado. E, mesmo que o trabalho aparentemente não exija nenhum grande esforço físico,

* Aqui, a autora utiliza no texto original a expressão *les miettes de pain*, "as migalhas de pão" em tradução literal. Como, nesse contexto de oralidade, a ideia de escassez diz respeito ao dinheiro pago, optou-se pela palavra "ninharia". (N. T.)

ficar sentado por tanto tempo causa dores nas costas, das quais muitos deles se queixam: "Minhas costas estão me matando. Às vezes, quando estou trabalhando e me sinto... sabe, você tenta andar, não consegue... Dirigir é bom, é tranquilo, mas fazer isso por muitas horas é realmente... isso te mata, porque, sabe, você não faz muito exercício... você se senta... vai para casa, dorme... Isso não é saudável, mas você não tem escolha" (Sada, motorista de Londres).

Os motoristas afirmam também sofrer com o estresse da direção, sendo difícil se manterem assim tão concentrados por um longo período. Isso é ainda mais verdadeiro quando é preciso, ao mesmo tempo, garantir a satisfação do cliente. Essa exigência é reforçada ao passo que aumenta a dependência dos motoristas em relação à plataforma. Esta confere um poder considerável aos clientes, que se veem incumbidos de controlar os motoristas. Ao final de uma viagem, aqueles têm a possibilidade de avaliar os motoristas da Uber, numa escala de uma a cinco estrelas, e de deixar um comentário. Uma nota média inferior a 4,5 estrelas nas últimas quinhentas viagens pode ser sancionada pela plataforma com uma suspensão temporária ou uma desativação permanente da conta do motorista. Isso também pode acontecer no caso de uma reclamação de um cliente quanto ao comportamento de um motorista considerado inadequado. É, muitas vezes, na ocasião da suspensão de sua conta que os motoristas percebem a precariedade de sua situação e a relação assimétrica que têm com a plataforma e com os clientes. Samir, um motorista parisiense de 43 anos, cuja esposa não trabalha e que tem quatro filhos para sustentar, teve sua conta desconectada pela Uber por dezessete dias depois de uma discussão com uma cliente, encontrando-se subitamente sem nenhuma fonte de renda para arcar com as despesas associadas à sua atividade profissional:

> Desde o dia em que me desconectaram, eu disse a mim mesmo: "Esse pessoal, se me desconectarem toda vez e eu ficar quinze dias ou um mês ou mais sem trabalhar, acho que não vou longe com eles". Com um Skoda de 33 mil euros e um seguro, que custa quase 200 euros por mês, o contador a 120 euros, são as despesas. Não sei como eles têm a ousadia de desconectar alguém desse jeito. No momento, faço corridas para poder pegar um pouco de dinheiro emprestado para viver.

O risco de suspensão ou desativação permanente de sua conta, em decorrência de reclamações de clientes ou de uma classificação ruim, é uma fonte importante de estresse para os motoristas, que afeta seu cotidiano de trabalho. Satisfazer as exigências dos clientes e evitar tensões e conflitos com eles são preocupações constantes. Eles realizam, por isso, um trabalho adicional sob a forma de um trabalho emocional[20], que consiste em tentar identificar as expectativas dos clientes para se adaptar a elas. Eles se veem, de fato, sujeitos ao poder arbitrário do cliente, que pode, a qualquer

---

[20] Eliane Léontine Bucher, Peter Kalum Schou e Matthias Waldkirch, "Pacifying the Algorithm: Anticipatory Compliance in the Face of Algorithmic Management in the Gig Economy", *Organization*, v. 28, n. 1, jan. 2021, p. 44-67; disponível on-line.

momento, retirar-lhes sua principal fonte de renda. Desse modo, os motoristas estão mais inseridos numa lógica de relações domésticas do que de relações profissionais. Eles não desfrutam nem da independência, nem da elevada renda prometida.

Conclusão: um "trabalho para imigrantes"

Os motoristas da Uber são "trabalhadores híbridos"[21] que somam todos os inconvenientes do trabalho independente e do trabalho assalariado, sem nenhuma das vantagens associadas a eles. Sua atividade é supervisionada pela plataforma, mas eles não se beneficiam das proteções e dos direitos associados ao *status* de assalariado; eles têm de assumir os riscos de sua profissão, mas sem gozar da autonomia associada ao *status* de trabalhador independente. Essa situação engendra uma deterioração em suas condições de trabalho e de remuneração, forçando-os a trabalhar sem descanso, em detrimento de sua saúde e de sua vida familiar, para mal conseguirem garantir a sobrevivência. Tais condições de trabalho deveriam ser dissuasivas. De fato, elas resultam na saída de muitos motoristas – todos aqueles que têm alternativas melhores –, entretanto, essa perda é compensada pelo ingresso de novos candidatos à profissão. A rotatividade significativa de motoristas permite assim à plataforma dispor permanentemente de uma mão de obra com plena saúde, sem ter de pôr em questão as condições de trabalho degradantes que lhes impõe:

> Mesmo hoje, ainda há muitos motoristas que fazem 90 horas... Eu mesmo, eu faço ainda 70, 75 horas, no mínimo. [...] Porque vão nos dizer: "Por que você trabalha tanto? Por que você se esforça tanto?". A gente se torna parte da comunidade. Você pode trabalhar 40 horas, 50 horas, mas vai conseguir só o salário mínimo*, ou nem mesmo o salário mínimo. Qual é o sentido de entrar num negócio se você só vai conseguir o salário mínimo? É melhor continuar sendo assalariado, trabalhar 35 horas e ganhar o salário mínimo. Mas, depois de um tempo, você simplesmente não consegue mais trabalhar tantas horas. Você fica cansado depois de um ano, um ano e meio. Daí, se você conversar com novos motoristas que têm um ou dois meses de trabalho, eles vão te dizer: "A Uber é ótima, você só precisa trabalhar duro". Mas não é só isso, eles vão ver. Você os encontra novamente sete, oito meses depois, e já é um outro discurso. Eles cansam as pessoas. Depois de um ano, a Uber, eles sabem que estão em alta, e sabem que tem outros que vão entrar. Tem um que sai, tem dez que fazem fila na Uber em Aubervilliers. (Karim, um motorista parisiense com dois anos de experiência.)

O rápido desgaste dos motoristas é compensado pelo influxo permanente de mão de obra. Ao tirar proveito da "designação racializada"[22] desses homens

[21] Yves Dupuy e Françoise Larré, "Entre Salariat et travail indépendant: les formes hybrides de mobilisation du travail", *Travail et Emploi*, v. 77, n. 4, 1998; disponível on-line.

* Na França, *salaire minimum de croissance (Smic)*, salário mínimo legal por hora abaixo do qual um trabalhador não pode ser pago. (N. T.)

[22] Sarah Mazouz, *Race*, cit.

racializados, a Uber de fato se beneficia de uma reserva de mão de obra indispensável para sua implementação. Seduzidos pela plataforma com promessas de independência e de remunerações elevadas, particularmente atraentes para essas populações, os motoristas se veem presos em um "trabalho para imigrantes"[23]. Tendo entrado na profissão para escapar dele, eles se veem novamente relegados a ele.

[23] Abdelmalek Sayad, "L'Immigré, OS à vie", cit.

4
O poder dos trabalhadores da Amazon e dos trabalhadores por plataforma*

Sarrah Kassem

Embora as plataformas organizem sistematicamente o trabalho e os trabalhadores de maneiras que os alienam, as diferenças existentes no interior da força de trabalho da Amazon demonstram que tal alienação, embora tenha implicações para a maior fragmentação dos trabalhadores, não é abrangente. Em alguns casos, os trabalhadores dos centros de distribuição da Amazon podem de fato não mostrar interesse na organização coletiva, identificar-se com a empresa e perceber a vigilância do local de trabalho como legítima e a organização trabalhista como ilegítima. Ao mesmo tempo, os trabalhadores da Amazon Mechanical Turk (MTurk) celebram sua flexibilidade, e liberdade e alguns deles nem percebem seu trabalho como trabalho. No entanto, se analisarmos como esses trabalhadores mobilizam seus recursos de poder, esses casos estão entre muitos exemplos contemporâneos que demonstram que os trabalhadores, na realidade, reivindicam sua capacidade de ação (*agency*). Os trabalhadores dos centros de distribuição da Amazon e os trabalhadores da MTurk mostram que a formação da consciência de classe e as condições materiais propícias são essenciais para que estes mobilizem seus diferentes poderes.

O trabalho por plataforma baseado na web ou trabalho on-line** (*web-based gig work*) se traduz na incapacidade dos trabalhadores em identificar

* Artigo traduzido por Laura Gontijo, doutoranda em sociologia pela Universidade de Brasília (UnB), com revisão técnica de Ricardo Festi. Textos citados de outras obras foram traduzidos pela tradutora. Extraído de *Work and Alienation in the Platform Economy* (Bristol, Bristol University Press, 2023). Publicado sob cortesia da editora. (N. E.)

** Para facilitar a leitura, traduziremos o termo *web-based gig work* como "trabalho on-line" e *location-based gig workers* como "trabalhadores territorializados". (N. T.)

sua localização ao longo da linha de produção, invisível geograficamente e temporalmente dispersa, sem um espaço (digital) que reúna todos os trabalhadores enquanto labutam. Os trabalhadores territorializados (*location-based gig workers*) se aproximam dos trabalhadores da Mechanical Turk (MTurk) no que diz respeito à natureza atomística do trabalho, sem possuir um espaço que os reúna. Os trabalhadores dos centros de distribuição da Amazon têm diferentes histórias de trabalho, contratos, condições legais e materiais, o que pode ter um impacto significativo na medida em que eles estão em conformidade ou falando sobre seus interesses de classe. Tais condições relativas ganham ainda maior magnitude na MTurk, na qual os trabalhadores estão em extremos opostos do globo. Estes parecem, no entanto, captar as condições gerais do capitalismo, considerando que só trabalharam até o momento em um precário mundo de trabalho, caracterizado pela competição. Os trabalhadores dão os primeiros sinais, pois reconhecem a importância da solidariedade e dos seus interesses coletivos de formas menos tradicionais. Mas, à medida que a precariedade se intensifica e suas implicações são sentidas, os interesses de classe também se intensificam. Estes podem ser ainda mais entrelaçados com suas subjetividades racializadas e de gênero, suas experiências e seus contextos materiais, os quais se tornam intrínsecos à formação de sua solidariedade no interior da luta trabalhista, anterior à pandemia de covid-19 e assumindo novas dimensões a partir dela. Ambos os estudos de caso demonstram que, quando os trabalhadores expressam sua capacidade de ação, o fazem em oposição à sua alienação e ao processo de trabalho, que os desumaniza ao levá-los a trabalhar como máquinas. Como afirmam os trabalhadores dos centros de distribuição da Amazon: "Eu não sou um robô". Os trabalhadores da MTurk observam que "são pessoas reais com necessidades reais". Estes se esforçam essencialmente por maior regulamentação e proteção de direitos e salários, e não querem comprometer sua fonte de renda. Isso está mais uma vez falando não apenas da economia de plataforma, mas do contexto político-econômico mais amplo caracterizado precisamente pelo aumento da precariedade, pela substituição e pelo deslocamento do trabalho.

Os trabalhadores dos centros de distribuição da Amazon mostram paralelos em seus recursos de poder com os trabalhadores em outros setores além da economia de plataforma, e os trabalhadores da MTurk evidenciam as maneiras novas e menos tradicionais pelas quais sua organização se torna possível por meio da internet. À medida que o capital se afasta cada vez mais do trabalho tradicional com salários por tempo e abraça a *gig economy*, esses casos sublinham ainda mais as implicações da normalização do aumento da precariedade tanto para as condições de trabalho quanto para os direitos trabalhistas, mas também, em geral, o enfraquecimento dos recursos de poder dos trabalhadores (ver tabela 1).

Tabela 1 – Comparação da força dos recursos de poder

		Trabalhadores dos centros de distribuição da Amazon	Trabalhadores da MTurk
Poder estrutural	Mercado	Fraco	Fraco
	Local de trabalho	Forte	Fraco
Poder associativo		Depende do país, ganhando força	Fraco em termos tradicionais, forte em formas alternativas
Poder institucional		Depende do país	Atualmente inexistente
Poder social	Discursivo	Forte	Ganhando força
	Coalizacional	Forte	Ganhando força

Poder estrutural dos trabalhadores por plataforma

O poder estrutural dos trabalhadores, que forma a base para a ação coletiva, aparece em seu componente mercado como relativamente fraco, para o qual é considerado mão de obra de plataforma "pouco qualificada". Uma diferença crucial está, no entanto, no poder do local de trabalho, com os trabalhadores dos centros de distribuição da Amazon tendo uma clara vantagem sobre os trabalhadores territorializados e sobre os trabalhadores nas plataformas de trabalho on-line.

O que essencialmente rompe o poder do mercado é que essas plataformas oferecem oportunidades para quem está disposto a trabalhar em um mercado caracterizado por poucos requisitos de entrada e nenhuma experiência prévia necessária. Em ambos os tipos de trabalho na Amazon, os trabalhadores são contratados pelo simples fato de serem seres humanos: por um lado, por seu trabalho manual nos centros de distribuição, por outro, por seu trabalho intelectual básico, desde que tenham um dispositivo equipado com internet. Esse fraco poder de mercado é ainda mais debilitado pelo fato de que essas duas forças de trabalho podem ser facilmente substituídas: por um lado, os contratos tradicionais de salário por tempo e seus benefícios parecem atraentes para os trabalhadores, especialmente quando a Amazon abre seus centros de distribuição em áreas com uma taxa de desemprego relativamente alta. Isso pode ser ainda mais prejudicado pelas diferentes durações e termos dos contratos, variando de uma contratação sazonal a uma contratação fixa direta. A concorrência pode até transcender fronteiras, como demonstrado pelos trabalhadores poloneses em relação ao mercado de trabalho alemão. O mercado de trabalho da MTurk, por outro lado, é ainda mais diluído por causa da natureza do seu trabalho on-line, o que assegura que, como prestadores de serviços, os trabalhadores sejam substituíveis no mercado de trabalho digital global.

A economia de plataforma reproduz divisões internacionais do trabalho e uma hierarquia entre trabalhadores que poderia ser considerada como contribuindo para uma tendência maior de desqualificação. Enquanto os trabalhadores "altamente qualificados" no Google e na Amazon Web Services (AWS), que realizam trabalho técnico, têm um maior poder de mercado, pois também contribuem para a geração de lucro na economia de plataforma, a maioria dos trabalhadores por plataforma, que são trabalhadores precários (*gig workers*), compartilha um fraco poder de mercado. Enquanto esses trabalhadores, ao contrário dos trabalhadores da web, não são confrontados por um exército de reserva e concorrência global, eles são confrontados pelos exércitos de reserva locais que entram facilmente nesse mercado, considerando os baixos requisitos de entrada, tornando o trabalho (re)terceirizável.

Como dito antes, isso está intimamente ligado a composições gerais racializadas e de gênero, a tendências e dinâmicas precárias no mercado de trabalho e ao *status* legal do trabalhador. Em muitos casos, esse mercado de trabalho pode ser preenchido por estudantes e trabalhadores migrantes ainda mais dependentes desses empregos e vulneráveis aos caprichos do mercado e ao seu *status* de residência, o que pode ditar suas possibilidades de emprego dentro do país[1]. A economia de plataforma, portanto, é construída em geral sobre o fraco poder de mercado de seus trabalhadores, o que coloca obstáculos para eles caso procurem se organizar, pois são facilmente substituíveis, dada a porta giratória de profissionais. Em meio a diferentes ondas de demissões, em 2022, na economia de plataforma, também resta ver como esses recursos de poder se desenvolverão quando as plataformas não puderem mais sustentar seus níveis de crescimento experimentados durante a pandemia e em momentos de crise.

Em contraste com o poder do mercado, o poder do local de trabalho na economia de plataforma parece menos sombrio, pois é baseado na força coletiva potencial dos trabalhadores que pode ser movimentada em favor de seus interesses. Assim, os trabalhadores podem se mobilizar apesar de suas posições vulneráveis e contextos materiais. Tanto os trabalhadores manuais da Amazon quanto os trabalhadores da MTurk superam o capital que os emprega – embora um dentro do espaço confinado dos centros de distribuição e o outro em todo o globo. Dito de outra forma, a Amazon não pode, por enquanto, existir sem seus trabalhadores – sem tanto o trabalho manual para circular *commodities* quanto o trabalho intelectual necessário para produzir dados para serem usados posteriormente pela inteligência artificial (IA). A organização específica da plataforma e o contexto mais amplo interagem, no entanto, de maneiras fundamentalmente diferentes quando se trata da mobilização do referido poder estrutural. A verdadeira força que os trabalhadores dos centros de distribuição da Amazon têm sobre os trabalhadores da MTurk é precisamente a natureza de sua plataforma, pois parece que os trabalhadores territorializados remunerados por tempo têm mais poder no local de trabalho da economia de plataforma. Os trabalhadores dos centros de distribuição

[1] Niels Van Doorn, Fabian Ferrari e Mark Graham, "Migration and Migrant Labour in the Gig Economy: An Intervention", *Work, Employment and Society*, 5 jul. 2022; disponível on-line.

se reúnem diariamente sob o mesmo teto, o que pode facilitar sua organização social, cooperação e, finalmente, organização – embora isso possa ser prejudicado pelos diferentes contratos e pelo grau de precariedade entre a força de trabalho e seu *status* legal dentro de um contexto nacional. Os trabalhadores da MTurk como trabalhadores on-line não têm espaço físico, ou mesmo digital, no qual possam se reunir ou interagir, já que a interface de programação de aplicativos atomiza os trabalhadores e os torna invisíveis uns aos outros. A natureza do trabalho por peça não apenas da MTurk, mas da *gig economy* em geral, enfraquece o poder do local de trabalho, já que os trabalhadores são somente contratados por tarefa, tornando difícil entender, para começar, quem constitui a força de trabalho. O fato de que as relações de trabalho para trabalhadores territorializados são mediadas por um aplicativo atomiza ainda mais o trabalho, já que os trabalhadores também não se reúnem dentro de um espaço. Eles estão, portanto, em forte contraste uns com os outros por causa da maneira como a plataforma os organiza.

A interação das duas dimensões da natureza do trabalho e da natureza da plataforma complica severamente a capacidade de resistir por meio de atos cotidianos menores, o que historicamente desempenhou um papel crucial na expansão da resistência além do registro de ação coletiva visível. Dentro de nossos dias e época atual, essas possibilidades são cada vez mais limitadas pelo crescimento e em função do gerenciamento algorítmico. Como a análise das relações de alienação demonstra, as plataformas instrumentalizam a tecnologia para a microvigilância do processo de trabalho e do trabalhador. Os trabalhadores não são mais confrontados apenas pela vigilância do olho social de seus gerentes. À medida que a Amazon rastreia o registro da (in)atividade dos trabalhadores e mantém o controle de sua produtividade por meio da taxa quantificada de unidades por hora (UPH), resistir trabalhando em um ritmo mais lento com o intuito de reduzir a produtividade se torna prejudicial ao trabalhador e pode resultar em sua rescisão (in)direta. A mesma lógica se aplica à possibilidade de reduzir o tempo de trabalho por meio de pausas adicionais no banheiro – dados os relatos de trabalhadores que não têm tempo para usar o banheiro em primeiro lugar[2]. Embora os trabalhadores possam resistir a distância ridicularizando a cultura de trabalho da Amazon, isso não perturba o circuito da empresa.

Se os atos individuais de resistência são severamente complicados dentro das plataformas tradicionais de trabalho de tempo territorializado, eles parecem paradoxais na existência da *gig economy* como um todo. Os trabalhadores não podem resistir trabalhando mais devagar ou reduzindo sua produtividade se forem contratados por tarefa. Seja um entregador de alimentos, seja um trabalhador da Upwork,

---

[2] Shannon Liao, "Amazon Warehouse Workers Skip Bathroom Breaks to Keep Their Jobs, Says Report", *The Verge*, 16 abr. 2018; disponível on-line; David Gilbert, "Facebook Is Forcing Its Moderators to Log Every Second of Their Days – Even in the Bathroom", *Vice News*, 9 jan. 2020; disponível on-line.

cujas telas são capturadas, ele não pode se dar ao luxo de entregar suas demandas mais lentamente sem afetar diretamente seu desempenho. Para um trabalhador da MTurk, isso é prejudicial, pois levaria a uma queda em seu índice de aprovação e rejeição da tarefa, resultando assim em roubo salarial. Se um trabalhador por plataforma não executar a tarefa, outro o fará. Os trabalhadores on-line também são confrontados não apenas com uma força de trabalho local, mas global. O *status* de prestador de serviços complica ainda mais qualquer ato individual de resistência, uma vez que coloca em questão contra quem ele pode ser direcionado quando as linhas do capital entre aqueles que fornecem o trabalho e a plataforma em si mesma estão tão desbotadas. Um trabalhador da MTurk não tem nada a ganhar ao dar respostas incorretas a um cliente, que são eliminadas após filtragem, ou ao, todos juntos, abandonar completamente a plataforma da Amazon. Ao contrário dos trabalhadores dos armazéns, os por plataformas como a MTurk não têm a opção de resistir a distância, quando sua premissa é baseada em ser excluído de uma força de trabalho. A infraestrutura digital na qual eles trabalham, a vigilância intrínseca, a natureza precária da *gig economy* e a dupla aparência do capital são obstáculos às possibilidades de resistência individual para esses trabalhadores.

Dadas as condições tecnológicas e político-econômicas, é mais frutífero para os trabalhadores voltarem sua atenção para a luta coletiva por seus interesses. Plataformas territorializadas, com acordos tradicionais de tempo e salário, facilitam a criação de solidariedade, reunindo os trabalhadores em um único espaço, enquanto a natureza do trabalho facilita as possibilidades de ações disruptivas, como a greve. Plataformas territorializadas em geral, nas quais os trabalhadores se encontram e se percebem uns aos outros, podem ser motivos para uma maior solidariedade baseada não apenas em suas realidades materiais, mas naquelas relacionadas às suas experiências racializadas e de gênero, condições materiais e subjetividades. Assim, a natureza da plataforma também está relacionada à formação do próprio tecido de solidariedade. Sua organização social é, portanto, a fonte do poder disruptivo dos trabalhadores dos centros de distribuição da Amazon, que estão estendidos pela linha de circulação hipertaylorizada. Esse poder pode ser ampliado temporalmente, ao perturbar o período de pico de pedidos e lucros da Amazon, e espacialmente por meio de coordenação intersetorial e ação (trans)nacional. Dadas as diferentes condições materiais dos contratos e das relações industriais, os trabalhadores demonstram uma ampla gama de táticas que podem ser empregadas, desde bloqueios e greves não anunciadas até greves (gerais).

Em novembro de 2018, um total de 20 mil trabalhadores do Google de quarenta escritórios de todo o mundo – de Tóquio e Cingapura a Dublin e São Francisco – encenaram o Google Walkout for Real Change [Paralisação do Google para Mudança Real], em protesto contra o "assédio sexual, desigualdade de gênero e racismo sistemático". Como um trabalhador afirmou: "Estou longe da minha mesa do escritório porque estou me solidarizando com outros Googlers e prestadores de serviço para protestar [contra, nota da autora] o assédio sexual, a má conduta, a falta de transparência e uma cultura no local de trabalho que não está funcionando para todos"[3]. Embora tal paralisação tenha sido vista de forma diferente pelos trabalhadores da Amazon, é um exemplo claro de mobilização e solidariedade dos trabalhadores desencadeadas por realidades materiais de gênero e racializadas e ligadas a essas subjetividades. O crescente interesse no poder coletivo dos "trabalhadores de tecnologia" também está incorporado na Tech Workers Coalition (TWC) [Aliança de Trabalhadores da Indústria de Tecnologia]: "Guiada pela nossa visão de uma indústria de tecnologia inclusiva e equitativa, a TWC se organiza para construir o poder dos trabalhadores por meio da auto-organização e educação de base"[4]. Os resultados de tais ações incluem não apenas aumentar a conscientização, mas também a pressão em favor dos interesses dos trabalhadores e um aumento do seu poder.

Plataformas territorializadas podem dificultar a instrumentalização da natureza da plataforma quando se trata de trabalhadores da *gig economy*, dado o trabalho atomístico isolado de motoristas da Uber ou entregadores da Deliveroo. Assim, as condições político-econômicas e tecnológicas parecem, a princípio, inibir as possibilidades de incitar um poder estrutural para esses trabalhadores. Embora a mobilização dessa forma de poder estrutural possa ser difícil de traduzir-se na interrupção de fato de uma plataforma[5], os trabalhadores estão cada vez mais se organizando – às vezes por meio de diferentes sindicatos tradicionais e/ou mais de base ou grupos informais próprios com o potencial de afetar a regulamentação[6]. Tais tentativas são, no entanto, mais difíceis para trabalhadores on-line, como os da MTurk, que, além disso, não podem realizar facilmente piquetes (digitais). No entanto, os trabalhadores territorializados demonstram, como fica claro com relação ao poder associativo também dos trabalhadores da MTurk, a capacidade de instrumentalizar a natureza descentralizada da internet. A internet é, assim, usada para se conectar de maneiras alternativas por meio de espaços digitais para formar solidariedade, promover uma disrupção digital ou física e alterar a relação capital-trabalho assimétrica. Tal discussão sobre o poder estrutural dos trabalhadores por plataforma lança mais luz sobre como o entrelaçamento entre a natureza da plataforma e a natureza do trabalho se relaciona dialeticamente com os desafios e as possibilidades de expressar diferentes formas de poder no local de trabalho, apesar de um poder de mercado relativamente fraco.

---

3 Matthew Weaver et al., "Google Walkout: Global Protests after Sexual Misconduct Allegations", *The Guardian*, 1º nov. 2018; disponível on-line.

4 Tech Workers Coalition, 2022; disponível on-line.

5 Simon Joyce, Mark Stuart e Chris Forde, "Theorising Labour Unrest and Trade Unionism in the Platform Economy", *New Technology, Work and Employment*, 15 jul. 2022; disponível on-line.

6 Veena B. Dubal, "Economic Security & the Regulation of Gig Work in California: from AB5 to Proposition 22", *European Labour Law Journal*, v. 13, n. 1, 2022, p. 51-65; disponível on-line.

Poder associativo dos trabalhadores por plataforma

As condições hostis ao poder estrutural dos trabalhadores por plataforma se estendem ao seu poder associativo, embora os trabalhadores tenham encontrado suas próprias maneiras de instrumentalizá-lo e de formar associações tradicionais e alternativas. As diferentes relações industriais desempenham um papel crucial aqui, pois podem, em diferentes graus, facilitar ou apoiar o estabelecimento de associações ou dificultar esse processo. Embora o poder associativo dos trabalhadores dos centros de distribuição da Amazon esteja vinculado ao contexto, esse recurso de poder para os trabalhadores da MTurk é relativamente fraco em termos tradicionais, no entanto demonstra um cenário entusiasmante quando se trata de cultivar solidariedades de maneiras alternativas.

Dado que o poder associativo é tradicionalmente expresso por meio de sindicatos, não é surpresa que seja mais provável que esteja presente no trabalho tradicional das plataformas territorializadas – especialmente aquelas organizadas como fábricas com um histórico de luta trabalhista. Apesar do difícil terreno político-econômico para navegar e de a Amazon ser uma "destruidora sindical", seus trabalhadores dos centros de distribuição mostram diversos esforços para reivindicar seu poder disruptivo por meio da coordenação das manifestações de seu poder associativo. Isso transcendeu as fronteiras nacionais – a partir dos esforços do UNI's Amazon Global Alliance [Sindicato Aliança Global da Amazon] e do movimento político da Transnational Social Strike (TSS) [Greve Social Transnacional], que estabeleceu a Amazon Workers International (AWI) [Internacional dos Trabalhadores da Amazon], para associações digitais como a Face (Former and Current Employees) [Antigos e Atuais Funcionários] da Amazon. Em comparação com outras plataformas territorializadas, os trabalhadores dos centros de distribuição da Amazon parecem ser alguns dos mais organizados em associações tradicionais por meio de sindicatos (trans)nacionais e em movimentos mais amplos – embora o campo de atuação esteja estreitamente limitado por condições político-econômicas, relações industriais e condições materiais precárias.

No ímpeto atual crescente da organização trabalhista, tem havido tentativas mais amplas de formar associações em outras plataformas territorializadas, nas quais os trabalhadores também estão enfrentando esforços no sentido da quebra da sua organização sindical. Em junho de 2019, 2 mil trabalhadores do Google em Zurique tentaram organizar um evento sobre organização trabalhista, sindicalização e direitos trabalhistas. Esse encontro acabou sendo cancelado "a pedido da equipe de liderança do Google"[7]. Apesar da resistência, os trabalhadores do Google avançaram com um evento semelhante, mas muito menor, em outubro de 2019, no qual membros do sindicato suíço Syndicom foram convidados a falar.

---

[7] Ryan Gallagher, "Swiss Google Employees Defy Managers, Stage Labor Event", *Bloomberg*, 21 out. 2019; disponível on-line.

Enquanto a gerência do Google tentou bloquear tal evento[8], em 2021 vimos que os trabalhadores do Google fundaram seu próprio sindicato, chamado Alphabet Workers Union [Sindicato dos Trabalhadores da Alphabet][9]. Embora ainda seja pequeno em tamanho, está crescendo e demonstra uma tentativa crucial dos trabalhadores de assumir seu poder associativo nesta plataforma que é muitas vezes classificada como o "melhor lugar para se trabalhar".

Os crescentes potenciais de organização para esses trabalhadores por plataforma são confrontados com tentativas do capital de desmembrá-las, fazendo manchetes para espionar e demitir trabalhadores que falam ou se organizam. A Amazon, por sua vez, rescindiu os contratos de Emily Cunningham e Maren Costa da AWS, que formaram coletividades em torno da Amazon Employees for Climate Justice (AECJ) [Trabalhadores da Amazon pela Justiça Climática], cuja missão é responsabilizar a Amazon por seu impacto ambiental e desenvolver um plano de mudança climática[10]. O caso da AECJ demonstra um esforço crucial no qual os trabalhadores da AWS, o ramo de lucro mais crucial da Amazon, começaram a se organizar, mas também reflete que o comportamento sindical da Amazon não se limita aos centros de distribuição. Também toca na solidariedade além da classe, já que a AECJ aborda o que se refere como "racismo ambiental da Amazon", considerando que "o fato de que a poluição prejudica desproporcionalmente as pessoas de cor é um efeito do racismo sistemático"[11]. Este é mais um exemplo da sobreposição entre as realidades e solidariedades materiais, racializadas e de gênero.

Com relação a esse aspecto, a Amazon não é única na economia de plataforma, como demonstra o caso de alguns trabalhadores do Google. Eles acusaram o Google de criar uma ferramenta possivelmente para monitorar a organização trabalhista. Essa ferramenta envia alertas imediatos assim que qualquer evento de calendário é criado excedendo dez salas ou cem participantes[12]. Portanto, o controle da plataforma sobre a tecnologia se estende não apenas ao monitoramento da produtividade, mas também a quaisquer tentativas de organização. Esses esforços parecem ter culminado em seu altamente secreto Projeto Vivian, que durou do final de 2018 ao início de 2020 e que explicitamente visava à mobilização e à organização do trabalho e a se contrapor ao ativismo trabalhista anterior e à agitação no local de trabalho. O processo do Conselho Nacional de Relações Trabalhistas por funcionários anteriormente demitidos revelou no início de 2022 que o próprio

---

8 Idem.

9 Alphabet Workers Union, 2022; disponível on-line.

10 Karen Weise, "Amazon Illegally Fired Activist Workers, Labor Board Finds", *The New York Times*, 15 jun. 2021; disponível on-line.

11 Amazon Employees for Climate Justice, "How Amazon's Emissions are Hurting Communities of Color", *Medium*, 26 maio 2020; disponível on-line.

12 Ryan Gallagher, "Google Accused of Creating Spy Tool to Squelch Worker Dissent", *Bloomberg*, 23 out. 2019; disponível on-line.

diretor de direito do trabalho do Google o descreveu "como uma iniciativa 'para envolver os funcionários de forma mais positiva e convencê-los de que os sindicatos são uma droga'". Aparentemente, houve até uma proposta para encontrar uma "personalidade respeitada que publicasse um OpEd descrevendo como seria um local de trabalho de tecnologia sindicalizado, e aconselhar funcionários do FB (Facebook), MSFT (Microsoft), Amazon e google (*sic*) a não fazê-lo"[13]. Isso reflete de forma mais geral não apenas como as plataformas tentam fragmentar os trabalhadores por meio da maneira como organizam sua força de trabalho, mas também como elas tentam sistematicamente minar sua capacidade de ação e sindicalização, possivelmente vendo esta última como uma ameaça às plataformas. Apesar disso, os trabalhadores da economia de plataforma estão se tornando cada vez mais ativos e francos, mesmo na ausência de proteções trabalhistas, assumindo várias formas de associações em suas próprias mãos.

Os trabalhadores territorializados têm uma vantagem, no entanto, sobre os trabalhadores on-line, na medida em que estão baseados dentro de certas fronteiras nacionais que lhes permitem empreender sua luta por reconhecimento e reclassificação. A esfera jurídica vem a desempenhar um papel crucial nessas lutas. Vimos as batalhas que foram travadas, como a da Uber na Califórnia, e aquelas que foram vencidas, como as dos trabalhadores de entrega na Espanha, Itália e Holanda e dos motoristas da Uber no Reino Unido – com potencialmente o maior esforço em escopo até agora se manifestando na diretiva proposta pela Comissão Europeia.

Além disso, continuamos a ver como o cenário da sindicalização está mudando e experimentando, em certos casos, uma mudança para mais sindicatos de base e formas de organização de baixo para cima dentro da economia de plataforma[14]. Esses esforços de base também enfrentam tentativas de eliminação por parte das próprias plataformas, refletindo assim as táticas de outras plataformas. A natureza da plataforma fornece, então, um ponto de partida para uma luta por seus direitos, incluindo o direito de associação. É claro que isso está intimamente ligado ao contexto e a quais direitos são protegidos pela legislação nacional. Isso pode variar de país para país no Norte Global e no Sul Global, especialmente quando a maioria dos trabalhadores atua na economia informal.

As plataformas baseadas na web operam à margem das relações laborais e estruturas legais. Como a discussão sobre o poder institucional sublinha, os trabalhadores da MTurk não recebem apenas o *status* de prestadores de serviço, mas também são confrontados com a questão de por quais relações laborais e leis eles devem ser regulados. Até recentemente, os trabalhadores foram deixados de fora

---

13 Lauren Kaori Gurley, "Google Had Secret Project to 'Convince' Employees 'that Unions Suck'", *Motherboard Tech by Vice*, 10 jan. 2022; disponível on-line.

14 Veena B. Dubal, "Economic Security & the Regulation of Gig Work in California", cit.; Simon Joyce, Mark Stuart e Chris Forde, "Theorising Labour Unrest and Trade Unionism in the Platform Economy", cit.

dos esforços de organização dos sindicatos, embora o caso do Fair Crowd Work* demonstre um esforço sindical para apoiá-los. Esses trabalhadores assumiram seu poder de associação mais diretamente usando a internet para engendrar formas menos convencionais e tradicionais de associação e solidariedade com o intuito de aconselhar e apoiar uns aos outros, mesmo que não possam responsabilizar o capital. Os trabalhadores da MTurk confiaram fortemente na Turkopticon**, em fóruns e subReddits***, e, durante seu período de atividade, a Dynamo também exerceu esforços de base para a ação coletiva. Como trabalhadores que atuam digitalmente, eles estão familiarizados em como se instrumentalizar e se mobilizar via internet para seus interesses. Em última análise, é a interação entre as várias condições e a organização da plataforma que abre ou fecha espaços para o poder associativo – que podem não se traduzir necessariamente no que são percebidos como sindicatos tradicionais.

Poder institucional dos trabalhadores por plataforma

O poder institucional, entendido como uma expressão do poder de associação por meio da negociação coletiva e dos conselhos de trabalhadores, parece bastante limitado na economia de plataforma. Isso geralmente reflete uma tendência econômica ampla nas relações laborais nacionais e no declínio do poder sindical. O poder institucional geral dos trabalhadores dos centros de distribuição da Amazon é fraco, embora, como trabalhadores por tempo territorializados, mostre possuir potencial, dependendo do país. Isso é fundamentalmente diferente para os trabalhadores precários, especialmente aqueles disponíveis on-line, como os da MTurk, cujo poder institucional é insignificante por causa de sua classificação como prestadores de serviço. Embora a Comissão Europeia tenha proposto uma diretiva sobre o trabalho de plataforma que inclui trabalhadores on-line e territorializados, resta saber como isso será traduzido em práxis no futuro e por quem será implementado e monitorado[15]. Isso também levanta questões sobre suas

---

* A autora se refere ao projeto Fair Crowd Work, que recolhe informações sobre o trabalho realizado nas plataformas de *crowdwork* e demais trabalhos por plataforma. Segundo o próprio site afirma, seu objetivo é oferecer classificações das condições de trabalho em diferentes plataformas com base em questionários com os trabalhadores. Para mais informações, ver: <http://faircrowd.work/home/about/>; acesso em: 14 maio 2024. (N. T.)

** A autora se refere a um site na internet cujo intuito é auxiliar os trabalhadores da MTurk a se ajudarem e melhorarem as condições de trabalho para todos: <https://turkopticon.net/>; acesso em: 14 maio 2024. (N. T.)

*** A autora se refere a comunidades que existem no site Reddit e que permitem aos seus utilizadores publicar conteúdos, estabelecer enquetes etc. (N. T.)

15 Antonio Aloisi e Valerio De Stefano, *Your Boss Is an Algorithm: Artificial Intelligence, Platform Work and Labour* (Oxford/Nova York/Dublin, Hart/Bloomsbury, 2022); Antonio Aloisi e Nastazja Potocka- Sionek, "De-gigging the Labour Market?: An Analysis of the 'Algorithmic Management'

implicações para a economia geral, cujo próprio tecido é definido pelo precário *status* de prestador de serviço.

É difícil generalizar sobre o poder institucional no caso dos trabalhadores dos centros de distribuição da Amazon, por causa das diferenças nas relações laborais (ou seja, das diferenças entre os países). No entanto, eles podem ser considerados, em alguns países, como um precursor para a grande maioria da economia de plataforma, que é geralmente caracterizada por um poder institucional fraco. Embora ver.di*, na Alemanha, tenha investido em estruturas de administração do chão de fábrica e os trabalhadores possam proteger seus direitos perante um conselho de trabalhadores por meio do qual pressionam por benefícios adicionais, eles ainda não conseguiram garantir o acordo coletivo desejado. Por outro lado, a França tem um acordo coletivo setorial do qual a Amazon não pode escapar, enquanto a Itália apresenta um exemplo único em que os trabalhadores negociaram um acordo coletivo. Esses países não são, no entanto, representativos do cenário dos centros de distribuição da Amazon em escala global, considerando que um país como os Estados Unidos não pode salvaguardar o poder associativo dos trabalhadores, muito menos o poder institucional. Dadas as lutas trabalhistas contemporâneas na Amazon nesse país, será interessante ver como elas se desenvolvem e como um possível poder associativo será traduzido em um poder institucional[16]. Isso parece ser mais um fenômeno na Europa que do outro lado do Atlântico. Se os trabalhadores não podem se tornar membros de sindicatos sem que seu emprego seja encerrado, é bastante difícil falar sobre poder institucional.

Tomado seu *status* de prestadores de serviço, o capital os exclui de sua força de trabalho e, assim, elimina a possibilidade de desenvolver um poder institucional, enquanto estejam classificados como tal. Isso evidencia mais uma vez a importância de lutar pela reclassificação dos trabalhadores, não como autônomos ou como prestadores de serviço, mas como trabalhadores. Sindicatos e instituições estão mostrando crescente interesse nessa luta, uma vez que tal *status* representa um perigo real ao ameaçar despojar os trabalhadores de seus direitos fundamentais, mesmo fora da economia de plataforma. No entanto, como todos os recursos de poder coevoluem e estão vinculados aos seus contextos, os trabalhadores também têm perseguido seu poder institucional de maneiras diferentes. No caso dos trabalhadores em Berlim, eles elegeram seu conselho de trabalhadores,

---

Provisions in the Proposed Platform Work Directive", *Italian Labour Law E-Journal*, v. 15, n. 1, 2022, p. 29-50; disponível on-line.

* A autora se refere ao ver.di (Vereinte Dienstleistungsgewerkschaft, em tradução para o português: Sindicato Unido de Serviços). Trata-se do segundo maior sindicato da Alemanha depois do IG Metall, segundo informações de seu site na internet. (N. T.)

16 Sarrah Kassem, "Labour Realities at Amazon and COVID-19: Obstacles and Collective Possibilities for Its Warehouse Workers and MTurk Workers", *Global Political Economy*, v. 1, n. 1, jul. 2022, p. 59-79; disponível on-line.

apesar das batalhas legais para chegar lá[17], enquanto a Federação dos Sindicatos Holandeses (FNV, na sigla original) venceu uma batalha na Holanda pela qual os trabalhadores da Deliveroo devem ser "cobertos pelo acordo coletivo de trabalho para o transporte de mercadorias"[18]. Da mesma forma, as batalhas por reclassificações ganhas em outros lugares fornecem um terreno de partida para a busca desse poder. Assim, parece que aqui também os trabalhadores estão estabelecendo precedentes ao buscar diferentes batalhas trabalhistas e legais, o que resultaria em uma crescente associação, mas também em possibilidades de poder institucional.

Essa luta dos trabalhadores (on-line) é ainda mais complicada pelo papel mediador das plataformas e pela dupla aparência do capital, levantando questões sobre a quem cabe a responsabilidade. Enquanto a plataforma define a relação de emprego, o cliente a reproduz e normaliza com base no modelo de hiperterceirização. Isso se torna ainda mais complexo quando se considera que as plataformas baseadas na web estão fora da jurisdição e das relações laborais de qualquer estado. Os trabalhadores da MTurk não são considerados empregados ou funcionários pela Amazon, nem seu trabalho é regulamentado no labirinto da internet. A configuração dessas plataformas, como a MTurk, demonstra que a natureza da plataforma e a natureza do trabalho estão fundamentalmente em antítese ao poder institucional. A diretiva proposta para o trabalho por plataforma poderia potencialmente apresentar um esforço em larga escala para combater isso, pelo menos em uma parte do Norte Global. Poderia fortalecer o poder de associação lá, que poderia, por sua vez, se infiltrar no poder institucional desses trabalhadores por plataforma. Da mesma forma, batalhas específicas travadas e ganhas, como no Reino Unido ou na Espanha, poderiam potencialmente levar a mudanças não apenas no poder associativo desses trabalhadores, mas também, potencialmente, nesse recurso de poder – embora isso ainda esteja para ser visto.

Os trabalhadores precários são, portanto, cada vez mais incluídos nos debates sobre o futuro do trabalho e da regulamentação, dados os perigos da *gig economy* na normalização do emprego precário, mesmo além da economia de plataforma. Isso se reflete no relatório da Organização Internacional do Trabalho (OIT) *Work for a Brighter Future* [Trabalhar para um futuro melhor], que formula critérios essenciais para o futuro do trabalho, ecoando os esforços mencionados anteriormente. Isso inclui geralmente garantir um salário digno, a representação coletiva, uma jornada de trabalho e usar a tecnologia para apoiar o trabalho decente a partir de uma perspectiva do "humano no comando"[19]. Embora tais esforços facilitem fortemente os poderes estruturais, associativos e institucionais dos trabalhadores, é,

---

17 ver.di, "Gorillas haben Betriebsrat gewählt", ver.di, 28 nov. 2021; disponível on-line.

18 Eurofound "'Riders' Union Netherlands", Eurofound, 14 fev. 2022; disponível on-line.

19 International Labour Organization, *Work for a Brighter Future: Global Commission on the Future of Work* (Genebra, International Labour Organization, 2019); disponível on-line.

como na diretiva proposta pela Comissão Europeia, questionável até que ponto eles podem ser ratificados e até que ponto serão aceitos e mantidos pelas plataformas.

Poder social dos trabalhadores por plataforma

Embora os recursos de poder anteriores estejam mais intimamente ligados à posição de classe dos próprios trabalhadores, outros atores são fundamentais para mobilizar esses recursos de poder no sentido de fortalecer o movimento trabalhista na sociedade e, por sua vez, fortalecer os outros recursos de poder. Nosso momento atual apresenta uma oportunidade real de formar um movimento trabalhista maior da economia de plataforma e fortalecer o poder de coalizão e discursivo em todas as plataformas.

Mesmo que as plataformas não empreguem a maioria da força de trabalho do mundo, elas estão sob crescente atenção e escrutínio do público por causa de suas condições de trabalho e crescimento exponencial em grande parte não regulamentado, para muitos mais ainda como resultado da covid-19. Isso varia desde o escândalo Cambridge Analytic do Facebook, dos processos de assédio sexual e da má conduta do Google até os efeitos prejudiciais do Airbnb na gentrificação e no mercado imobiliário e a destruição causada pela Uber das indústrias locais de táxis com motoristas que muitas vezes não conseguem pagar suas contas. A Amazon e Jeff Bezos – que tem sido considerado por décadas como sua personificação física – não são estranhos a essas manchetes, em relação aos mais recentes desenvolvimentos tecnológicos, condições de trabalho e esforço de organização, desde trabalhadores dos centros de distribuição da Amazon até trabalhadores da MTurk e da AECJ. O jornalismo investigativo, os acadêmicos e os pesquisadores envidam esforços no sentido de desempenhar um papel crítico ao direcionar a atenção para as vozes e ações dos trabalhadores, trazendo suas histórias para a mídia, apoiando e reconstruindo-os como uma força de trabalho cada vez mais ativa. Esses esforços legitimam as lutas dos trabalhadores e são cruciais para desmascarar a celebrada economia de plataforma neoliberal, que até recentemente tinha sido amplamente glamourizada por sua inovação, empreendedorismo, flexibilidade e autonomia de seus trabalhadores.

As diferentes naturezas das várias plataformas e tipos de trabalho desempenham um papel importante em relação a esse recurso de poder, na medida em que se conectam com o relacionamento existente entre esses trabalhadores e o público. Os trabalhadores territorializados tiveram um terreno mais forte para desenvolver seu poder social, pois são mais visíveis para a sociedade que constitui a base de usuários dessas mesmas plataformas. Como a Amazon se orgulha de ser a empresa mais centrada no cliente, os trabalhadores reconhecem a importância de afetar a imagem pública da empresa por meio, em primeiro lugar, dos esforços dos jornalistas investigativos. Os trabalhadores territorializados têm um forte poder discursivo, já que essas plataformas, como Uber e Deliveroo, são bastante populares na sociedade em geral. Isso é fundamentalmente diferente do trabalho on-line, como o dos trabalhadores da MTurk, cujas realidades permaneceram em grande parte invisíveis. Uma forma diferente de esforço teve que ser exercida apenas para humanizar essa força de trabalho para o público. Esse esforço não se relaciona apenas às condições de trabalho desses trabalhadores on-line e à tendência do capital na deslocalização e terceirização do trabalho, mas também se insere nos debates sobre o futuro da IA, em virtude do papel desses trabalhadores na criação de dados com o objetivo de treinar algoritmos de aprendizado de máquina. Embora os jornalistas tenham sido capazes de trazer essas histórias para as manchetes em toda a mídia, pesquisadores e acadêmicos também contribuem para o poder discursivo por meio de suas próprias investigações sistemáticas e desenvolvimento de infraestruturas digitais, como Turkopticon ou Fairwork*. A economia de plataforma demonstra que o poder social dos trabalhadores evolui em uma relação dialética com o crescente poder do capital da plataforma.

Contribuindo para o crescente interesse geral no tema está a pandemia de covid-19, que apresenta um momento instrumental adicional para os trabalhadores em todas as plataformas, tendo redefinido alguns desses trabalhadores no discurso mais amplo como "trabalhadores essenciais". Os trabalhadores dos centros de distribuição da Amazon têm estado nas manchetes sobre saúde e segurança nos centros de distribuição, greves, casos de demissões como o de Christian Smalls** e a campanha organizada do Amazon Labor Union (ALU) [Sindicato do Trabalho da Amazon]. Bezos, um dos seres humanos mais ricos da história do planeta, também continua a aparecer na mídia, como em 2021, quando entrou no espaço por dez minutos, tendo mais tarde agradecido aos trabalhadores e clientes da Amazon por terem pago por isso. Da mesma forma, os trabalhadores territorializados receberam atenção adicional, desde motoristas da Uber e da Lyft lutando pela elegibilidade para o pagamento de desemprego até lugares de apoio para trabalhadores precários e *freelancers* nesses tempos. Esse também foi um momento que enfatizou o papel vital dos entregadores de alimentos durante a pandemia para aqueles em quarentena e confinamento[20]. Os trabalhadores na web indiretamente fazem parte dessas discussões, levantando questões sobre a incerteza dos empregos (on-line), sua elegibilidade para benefícios dentro de seus contextos nacionais e questões gerais sobre o trabalho remoto.

* A autora se refere ao projeto Fairwork, com sede na Universidade de Oxford, que tem o objetivo, de acordo com seu site na internet, de avaliar as empresas da economia digital com base em cinco princípios de trabalho justo. Para maiores informações, ver: <https://fair.work/en/fw/homepage/>; acesso em: 14 maio 2024. (N. T.)

** A autora se refere ao presidente e fundador do Amazon Labor Union, atuante em Staten Island, distrito de Nova York, em 2021. (N. T.)

[20] Aliya Chaudhry, "How to Order Takeout Safely and Ethically", *The Verge*, 1º abr. 2020; disponível on-line; Noam Scheiber, "Uber and Lyft Drivers Face Hurdles to Stimulus Bill Benefits", *The New York Times*, 8 abr. 2020; disponível on-line; Morgan Simon, "Where Gig Economy Workers and Freelancers Can Look for Some Relief Today", *Forbes*, 23 mar. 2020; disponível on-line.

O contexto da covid-19, que intensificou as desigualdades, tem sido crucial para os trabalhadores por plataforma, evidenciando suas condições de trabalho, sua precariedade e as implicações de seu *status* legal, além de mostrar sua grande importância em tempos de crise e seus esforços de organização em meio a eles.

Embora ainda não se saiba até que ponto esse contexto reforçará seus poderes de coligação (e outros) a longo prazo, é importante ilustrar até que ponto se está a formar um poder de associação. Pelo menos, o crescente poder discursivo entre os atores da sociedade leva a uma coalizão entre eles. Os trabalhadores por plataforma estão cultivando sua cooperação com movimentos políticos mais amplos, sindicatos, acadêmicos, organizações e formuladores de políticas para fortalecer sua luta trabalhista. Considerando que a Amazon se tornou um monopólio, buscando um controle cada vez maior da cadeia de suprimentos, mais atores da sociedade estão mostrando interesse em regulá-la e cooperar com os sindicatos. A MTurk, por sua vez, está ganhando a atenção dos sindicatos e organizações por causa do medo das repercussões do trabalho precário. O poder de coalizão dos trabalhadores por plataforma parece crescer junto com suas plataformas, que não apenas reproduzem tendências[21], mas também são precursoras e exportadoras do gerenciamento algorítmico além da economia de plataforma, alcançando a economia, a política e a sociedade em geral.

Compreender o momento e o contexto atuais, tanto de forma holística quanto historicamente, destaca a necessidade de reconceitualizar o movimento trabalhista longe de um movimento de trabalhadores tradicionais dominado por homens brancos, mas como um que também centraliza mais subjetividades racializadas e de gênero e é mais orientado para a base e de baixo para cima. Os trabalhadores ganharam apoio de atores adicionais, reforçando seu poder de coalizão na sociedade precisamente em torno de questões de raça e gênero, fortalecendo ainda mais sua posição de classe e apoio da sociedade. Os trabalhadores dos centros de distribuição da Amazon da África Oriental, em Minnesota, que foram os primeiros a entrar em greve nos Estados Unidos, agruparam-se e formaram solidariedade por causa de seus antecedentes e experiências racializadas compartilhados. O Awood Center* tem sido central no apoio a eles. Esse é um dos muitos exemplos em que as questões de raça se sobrepõem às de classe, já que o capital continua a instrumentalizar o entrelaçamento de classe, raça e gênero em sua busca pelo lucro. Essas interseções são parte integrante das lutas trabalhistas contemporâneas, como visto com as recentes unidades organizadas em Bessemer e JFK8[22]. Da mesma forma, as plataformas de

---

[21] Ruth Berins Collier, Veena B. Dubal e Christopher Carter, "Labor Platforms and Gig Work: The Failure to Regulate", IRLE Working Paper n. 106-17, UC Hastings Research Paper n. 251, 2017; disponível on-line.

* A autora se refere a uma organização que congrega imigrantes da África Oriental em Minnesota. Para maiores informações, ver: <https://www.awoodcenter.org/>; acesso em: 14 maio 2024. (N. T.)

[22] Jake Alimahomed-Wilson e Ellen Reese, "Warehouse Workers: Racism, Retaliation, and Worker

trabalho digital baseadas na web, como a MTurk, são construídas precisamente na divisão internacional do trabalho cada vez mais terceirizada para o Sul Global, enquanto estendem o trabalho remunerado para espaços mais predominantemente reservados ao trabalho reprodutivo não remunerado majoritariamente de mulheres, e de mulheres negras. Em outras palavras, a história e o desenvolvimento do capitalismo sempre estiveram intrinsecamente ligados à distribuição e à divisão do trabalho ao longo de muitas linhas racializadas e de gênero.

Além de a Amazon contratar trabalhadores migrantes nos Estados Unidos e em todo o mundo para o que é considerado sua mão de obra pouco qualificada, os trabalhadores do Google organizaram o Google Walkout em novembro de 2018 para protestar contra o tratamento de casos de assédio sexual dentro da corporação. O Google também tem sido alvo de protestos contra o tratamento desigual no emprego e em relação aos trabalhadores temporários, prestadores de serviço e fornecedores, o que evidencia a sobreposição de subjetividades e interesses, mas também seu poder. De fato, o Google reagiu estendendo certos benefícios a esses trabalhadores[23]. Essa sobreposição de subjetividades e realidades ecoou mais uma vez depois que o Google demitiu a colíder de seu Grupo de Pesquisa Ética em IA, Timnit Gebru, após a publicação de um trabalho em coautoria no qual ela aborda o viés algorítmico e o reconhecimento facial, e esclarece os riscos potencialmente resultantes de modelos linguísticos em grande escala[24]. Por meio desses exemplos e também daqueles em plataformas de terceira geração, como motoristas da Uber e trabalhadores de entrega, que, dependendo de seu contexto local, podem ser predominantemente trabalhadores migrantes, fica claro: o movimento trabalhista precisa ser entendido de forma interseccional, integrando gênero e raça em seu tecido de classe. Em vez de miná-lo, isso pode fortalecer o movimento operário e sua própria base de solidariedade, mobilizando-o ao lado de outros movimentos e organizações.

O poder social dos trabalhadores pode ser considerado como estendendo a solidariedade além de uma única plataforma e promovendo o poder de coalizão dos trabalhadores em todas as plataformas e fronteiras. Isso elucida o potencial desse movimento operário do século XXI, precisamente para grupos de trabalhadores que foram amplamente rejeitados como sendo passivos. O simpósio da Amazon UNI em dezembro de 2019, discutindo várias facetas do poder político,

---

Resistance amid the Pandemic", *Work in the Global Economy*, v. 1, n. 1-2, 2021, p. 55-73; disponível on-line; Tamara L. Lee et al., *Amazon's Policing Power: a Snapshot from Bessemer* (SMLR--Rutgers University/SHRLR-Michigan State University, 2022); disponível on-line.

23 Alexia Fernández Campbell, "Google Will Extend Some Benefits to Contract Workers After Internal Protest", *Vox*, 4 abr. 2019; disponível on-line; Julia Carrie Wong, "Google Staff Condemn Treatment of Temp Workers in 'Historic' Show of Solidarity", *The Guardian*, 2 abr. 2019; disponível on-line.

24 Zoë Schiffer, "Google Fires Prominent AI Ethicist Timnit Gebru", *The Verge*, 3 dez. 2020; disponível on-line.

econômico e ambiental e das repercussões da Amazon, incluiu não apenas secretários sindicais, mas também figuras-chave, por exemplo, do Awood Center ou da AECJ. Isso evidencia que uma parte da força de trabalho maior da Amazon não está isolada da outra, já que os trabalhadores expressaram solidariedade uns com os outros. O apoio dos trabalhadores da AWS não é apenas fundamental para mobilizar os trabalhadores de tecnologia, mas também apresenta uma oportunidade para os trabalhadores dos centros de distribuição, uma vez que os primeiros têm um poder estrutural mais forte por causa da sua função que alavanca os lucros da Amazon[25]. Os trabalhadores territorializados também não apenas expressaram, mas também demonstraram, solidariedade entre plataformas, como destacado anteriormente com os motoristas da Uber e da Lyft. Curiosamente, a solidariedade entre plataformas é contabilizada nos dedos nas associações digitais de trabalhadores on-line. Com exceção de Turkopticon e Dynamo, espaços digitais como fóruns apenas para os trabalhadores não existem na MTurk. Estes são usados de forma mais geral por trabalhadores on-line de diferentes plataformas por uma ampla gama de razões. Trabalhadores da web, como trabalhadores da MTurk, em muitos casos, já atuam em várias plataformas. Assim, os trabalhadores podem se beneficiar fortemente do momento atual em que estamos vivendo e mobilizar o crescente poder social, que é resultado dos efeitos político-econômicos, sociais, tecnológicos e ambientais das plataformas.

O poder social dos trabalhadores, quando tomado como um todo e em combinação com as outras manifestações de poder, evidencia sua habilidade de reivindicar sua capacidade de ação e expressar sua consciência de classe e suas subjetividades racializadas e de gênero. Os trabalhadores da economia de plataforma, cuja capacidade de ação anteriormente havia sido amplamente dispensada e cujas condições de trabalho os fragmentam e alienam seriamente, estão formando solidariedades e se organizando muitas vezes instrumentalizando a tecnologia – não apenas intra, mas até mesmo interplataforma. Trabalhadores de toda a economia de plataforma mobilizam seus poderes e são cada vez mais manchetes por seu "ativismo tecnológico"[26] em busca de direitos, interesses e organização da ação (digital). Ao fazê-lo, têm de navegar na interação específica entre a natureza do seu trabalho e a natureza da plataforma no seu contexto material mais vasto. À medida que a resistência individual se torna difícil, por causa da gestão algorítmica do processo de trabalho por parte do capital e da natureza precária de grande parte da economia de plataforma, torna-se ainda mais importante mobilizar o poder coletivo. O cenário para a organização coletiva do trabalho está se tornando

---

[25] UNI e ITUC, *Symposium on the Unchecked Power of Amazon in Today's Economy and Society* (Bruxelas, UNI Global Union/International Trade Union Confederation, 2019); disponível on-line.

[26] Nataliya Nedzhvetskaya e J. S. Tan, "What We Learned from over a Decade of Tech Activism", *The Guardian*, 23 dez. 2019; disponível on-line.

cada vez mais entusiasmante na economia de plataforma, mas também para além dela, à medida que estamos testemunhando trabalhadores que navegam em suas condições mais amplas se organizando em seus próprios termos – de dentro das paredes dos centros de distribuição da Amazon até as ruas dos entregadores e dos motoristas da Uber. Seus recursos de poder estão continuamente em evolução, dadas sua interdependência e as condições e desenvolvimentos político-econômicos, tecnológicos e sociais em curso.

À medida que os trabalhadores da economia de plataforma demonstram as possibilidades de solidariedade e resistência, mesmo em contextos em que o capital reprime sistematicamente os esforços coletivos do trabalho, esses desenvolvimentos também devem ser acompanhados por uma conceituação cada vez maior do movimento trabalhista contemporâneo. Grande parte da organização trabalhista na economia de plataforma é muito diferente da representação tradicional, uma vez que abarca cada vez mais a sindicalização de baixo para cima e a organização de base, ao mesmo tempo que aumenta a consciência social mais amplamente do que acontece por trás das paredes (digitais) de suas plataformas. Trabalhadores que tradicionalmente trabalham por tempo, como os trabalhadores dos centros de distribuição da Amazon, mobilizaram seu crescente poder no local de trabalho e na sociedade, e mostram sinais de um poder institucional. Esses trabalhadores territorializados, incluindo os trabalhadores precários, têm uma vantagem sobre aqueles on-line quando se trata de formar solidariedade por meio de diferentes subjetividades, mas também em relação ao seu poder social maior. Enquanto os primeiros são de uma forma visíveis ou conhecidos pela sociedade por causa da popularidade de sua plataforma, os últimos até recentemente eram em grande parte desconhecidos do público. No entanto, os trabalhadores, como os trabalhadores por plataforma baseada na web MTurk, demonstraram maneiras alternativas de formar solidariedade e coletivos digitais, instrumentalizando a própria tecnologia que se destina a colocar uma barreira entre eles. Dentro desse impulso crescente dos trabalhadores por plataforma, devemos reconhecer as potencialidades e ações (alternativas) em curso dos trabalhadores por meio dos seus recursos de poder para se humanizarem contra suas condições de trabalho alienantes. O caso da economia de plataforma demonstra que, à medida que o capital evolui e renegocia sua relação com o trabalho, assim também as subjetividades dos trabalhadores e suas ações coevoluem para renegociá-las em prol de seus interesses.

5
Comércio eletrônico industrial
Transformação no setor de fabricação de peças*

Florian Butollo
Lea Schneidemesser
Simon Scheffler

Introdução

A digitalização da indústria geralmente é equiparada à introdução de robótica avançada e, mais recentemente, à conexão virtual abrangente de plantas industriais. A narrativa da Indústria 4.0, que foi categorizada como uma cifra para um surto de inovação na produção industrial, promove essa fixação na tecnologia de produção. É dada menos atenção às inovações técnicas na indústria que não se relacionam aos processos de fabricação e montagem em si que à disponibilização mais rápida dos produtos, ou seja, à incorporação deles em novas formas de distribuição – *marketing*, vendas e logística.

O segmento industrial de fabricação de peças, que é organizado principalmente por pequenas empresas, é caracterizado por essas inovações no lado da distribuição. As inovações na interface com o cliente, o surgimento da fabricação terceirizada on-line e as plataformas de fabricação digital estão sinalizando mudanças significativas.

Em nosso artigo, usamos nossa pesquisa exploratória[1] para abordar os vários modelos de inovação no lado da distribuição e discutir suas implicações para a estrutura e a geografia da criação de valor no setor de fabricação de peças.

---

* Tradução de Jörg Nowak, com revisão técnica de Ricardo Festi. (N. E.)

[1] A base empírica para este artigo são 35 entrevistas. Elas foram realizadas com quinze especialistas de empresas, associações e organizações de pesquisa, bem como no contexto de estudos de caso sobre um fabricante contratado on-line, quatro plataformas de fabricação digital e duas alternativas de plataforma. Um total de 29 entrevistas foram realizadas na Alemanha, duas no Reino Unido, uma na Holanda, uma na Polônia, uma na Eslovênia e uma na China.

Especialização e pressão competitiva no setor de fabricação de peças

A fabricação de componentes de metais ou plásticos é fundamental para uma ampla gama de produtos industriais. No decorrer da diferenciação e da crescente complexidade dos produtos, a variação e o número de componentes usados aumentaram constantemente. Isso inclui peças padronizadas que podem ser compradas em grandes quantidades de distribuidores ou fabricantes sem a necessidade de comunicar requisitos específicos. Especialmente em setores com alta variação de produtos e baixas quantidades, como o de engenharia mecânica, as peças são fabricadas de acordo com especificações de projeto. Isso é feito internamente (*in-house*), produzido pela respectiva empresa que monta essas peças em componentes ou produtos, ou por terceirização, quando os pedidos são feitos a fornecedores especializados. Para essa fabricação por contrato ou salário, há um setor de fornecedores que atravessam barreiras setoriais e que se especializam na produção de peças para outras empresas da indústria de transformação: o setor de fabricação de peças.

Os produtos clássicos de produção de peças variam de objetos de metal e plástico com um baixo nível de profundidade de produção, como chapas metálicas revestidas e dobradas, peças moldadas por injeção ou peças metálicas usinadas e fresadas, até peças de precisão prontas para instalação. As peças são produzidas usando uma ampla variedade de máquinas-ferramentas e métodos de processamento, como usinagem, processamento de chapas metálicas, impressão 3D, processos de fundição e forjamento e tratamento de superfície.

Algumas empresas se especializam em processos individuais, como o corte de chapas metálicas usando métodos de corte a *laser*, enquanto outras abrangem uma ampla gama de procedimentos de produção com diferentes máquinas. Além da engenharia automotiva e mecânica, os setores clássicos de clientes dos fabricantes de peças são a tecnologia aeroespacial, a tecnologia médica, mas também os setores elétrico e de móveis. Muitos fabricantes de peças tentam cobrir tanto as peças padrão simples quanto os produtos personalizados com sua gama de serviços, a fim de obter uma combinação adequada de alta utilização da capacidade e pedidos lucrativos de peças mais complexas.

Entre os fabricantes de peças, há participantes verdadeiramente globais, especialmente quando estão integrados à produção de módulos tecnicamente avançados, como é comum entre os fornecedores de sistemas no setor automotivo, por exemplo. Esses pioneiros tecnológicos geralmente têm instalações em várias regiões industriais do mundo e fornecem principalmente para clientes suprarregionais. A maioria dos fabricantes de peças, entretanto, são pequenas e médias empresas que tendem a atender a cadeias de suprimentos intrarregionais.

Em geral, não há contato direto com os consumidores finais dos produtos para os quais as peças são produzidas. Os fabricantes de peças não têm influência sobre os ciclos econômicos dos setores dos clientes e sobre o desenvolvimento do mercado de seus compradores, que, no entanto, são decisivos para o desenvolvimento de seus próprios negócios. Isso favorece as dependências e as assimetrias de poder, que muitas vezes se refletem na falta de poder de negociação com os clientes.

Como a produção de peças é uma área muito sensível ao custo devido ao nível geralmente baixo da profundidade da produção, o setor reage fortemente às mudanças na situação econômica geral. Em tempos de fraqueza econômica, o problema de utilização da capacidade leva a uma concorrência de subcotação entre os fabricantes com ofertas de *dumping*, às vezes abaixo dos custos de produção, a fim de garantir pedidos e, portanto, a utilização da capacidade. Essa pressão de custo também é repassada aos funcionários, que, nesses casos, estão confrontados com a expectativa de renunciar a componentes salariais e trabalhar horas extras não remuneradas. O uso de mão de obra temporária e de contratos de prazo determinado também é muito comum. Outras estratégias de redução de custos incluem a diminuição da capacidade de armazenagem e dos custos de materiais.

Nesse aspecto, o setor é caracterizado pelo alto custo e pela pressão da concorrência. É prática comum que os fornecedores considerem as perdas anteriormente para estabilizar os contatos com os clientes. Além disso, muitas vezes há uma estrutura de poder assimétrica entre consumidores e fornecedores, já que os últimos têm dificuldade para se diferenciar dos inúmeros concorrentes em termos de qualidade do produto e espectro de produção. O surgimento de aplicativos comerciais da internet no início dos anos 2000 também foi marcado pelos primeiros leilões virtuais no setor industrial, o que reduziu ainda mais as margens de produção. Devido ao baixo nível da profundidade da produção, à alta pressão competitiva e às baixas margens associadas, muitas pequenas e médias empresas têm dificuldade para investir em novos equipamentos. Estes só podem ser refinanciados por meio da alta utilização da fábrica, o que não é fácil de garantir, dada a demanda frequentemente volátil. É aí que entram as inovações do modelo de negócios que desafiam a estrutura estabelecida de pequenas empresas do setor e que são descritas nas seções a seguir: fabricantes terceirizados on-line (FTOs) e plataformas de fabricação digital (PFDs).

Economias de escala e concentração geográfica: fabricação terceirizada on-line

Em uma entrevista, a gerência de um dos FTOs que analisamos fez uma previsão drástica sobre o desenvolvimento futuro do setor de fabricação de peças. De acordo com ela, as pequenas e médias empresas (PMEs) dificilmente continuarão a existir como um tipo de empresa independente. Os pequenos fabricantes de peças estariam cada vez mais expostos à pressão competitiva de FTOs maiores ou se tornariam dependentes da PFD. O principal problema das "fabriquesKasse" é que elas dificilmente podem refinanciar os altos investimentos nos equipamentos mais modernos necessários, pois suas capacidades raramente são utilizadas. Como resultado, o equipamento antigo é usado "até que nada funcione". Embora os pequenos fornecedores tenham certas vantagens devido ao seu contato tradicionalmente próximo com os clientes, eles estão sofrendo uma pressão crescente e desaparecerão no médio prazo.

O modelo FTO, que está surgindo recentemente, explora esses pontos fracos e tem vantagens competitivas graças à melhor utilização das máquinas e a uma estratégia agressiva de atualização tecnológica. A empresa do nosso caso, fundada em 2007, é especializada em tecnologia de corte a *laser* e dobra de chapas metálicas, tem mais de quinhentos funcionários em quatro locais e quase 20 mil clientes. O valor médio dos pedidos é muito baixo, em torno de quinhentos euros, e os clientes do setor automotivo com quantidades muito grandes são deliberadamente evitados[2].

O núcleo e a origem do modelo de negócios é o desenvolvimento de um *software* proprietário que é usado para criar automaticamente cotações e transferir pedidos para a produção. De forma semelhante ao que acontece nas lojas de impressão on-line, os clientes podem carregar os desenhos técnicos dos cortes de chapas metálicas desejados diretamente no site da empresa, no qual várias datas de entrega podem ser selecionadas em diferentes condições. Essa interface digital torna possível disponibilizar o modelo de fabricação por contrato para quantidades menores. Isso o distingue da manufatura por contrato convencional[3], que se caracteriza pela produção de grandes quantidades e, às vezes, por altas profundidades de produção.

Os pedidos são processados por meio da criação automática de uma cotação com base nos dados fornecidos pelo cliente e da transferência do desenho para a produção. Com a ajuda do planejamento de produção e do *software* de *nesting*, que facilita a disposição de diferentes cortes em uma peça de chapa metálica para economizar espaço, até mesmo os menores pedidos podem ser integrados com eficiência aos processos de produção automatizados. Isso permite que a empresa obtenha uma utilização relativamente constante e economicamente eficiente das fábricas. Além das economias de escala, também é possível obter um alto nível de cumprimento das datas de entrega. O *software* também permite que sejam feitas economias consideráveis nas atividades cognitivas envolvidas na preparação de pedidos (especialmente na preparação de cotações). Os custos de mão de obra nessa área representam uma proporção considerável dos custos de produção, especialmente para pedidos com pequenas quantidades. Na empresa analisada, estima-se que 35 funcionários teriam de se envolver apenas na preparação de cotações se essa tarefa não fosse assumida pelo *software*.

O processo de produção em si corresponde aos procedimentos usuais no campo de corte a *laser*. No entanto, os sistemas são relativamente novos e a produção é

---

2 O CEO da empresa explicou isso da seguinte forma: "Nós certamente não queremos estar no setor automotivo. Na verdade, essa é uma escolha. Porque é uma cena feia. Os preços estão sempre caindo, as pessoas entram na fábrica com um cronômetro, olham para tudo e dizem que os preços têm que cair novamente em 20%".

3 Ver Boy Lüthje, Wilhelm Schumm e Martina Sproll, *Contract Manufacturing: Transnationale Produktion und Industriearbeit in der IT-Branche* (Frankfurt/Nova York, Campus, 2002).

altamente automatizada, em contraste com muitas empresas do setor, algumas das quais ainda operam com equipamentos que têm décadas de idade. Somente as chapas ainda são inseridas manualmente na produção, as peças de chapa metálica cortadas são classificadas ou as chapas são estabilizadas durante determinados processos de corte. Além disso, os trabalhadores são responsáveis pelo monitoramento da produção automatizada e por algumas funções de preparação de pedidos. De acordo com o CEO da empresa, "não há necessidade de funcionários altamente treinados no chão de fábrica". A maioria dos funcionários é de entrada lateral, por exemplo, do setor de panificação ou do de construção de estradas. De acordo com o CEO, eles se beneficiam da simplificação e da assistência digital:

> É possível ver na tela como você deve segurar a peça de chapa metálica. Isso é controlado automaticamente. E tudo é calculado e, digamos, levado adiante a partir da plataforma [de *software*]. É muito mais fácil do que no passado. Coincidentemente, trabalhei em uma antiga empresa de processamento de chapas metálicas durante meus estudos. Isso foi em 1989, e fiz meu estágio lá [...]. Foi assim que eles mediram e ajustaram. Muita intuição, mão de obra especializada. Isso levou tempo e a maioria das pessoas não tinha nenhum treinamento em processamento de chapas metálicas.

Embora seja necessário menos conhecimento especializado, a gerência enfatizou as vantagens do sistema duplo de treinamento vocacional. A própria empresa oferece treinamento em uma academia especialmente fundada perto da fronteira, fora da Alemanha. A gerência concentra-se deliberadamente na automação, nas economias de escala e na integração sistêmica das etapas de trabalho (*lean production*) em vez de reduzir os custos de mão de obra.

A empresa de corte de chapas metálicas analisada segue uma estratégia de mercado decididamente orientada para a região. Ela se baseia nas tradições localizadas desse setor, o que também tem a ver com o produto – geralmente chapas metálicas de grande formato. De acordo com o CEO da empresa, a distância geográfica dos clientes deve ser de trezentos, no máximo quatrocentos, quilômetros. O monitoramento dos pedidos recebidos determina a estratégia de investimento da empresa. Assim que eles se concentram em uma região, o estabelecimento de uma nova unidade é considerado: "Primeiro, criamos uma base de clientes com as fábricas que temos. E se houver volume suficiente, podemos construir uma fábrica". O modelo de negócios parece estar funcionando, com um crescimento de faturamento de cerca de 30% ao ano e duas novas instalações sendo estabelecidas.

A empresa descrita aqui é um exemplo de um caminho de transformação na fabricação de peças que também está sendo seguido por outros participantes do mercado. As estratégias incluem uma maior concentração das capacidades de produção em produtores especializados que competem com as PMEs estabelecidas no setor. Os FTOs estão desenvolvendo vantagens competitivas por meio de processos de administração empresarial e de produção altamente automatizados. Dessa forma, é possível economizar custos na preparação de pedidos e no contato com o cliente, e as capacidades de produção podem ser mais bem utilizadas. Ao automatizar as principais funções do processamento de pedidos, ou seja, a preparação de cotações, o planejamento da produção e o *nesting*, os pedidos podem ser feitos de forma relativamente simples por meio de uma plataforma on-line, aumentando o alcance da fabricação por contrato no setor.

Plataformas de fabricação digital: comércio eletrônico no setor

As PFDs fazem uma avaliação do setor semelhante à dos fabricantes terceirizados. Elas criticam a ineficiência da estrutura de pequenas empresas, que é acompanhada por déficits de investimento e baixa utilização da capacidade. Ao contrário dos FTOs, no entanto, elas estão se concentrando em utilizar a estrutura existente do setor, no qual estão se estabelecendo como intermediárias. Uma nova interface digital facilita o acesso dos clientes industriais a uma ampla gama de serviços de produção, enquanto as muitas PMEs do setor têm acesso simplificado aos pedidos.

As PFDs integram abordagens de comércio eletrônico nas cadeias de suprimentos industriais. Os representantes das principais PFDs acreditam que elas poderiam transformar o setor devido aos benefícios do custo de transação e fazem comparações com os modelos de plataforma no varejo ou na entrega de alimentos. No entanto, atualmente, elas desempenham apenas um papel marginal no gerenciamento da cadeia de suprimentos da produção de peças. Por exemplo, apenas uma fração do volume do mercado global de 800 bilhões de dólares é gerada pelas quatro maiores PFDs de peças mecânicas. No entanto, de acordo com nossa pesquisa, 64 plataformas já estão ativas nesse mercado em todo o mundo e estão expandindo continuamente seu alcance. Em 2022, por exemplo, a plataforma Xometry registrou vendas de mais de 381 milhões de dólares, o que representa um aumento de 75% em relação ao ano anterior[4].

O modelo de negócios dessas plataformas funciona da seguinte forma: os operadores da plataforma geralmente não têm suas próprias capacidades de produção. Em vez disso, elas oferecem uma rede de fornecedores com equipamentos de produção e conhecimento especializado para os vários processos de fabricação, que os clientes podem escolher conforme necessário. Isso difere do modelo FTO, que geralmente oferece serviços de fabricação altamente especializados. As PFDs e suas redes de produção descentralizadas permitem que os clientes industriais reduzam os custos de transação na busca de fornecedores adequados, adquiram produtos personalizados de forma flexível e reduzam os tempos de aquisição. O CEO de uma PFD afirmou que sua plataforma reduz o tempo de aquisição em 50% em comparação com os pedidos regulares. Até o momento, as PFDs têm se mostrado particularmente

---

[4] "Xometry Reports Fourth Quarter and Full Year 2022 Results", *Xometry*, 1º mar. 2023; disponível on-line.

atraentes quando as empresas precisam adquirir produtos com alto grau de variação e em pequenas quantidades, por exemplo, para prototipagem e pequenas séries. Entretanto, grandes séries com lotes de várias dezenas de milhares de peças também estão sendo cada vez mais procuradas por meio de PFDs.

Os clientes da PFD podem carregar desenhos em CAD (*computer-aided design*, usado para a produção de aviões, automóveis e têxteis por exemplo) e outras especificações dos componentes desejados por meio de um site. Depois que o pedido é recebido e verificado, ele é encaminhado aos parceiros de fabricação adequados. Isso ocorre em um processo de leilão, no qual fatores como prazo de entrega e critérios de qualidade desempenham um papel importante juntamente com o preço, ou a um preço fixo (que também pode ser reduzido no processo de leilão). Em outros casos, as empresas parceiras são convidadas diretamente a apresentar uma proposta. As PFDs atuam como clientes para o fabricante de peças e como fornecedoras para o consumidor do produto. Portanto, elas se colocam entre o cliente e o fabricante e geralmente impedem o contato direto entre os dois, o que significa que as peças geralmente são despachadas por meio da logística do operador da plataforma. As PFDs geram sua renda a partir de sua função de intermediárias, da diferença entre o preço de compra dos componentes e o preço de venda ao consumidor final.

Ao conectar uma rede descentralizada de PMEs com clientes que exigem produtos personalizados, as PFDs alcançam o que a narrativa do setor 4.0 promete: a fabricação altamente eficiente de produtos individualizados. No entanto, ao contrário da visão futura do setor 4.0, isso não exige "fábricas inteligentes" tecnologicamente complexas (e de capital intensivo). No cenário PFD, a flexibilidade não é obtida por meio de processos de produção digitalmente conectados em rede e auto-otimizados, mas por meio de serviços inovadores na distribuição. O *matchmaking* das PFDs fornece a base para uma nova forma de produção descentralizada sob demanda. As PMEs envolvidas geralmente não precisam atender a nenhum requisito técnico elevado com relação à digitalização de seus próprios processos de produção. A digitalização absolutamente necessária limita-se à interface com o cliente e é de responsabilidade da PFD, não de seus parceiros de produção. Da mesma forma que o FTO, as plataformas usam cálculos de cotação automatizados. Algumas também usam algoritmos de *matchmaking* para atribuir automaticamente fornecedores adequados aos pedidos.

Há um certo grau de variação entre as PFDs individuais na organização específica desse modelo de negócios. As PFDs analisadas para este estudo diferem em termos do uso de sistemas algorítmicos para calcular cotações e colocação de ordens, do tamanho e da estrutura geográfica da rede de parceiros e das oportunidades de desenvolvimento para as empresas parceiras. Os pioneiros tecnológicos entre as PFDs têm processamento de ordens altamente automatizado. Uma verificação de viabilidade automatizada é realizada imediatamente para cada desenho carregado e um preço vinculativo é calculado. Em uma área separada da plataforma, cada parceiro recebe os pedidos correspondentes individualmente. Os parceiros de produção podem aceitá-los diretamente ou enviar uma oferta para eles. Todos esses processos são documentados e salvos na plataforma. Outras PFDs limitam-se a uma interface digital para carregar desenhos e modelos 3D, mas lidam com a preparação de cotações e com a colocação de pedidos da maneira estabelecida por e-mail e telefone.

Uma PFD que analisamos justificou essa abordagem afirmando que muitos clientes ainda preferem enviar desenhos e modelos por e-mail em vez de usar a interface digital e que uma maior automação tenderia a sobrecarregar os consumidores ou complicar o processo. Independentemente da importância do uso de sistemas algorítmicos nos modelos de negócios, por trás de todas as PFDs há empresas com funcionários que não estão envolvidos apenas no desenvolvimento de *software*. A maioria dos funcionários está envolvida no suporte a clientes e parceiros, consultoria, controle de qualidade, integração e auditoria de novas empresas parceiras, *marketing* e logística. Portanto, a digitalização da colocação de pedidos exige uma quantidade considerável de trabalho humano.

Há também alguma variação entre as PFDs em termos do tamanho de suas redes e de seu alcance geográfico. É possível fazer uma distinção entre plataformas com redes de produção pequenas (até trezentos parceiros) e grandes (mais de mil parceiros).

Três estratégias podem ser observadas com relação à localização geográfica da rede de produção: em primeiro lugar, há plataformas que recrutam a maioria de seus parceiros nas regiões dos mercados de seus clientes – Estado Unidos e Europa – e mantêm relacionamentos complementares com parceiros em outras regiões do mundo. Essa estratégia tem como objetivo criar uma rede de parceiros que seja o mais resiliente possível e possa amortecer crises transferindo os pedidos regionalmente. Em segundo lugar, há PFDs cuja rede de parceiros está localizada principalmente fora dos mercados de clientes da Europa ocidental, em regiões com baixos custos de produção, principalmente na Europa oriental e na Ásia, especialmente na China. Em terceiro lugar, as relações de fornecimento intrarregionais são mantidas para garantir prazos de entrega rápidos e marcar pontos em termos de evitar poluição por meio de transporte. O modelo PFD é, portanto, compatível com diferentes arranjos espaciais. Todas as estratégias anteriormente citadas se mostraram bem-sucedidas até o momento, o que também se deve ao fato de o segmento PFD estar experimentando um crescimento significativo em geral.

Assim como nas relações convencionais com os fornecedores, a geografia das cadeias de suprimentos não é influenciada apenas pelos critérios de custo e pela base técnica da coordenação do mercado, mas também pelos custos e esforços de transporte, qualidade e cumprimento das datas de entrega. No entanto, vale a pena observar que, assim como no comércio eletrônico, as PFDs facilitam a comparação direta de condições e preços, o que pode promover uma corrida global para o fundo do poço no setor. O CEO de uma PFD descreveu o processo dessa padronização global por meio da PFD usando o exemplo dos prazos de entrega da seguinte forma:

"Uma das coisas que estamos fazendo é harmonizar os padrões em todo o mundo. Por exemplo, o prazo de entrega na Europa é normalmente de quatro a seis semanas, enquanto nos Estados Unidos e na Ásia é de uma a duas semanas. [...] Portanto, quando conversamos com os fornecedores europeus de CNC (*computerized numerical control*, controle numérico computadorizado), dizemos a eles que nosso prazo de entrega padrão para os clientes é de duas semanas"[5].

As consequências dessa padronização são sentidas pelas empresas de produção que cooperam com a PFD. A evidência disso também pode ser encontrada em nossa pesquisa com uma amostra não representativa dos parceiros de fabricação da PFD. A maioria dos entrevistados afirmou que há uma maior pressão competitiva para pedidos processados via PFD (69% concordam) e que são necessários prazos de entrega mais curtos (64% concordam).

Essa harmonização de padrões globais poderia contribuir para uma maior globalização das cadeias de suprimentos, especialmente porque a função de *matchmaking* das plataformas leva a uma maior transparência do mercado. Os bancos de dados das plataformas mostram rapidamente quais PMEs são elegíveis para os contratos em função de sua gama de serviços e das condições oferecidas. Como resultado, os produtores de países com altos salários poderiam ser desafiados mais do que antes por empresas com custos de produção mais baixos na Ásia, no Leste Europeu, na África ou na América Latina – que, por sua vez, poderiam se beneficiar desse desenvolvimento. É importante observar que isso agora também se aplica a áreas de produção de pequenas séries, onde as relações comerciais intrarregionais tendiam a predominar no passado.

Do ponto de vista dos parceiros fabricantes – como também mostra a pesquisa mencionada anteriormente – a cooperação com a PFD é, portanto, ambivalente. O fato de os fabricantes de peças receberem pedidos adicionais por meio de plataformas, poderem expandir seus negócios e até mesmo entrar em mercados estrangeiros que antes eram de difícil acesso é visto como uma vantagem e um benefício. Os representantes das plataformas enfatizaram na entrevista que é mais fácil para as PMEs obterem pedidos adequados com pouco esforço, o que tem um efeito positivo no desenvolvimento de seus negócios. No entanto, as PMEs também estão expostas a uma maior pressão competitiva, principalmente de concorrentes de países com custos de produção mais baixos. No setor de fabricação de peças, que já é caracterizado por altos custos e pressão competitiva, bem como por negociações coletivas, a influência das PFDs dificilmente criará condições mais favoráveis para o aprimoramento do trabalho industrial. Pelo contrário, é de se temer que a pressão de custos no setor se intensifique ainda mais e seja repassada aos funcionários.

Entretanto, a cooperação com as PFDs também poderia ter efeitos positivos para as PMEs e seus funcionários. Atualmente, a maioria das empresas usa a

---

5 Tradução do inglês pelos autores.

PFD para complementar seus negócios regulares com clientes, o que lhes permite utilizar melhor sua capacidade. Em nossa pesquisa, 52% das empresas declararam que geram menos de 10% de seu faturamento por meio da PFD. Para apenas 8% das PMEs, os pedidos da plataforma são de importância existencial; elas geram mais de 75% de seu faturamento por meio da PFD. Assim, muitos parceiros fabricantes conseguem amortecer as flutuações nas operações comerciais e utilizar suas instalações de produção em maior escala, o que oferece vantagens claras nesse setor volátil e provavelmente é um dos motivos do rápido crescimento das PFDs.

É provável que as operadoras de plataforma sejam as principais beneficiárias da transformação, desde que consigam desenvolver um modelo de negócios sustentável[6]. As PFDs podem se beneficiar dos efeitos de rede: uma rede de parceiros suficientemente grande que ofereça vários processos de fabricação as torna atraentes para os clientes. Ao mesmo tempo, a PFD deve garantir que os parceiros de fabricação sejam suficientemente abastecidos com pedidos. As plataformas podem registrar e reutilizar dados sobre processos de transação e desenhos de produtos carregados. Elas usam os dados de desenho para treinar seu algoritmo de preços e desenvolver um *software* que possa verificar a capacidade de fabricação das peças com base no arquivo CAD do respectivo pedido. Os dados da transação (preço, confiabilidade da entrega, comunicação etc.) são usados para avaliar os parceiros de produção com base em várias categorias, o que, por sua vez, afeta as chances da empresa de produção de receber pedidos via PFD no futuro.

A ascensão das PFDs como novos participantes em uma área central da produção industrial está sendo observada de perto e de forma crítica nos setores em que elas atuam. Presume-se que isso se deva à semelhança de seus modelos de negócios com os do comércio eletrônico e da *gig economy*, em que os oligopólios do capitalismo digital têm um controle de longo alcance sobre produtores e consumidores e estão constantemente expandindo para novas áreas de negócios. Um estudo recente sobre as práticas comerciais dos varejistas da Amazon desde a fundação da plataforma traça um possível caminho de desenvolvimento também para os fabricantes de peças. Mesmo que os varejistas da Amazon possam (temporariamente) construir modelos de negócios bem-sucedidos, seu sucesso está intimamente ligado à governança da plataforma. Mudanças nas regras podem tornar modelos de negócios inteiros obsoletos em um curto espaço de tempo[7]. Um de nossos entrevistados descreve o paralelo com a *gig economy* na entrevista: "Há tantas [PFDs] e o problema é que [...] elas se interpõem entre meus clientes, a pequena loja de latinhas, e seus clientes, essa plataforma se interpõe, assim como a Uber faz".

---

6 Como em outras áreas da economia digital, muitas empresas iniciantes na área das PFDs ainda dependem de capital de risco e quase não geram lucros. Resta saber quais provedores serão capazes de estabelecer um modelo de negócios sustentável a longo prazo.

7 Moira Weigel, *Amazon's Trickle-Down Monopoly: Third-Party Sellers and the Transformation of Small Business* (Nova York, Data & Society Research Institute, 2023).

Alternativas de plataforma: mediação neutra e aprimoramento das PMEs?

Como o setor teme as consequências negativas da plataformização na indústria, as alternativas de plataforma estão sendo cada vez mais discutidas. Elas têm como objetivo utilizar as vantagens da mediação digital das capacidades de produção sem criar o risco de concentração de mercado e novas dependências de plataformas proprietárias. Em vez disso, o aprimoramento tecnológico das PMEs está sendo colocado no centro dessa arquitetura de plataforma. Por exemplo, um fabricante de peças de médio porte e fornecedor de *software* de planejamento de produção e cálculo de cotações (AL1) e um projeto de pesquisa como parte de uma cooperação entre instituições da Alemanha e da Coreia do Sul (AL2) estão adotando uma abordagem diferente das PFDs comuns.

Os desenvolvedores do AL2 criticam o risco de os fabricantes de peças se tornarem dependentes de plataformas proprietárias caso ocorra uma monopolização do mercado, como pode ser observado no comércio eletrônico (Amazon) ou no fornecimento de acomodações (Booking.com/Airbnb):

> Na área de digitalização, na área de TI, você sempre tem o problema de que, se você se prender a exatamente um provedor que oferece uma interface proprietária, você ficará preso, não poderá sair dele, ficará preso e as pessoas não querem isso. Do ponto de vista do operador da plataforma, isso talvez seja o ideal, porque, é claro, você também tem o fornecedor sob controle até certo ponto. E é isso que a Xometry faz. Ela vai muito além de ser simplesmente um hub para fornecedores [...]. O fornecedor está mais ou menos completamente à mercê da Xometry. Se houvesse outras plataformas, talvez com a mesma interface, então a Xometry teria concorrência imediata e se comportaria de forma diferente.

O AL2 foi criado como um protótipo como parte de um banco de testes do Industrial Internet Consortium (IIC) e conta com o apoio de empresas como Microsoft e SAP. O objetivo dos desenvolvedores é produzir uma arquitetura de plataforma para mercados industriais digitais com base em padrões abertos que evitem *lock-ins*.

O AL1 considera a digitalização dos processos dos fabricantes de peças como o ponto de partida para a criação de um modelo de negócios sustentável. Para isso, o AL1 combina a produção interna com a venda de *software* de planejamento e cálculo de produção. Esse *software* foi projetado com base nas necessidades da própria empresa e agora também está sendo oferecido a outras PMEs com até cinquenta funcionários. Um algoritmo de IA é usado para registrar as características da operação da empresa (por exemplo, tipo de máquina, processos de produção, materiais disponíveis) a fim de tornar o planejamento da produção e o cálculo da cotação mais precisos. De acordo com o fundador do AL1, o *software* adaptável é a principal diferença em relação às PFDs descritas na seção anterior, que têm apenas um *software* genérico que não leva em conta as características específicas da PME em questão. Isso significa que as PFDs sempre têm um risco residual considerável, pois prometem ao cliente um preço baseado em seu cálculo de preço genérico para o qual talvez não consigam encontrar um produtor.

Outra vantagem do *software* do AL1 é a aceleração das etapas de trabalho na aquisição de pedidos. O tempo necessário para calcular uma cotação é reduzido de algo em torno de quinze minutos para cerca de três minutos. Como o cálculo das cotações é um fator de custo importante para os fabricantes de peças, isso resulta em uma economia de custos significativa. Embora essas soluções de *software* também sejam oferecidas pelo FTO e pela PFD, o AL1 visa a uma integração mais abrangente entre os requisitos do cliente e os processos de produção. No futuro, os pedidos serão alimentados automaticamente no planejamento da produção por meio da plataforma.

De acordo com o raciocínio do CEO do AL1, o modelo de plataforma só pode funcionar de forma lucrativa quando as PMEs digitalizarem totalmente seus processos, por exemplo, com a ajuda do *software* do AL1: "No futuro, os clientes [do nosso *software*] serão potenciais fabricantes de redes que também podem trabalhar de forma digital e eficiente em uma plataforma". No entanto, enquanto não houver integração digital entre o fabricante e a plataforma, a mediação da PFD continuará dependendo de uma alta proporção de trabalho humano. De acordo com o AL1, os novos modelos de negócios não são, portanto, lucrativos, o que atualmente só é ocultado pelo financiamento de fundos de capital de risco[8].

Se o AL1 conseguir atrair um número crítico de fabricantes de peças para usar sua própria solução de *software* e o modelo de plataforma previsto, isso poderá representar um cenário de alto nível para as empresas de produção na atual transformação da fabricação de peças, ou seja, um cenário futuro que também representa um desenvolvimento positivo para as PMEs nesse setor. A oferta do AL1 é voltada principalmente para fabricantes regionais terceirizados e é vista como um instrumento para fortalecê-los por meio da atualização técnica. No entanto, o modelo AL1 é um conceito de plataforma proprietária que não difere significativamente de outras PFDs nesse aspecto: a "visão" é "tornar-se a Amazon da manufatura [em] dois ou três anos". Nesse aspecto, a plataforma do AL1, assim como as PFDs descritas anteriormente, fica entre as PMEs na produção de peças e seus clientes, o que poderia levar a uma relação de dependência no longo prazo.

No entanto, ainda não é possível prever se ocorrerão efeitos de *lock-in* semelhantes no campo das plataformas de produção, como no campo da internet do consumidor. Essa expectativa, que foi formulada com mais ênfase pelo AL2, baseia-se na experiência com a posição de monopólio real das plataformas da

---

8 Embora essa avaliação pareça se aplicar à maioria das PFDs, há exceções. Uma das PFDs de maior faturamento em todo o mundo, que faz parte de nossa amostra, enfatizou que seu próprio modelo de negócios foi lucrativo desde o início.

internet como resultado dos efeitos de rede e da apropriação privada de fato dos mercados. No entanto, a estrutura do mercado de PFDs está atualmente longe de uma dinâmica de monopolização. Várias PFDs operam em todo o mundo e os efeitos de *lock-in* são pouco visíveis hoje em dia. Entretanto, a monopolização do segmento de PFDs é certamente concebível no futuro. Assim como acontece com os desenvolvimentos no comércio eletrônico, o pré-requisito para isso seria que uma PFD soubesse como dimensionar seu modelo de negócios rapidamente, utilizar efeitos de rede e demonstrar superioridade no desenvolvimento de *software*. No entanto, ainda é questionável se os efeitos de rede desempenharão um papel semelhante no setor de fabricação de peças, como acontece no comércio eletrônico do lado do consumidor. Isso se deve ao fato de que ainda não foi comprovado que as PFDs podem fornecer ofertas mais favoráveis ou mais adequadas do que a concorrência com a maioria dos parceiros de fabricação.

Reestruturação da produção de peças: oportunidade ou ameaça para os funcionários?

O segmento industrial de fabricação de peças com uso intensivo de mão de obra está enfrentando uma mudança significativa que está sendo impulsionada menos por mudanças na tecnologia de produção do que pela transformação dos modelos de negócios na interface com os clientes. A digitalização do *matchmaking*, da colocação de pedidos e (em alguns casos) de algumas funções de preparação da produção está criando oportunidades para processar pedidos por meio de portais e plataformas on-line. Do ponto de vista do cliente, isso permite que as capacidades de produção sejam disponibilizadas de forma mais flexível, mesmo para a produção de pequenas séries e de peças únicas. As relações anteriores com os fornecedores podem ser transformadas pelo fato de as PMEs serem substituídas por FTOs ou por PFDs que se colocam entre elas e seus contratados. Embora os novos modelos de negócios de FTOs e PFDs descritos anteriormente tenham existido até agora apenas nas margens do setor – e, no caso das alternativas de plataforma, mais como conceitos do que como prática –, é provável que eles continuem a se expandir no futuro, pois abordam problemas reais do setor: a falta de utilização da capacidade das PMEs e sua capacidade limitada de desenvolvimento de mercado e interação com o cliente. A digitalização dos canais de distribuição, que é característica de todos os modelos, torna as empresas mais disponíveis e visíveis para os clientes, reduz os custos de transação e, portanto, aumenta o escopo para os participantes envolvidos.

O modelo de capital intensivo do FTO tem como objetivo a alta utilização de um parque de máquinas tecnicamente avançado em comparação com as PMEs convencionais. Ele representa os processos de concentração no setor, mas também o potencial de valorização, que certamente pode ser refletido no escopo de melhores condições para os funcionários. No estudo de caso analisado, o modelo de negócios é decididamente orientado para a região. Portanto, a empresa dificilmente precisa enfrentar a concorrência do mercado global e pode operar de forma lucrativa. Entretanto, a gama de serviços oferecidos é menor do que a da PFD, que pode ser vista como um grande concorrente do FTO.

As estratégias das PFDs, por outro lado, são heterogêneas. No entanto, elas estão unidas pelo objetivo de disponibilizar as capacidades dos parceiros de fabricação aos clientes industriais com a ajuda de uma plataforma on-line e soluções de *software* para simplificar as transações. A receita proveniente da redução dos custos de transação é compartilhada pelas PFDs. As PMEs participantes ainda podem obter vantagens se usarem os pedidos das PFDs para utilizar melhor suas capacidades e adquirir novos clientes. No entanto, elas também estão sob maior pressão competitiva em um mercado mais transparente que exige maior disciplina em termos de preços e prazos de entrega. Algumas PFDs estão até mesmo atuando como correias de transmissão na corrida global de custos, colocando parceiros de fabricação de todas as regiões do mundo em competição.

Mesmo que isso possa resultar em sérios problemas para as PMEs existentes e seus funcionários, seria errado interpretar as PFDs como uma ameaça fundamental. Por um lado, isso equivaleria a uma idealização do setor de fabricação de peças existente, com sua falta de inovação e práticas generalizadas da fuga da negociação coletiva. Por outro lado, no caso das PFDs, o diabo está nos detalhes: os efeitos sobre as PMEs dependem de como a governança entre clientes e parceiros de fabricação é organizada, se os lucros dos custos de transação também são repassados aos parceiros envolvidos, até que ponto as PMEs podem se beneficiar de vantagens no acesso ao mercado e na preparação de ofertas e até que ponto elas são levadas a uma concorrência de preços ruinosa. Na discussão crítica sobre plataformas digitais no setor B2C (*Business to customer*, plataformas que visam ao consumidor final) e nas mídias sociais, foram desenvolvidas demandas que abordam as assimetrias de poder entre as plataformas e seus usuários. Os debates sobre assimetrias de informações, efeitos de *lock-in* e governança de dados são igualmente relevantes para moldar a transformação do setor de fabricação de peças. Eles se refletem mais fortemente nas abordagens das alternativas de plataforma descritas anteriormente. Em contraste com os FTOs e as PFDs, no entanto, até o momento eles só existiram como uma visão que ameaça ser deixada para trás pelos desenvolvimentos reais do setor. Assim como na área da internet para os consumidores, o *design* das plataformas da indústria manufatureira deve ser uma questão de definição de regras por parte dos sindicatos patronais, dos sindicatos dos trabalhadores e das agências estatais da regulação.

6
Composição de classe para entender o trabalho por plataformas e suas lutas
O caso dos entregadores brasileiros no Reino Unido[1]

Mateus Mendonça
Jamie Woodcock
Rafael Grohmann

Introdução

Enquanto muitas análises sobre o trabalho abordam os profissionais de forma abstrata e homogênea, este texto defende a importância da compreensão da composição social desses trabalhadores e suas consequências para a composição técnica (processo de trabalho, gestão e tecnologia) e para a composição política (formas de resistência e luta) deles. Este estudo demonstrará esse argumento com base na análise de como a condição de migrante dos entregadores brasileiros no Reino Unido é central para diversos aspectos do processo de trabalho, para a formação de suas redes e identidades e para suas formas de ação coletiva e resistência.

Baseados na teoria marxista da composição de classe[2], demonstramos como a migração é um aspecto constitutivo desse setor no Norte Global e como a condição de migrante gera experiências e comunidades comuns, atravessando todos os aspectos dessa indústria, desde a organização do trabalho e as experiências de vida até as formas coletivas de resistência e organização. Com isso, acreditamos colaborar para a formação de uma agenda de pesquisa que leve a sério *quem* são os trabalhadores que estudamos e suas implicações teóricas e políticas.

---

[1] Este texto é uma versão modificada e atualizada daquele anteriormente publicado na revista *Caderno CRH* (ver Mateus Mendonça, Jamie Woodcock e Rafael Grohmann, "Composição de classe e migração para entender o trabalho por plataformas: o caso dos entregadores brasileiros no Reino Unido", *Caderno CRH*, Salvador, CRH/EDUFBA, v. 35, e022022, 2022; disponível on-line).

[2] Notes from Below, "The Workers' Inquiry and Social Composition", *Notes from Below*, 9 jan. 2018; disponível on-line.

As primeiras pesquisas sobre economia de plataformas entendiam os trabalhadores como indivíduos isolados e espalhados pelas plataformas digitais. Essa fragmentação técnica dos profissionais pelos espaços urbanos foi apontada por alguns como um bloqueio inerente à ação coletiva[3]. Essa perspectiva via os trabalhadores da mesma maneira que o capital nas plataformas: como unidades a serem ordenadas e disciplinadas. No entanto, a partir de 2016, houve um crescimento da resistência dos profissionais e das formas de organização.

No Reino Unido, várias dessas lutas foram construídas em redes preexistentes, muitas das quais envolvendo migração e mediadas por plataformas de mídias sociais como WhatsApp e Facebook. Embora não haja dados quantitativos desse cunho devido à falta de informações fornecidas por essas empresas, os brasileiros são, de longe, o maior grupo de migrantes trabalhando por plataformas de entrega no Reino Unido. Em muitas áreas do país, as plataformas só têm suporte nos idiomas inglês e português.

Tassinari e Maccarrone[4], Cant[5] e Woodcock[6] destacaram a importância dos brasileiros no setor de entregas no Reino Unido. Eles ressaltam seu papel central na organização de mobilizações e protestos, inclusive por meio de tecnologias de comunicação, como o WhatsApp. Por exemplo, Cant reconhece que "todas as ações coletivas empreendidas por entregadores da Deliveroo têm vingado ou fracassado, a depender do apoio ou não dos trabalhadores migrantes, e a maioria das greves têm sido catalisadas e lideradas por eles"[7]. Contudo, embora o autor reconheça o papel central dos migrantes brasileiros nas diferentes ondas de greves, não há nenhuma menção sobre como os migrantes apoiaram ou lideraram essas ações ou por que as apoiaram, ou não.

Este artigo é baseado no trabalho etnográfico de dois de seus autores e em treze entrevistas em profundidade com entregadores brasileiros que trabalham no Reino Unido para plataformas como Deliveroo, UberEats e/ou Stuart. Um dos autores trabalhou por dois anos como militante sindical do Sindicato dos Trabalhadores Independentes da Grã-Bretanha (IWGB Union), como responsável pela organização de entregadores brasileiros, e o outro é membro do comitê executivo do mesmo sindicato, tendo acompanhado desde o início a formação do setor de entregadores[8].

---

3 Hilary Osborne e Sarah Butler, "Collective Action via Social Media Brings Hope to Gig Economy Workers", *The Guardian*, 19 ago. 2016; disponível on-line.

4 Arianna Tassinari e Vincenzo Maccarrone, "Riders on the Storm: Workplace Solidarity among Gig Economy Couriers in Italy and the UK", *Work, Employment and Society*, v. 34, n. 1, fev. 2020, p. 35-54; disponível on-line.

5 Callum Cant, *Riding for Deliveroo: Resistance in the New Economy* (Cambridge, Polity, 2019).

6 Jamie Woodcock, *The Fight against Platform Capitalism: An Inquiry into the Global Struggles of the Gig Economy* (Londres, University of Westminster Press, 2021).

7 Callum Cant, *Riding for Deliveroo*, cit., p. 87 (tradução nossa).

8 O Sindicato dos Trabalhadores Independentes da Grã-Bretanha (Independent Workers' Union of Great Britain) é um sindicato independente da Confederação de Sindicatos (Trade

As entrevistas foram feitas numa amostragem não representativa, por meio do método de bola de neve, com entregadores que eram ou não membros do sindicato, com ou sem documentação para permanecer e trabalhar no país, e sendo dez deles homens. Todos os entrevistados tinham entre 25 e 55 anos de idade. As descobertas também são extraídas de observações exploratórias em grupos de mídias sociais e em dois encontros entre entregadores e organizadores brasileiros que trabalham no Reino Unido e no Brasil. As entrevistas para este artigo foram realizadas de outubro de 2020 a janeiro de 2021.

Composição de classe

Como conceito, a classe pode ser vista de uma série de perspectivas diferentes. Ao contrário das análises que se centram na renda, na ocupação ou na cultura, a abordagem marxista parte da compreensão de classe como uma relação antagônica com base em suas condições materiais. É importante começar com um entendimento não estático de classe, mas sim analisar a classe como relação de exploração. Esse esforço não é simplesmente para produzir novos rótulos ou categorias, mas para interrogar a dinâmica contemporânea do capitalismo.

Podemos ver a vitalidade das análises relacionais de Marx sobre classes tanto em *O capital*[9] como também nas relações entre classes e frações de classe n'*O 18 de brumário de Luís Bonaparte*[10]. Para o estudo de hoje, particularmente dentro de novos setores como o de entrega por plataformas, a questão da formação de classes se torna especialmente importante. Partindo de conceitos d'*O capital* – principalmente das partes III e VI –, encontramos ferramentas relevantes para explorar a organização do trabalho pelo capital e o processo histórico de formação da classe trabalhadora na Inglaterra. Mas essas ferramentas requerem uma rearticulação com as novas condições do capitalismo para pensar os processos contemporâneos de reconstrução da classe trabalhadora no país. Como argumentou Thompson: "A criação da classe trabalhadora é um fato político e cultural, tanto como econômico e histórico. Não foi uma geração espontânea do sistema fabril [...] a classe operária se fez tanto quanto foi feita"[11].

Union Confederation – TUC), caracterizado por organizar trabalhadores migrantes e precários, em especial latino-americanos. Tem uma longa tradição de ação direta, organização nos locais de trabalho e uma estrutura interna de democracia de base.

9 Karl Marx, *Capital: A Critique of Political Economy*, v. 1 (trad. Ben Fowkes, 1. ed., Londres, Penguin, 1976 [1867]) [ed. bras.: *O capital: crítica da economia política*, Livro I: *O processo de produção do capital*, trad. Rubens Enderle, São Paulo, Boitempo, 2013].

10 Idem, *The Eighteenth Brumaire of Louis Bonaparte*, *Marxists Internet Archive* (trad. Saul K. Padover e Progress Publishers, 1995/1999 [1852]); disponível on-line [ed. bras.: *O 18 de brumário de Luís Bonaparte*, trad. Nélio Schneider, São Paulo, Boitempo, 2011].

11 Edward Palmer Thompson, *The Making of the English Working Class* (Londres, Penguin, 2013), p. 213 [ed. bras.: *A formação da classe operária inglesa*, trad. Denise Bottmann, Renato Busatto Neto e Claudia Rocha de Almeida, Rio de Janeiro, Paz e Terra, 2012, 3 v.]. (Tradução nossa.)

A fim de analisar como os trabalhadores de plataformas de entrega estão se fazendo como classe e se transformando numa classe, nós nos apoiamos numa tradição do marxismo que tem se centrado nessas questões. O conceito de composição de classe foi desenvolvido por marxistas envolvidos no método da *enquete operária* – projeto que busca combinar a pesquisa com a organização coletiva. Essa proposta tem seu início no chamado de Marx por uma enquete operária[12]. O objetivo da *survey* feita por ele era compreender a experiência do trabalho a partir da perspectiva dos trabalhadores, bem como construir ligações com eles e as transformações sociais que o método gera.

A enquete operária foi retomada por vários grupos diferentes, incluindo a tendência de Johnson-Forest, Socialismo ou Barbárie, e, mais tarde, os operaístas italianos[13]. É com estes últimos grupos de italianos dos anos 1960 que a composição de classe se desenvolve teoricamente pela primeira vez. Mario Tronti argumentou que, em vez de começar a análise a partir do capital, havia uma necessidade de inverter o problema e começar desde o início – e o início é a luta da classe trabalhadora[14]. Essa proposta, como apontada por Turchetto, envolveu uma "revolução copernicana" contra a ortodoxia marxista existente na época[15]. Se quisermos nos centrar na classe, precisamos compreender as condições e as relações envolvidas com ela em diferentes pontos. Isso significa "uma relação material com três partes: a primeira é a organização da força de trabalho numa classe trabalhadora (composição técnica); a segunda é a organização da classe trabalhadora numa sociedade de classes (composição social); a terceira é a auto-organização da classe trabalhadora numa força de luta de classes (composição política)"[16].

Uma análise da composição de classe não procura uma relação determinística entre sua constituição técnica, social e política. Em vez disso, trata-se de compreender como se desenvolve a subjetividade dos trabalhadores. O enfoque na composição social não consiste em negar a importância das condições de trabalho.

---

12 Karl Marx, *A Workers' Inquiry*, *Marxists Internet Archive*, transcrição Curtis Price, 1997 [1880]; disponível on-line [ed. bras.: "Karl Marx – Questionário para trabalhadores", em *Capítulo VI (inédito): manuscritos de 1863-1867, O capital*, Livro I, trad. Ronaldo Vielmi Fortes, São Paulo, Boitempo, 2022, p. 141-50].

13 Jamie Woodcock, "The Workers' Inquiry from Trotskyism to *Operaismo*: a Political Methodology for Investigating the Workplace", *Ephemera: Theory & Politics in Organization*, v. 14, n. 3, 2014, p. 493-513; disponível on-line.

14 Mario Tronti, *Workers and Capital* (trad. David Broder, Londres/Nova York, Verso, 2019) [ed. port.: *Operários e capital*, trad. Carlos Aboim de Brito e Manuel Villaverde Cabral, Porto, Afrontamento, 1976], p. 89, citado em Antonio Negri e Michael Hardt, *Commonwealth* (Boston, Harvard University Press, 2009), p. 291 [ed. bras.: *Bem-estar comum*, trad. Clóvis Marques, Rio de Janeiro, Record, 2016].

15 Maria Turchetto, "From 'Mass Worker' to 'Empire': The Disconcerting Trajectory of Italian *Operaismo*", em Jacques Bidet e Eustache Kouvélakis (orgs.), *Critical Companion to Contemporary Marxism* (trad. Gregory Elliot, Leiden/Boston, Brill, 2008), p. 287.

16 Notes from Below, "The Workers' Inquiry and Social Composition", cit. (tradução nossa).

Pelo contrário, busca-se entender a forma como os trabalhadores são socializados, incluindo onde vivem e em que tipo de habitação, a divisão do trabalho em função do gênero e da raça, padrões de migração, processos de marginalização, infraestruturas comunitárias etc. Esses elementos têm impacto importante na forma como os trabalhadores se constituem como classe e nas suas lutas. Em alguns casos, esses aspectos podem intensificar as lutas dos trabalhadores, enquanto noutros podem fornecer barreiras e obstáculos. No contexto deste artigo, a composição de classes fornece um quadro para desdobrar a complexa relação entre o processo de trabalho nas plataformas de entrega, a dinâmica da migração constituinte dessa indústria no Norte Global e as formas de luta dos trabalhadores que dela emergem.

Análise

Ao longo das entrevistas, ficou evidente que as experiências e os processos de migração moldam a forma como muitos entregadores brasileiros se envolvem com o trabalho, bem como suas respostas a ele. Ao mesmo tempo, as plataformas de trabalho e as de redes sociais também formatam as maneiras como o fluxo de migrações se desenrola na prática, reconstruindo os mecanismos de "migração por plataformas", como descrito por Collins[17]. A composição de classes e a migração de plataforma estão interligadas. Pesquisando essa realidade, fica claro que questões relevantes à composição social – como onde os trabalhadores vivem, em que tipo de moradia, as divisões de gênero, padrões de migração, composição racial, dinâmicas comunitárias etc. – são importantes para desenvolver uma compreensão sobre esse trabalho. Ao mesmo tempo, chamar atenção para o papel da composição social também significa entendê-la em relação à composição técnica do trabalho, em vez de substituir a análise deste por fatores externos ao processo.

Experiências de trabalho e composição técnica

Conforme argumentado por Van Doorn, Ferrari e Graham, o trabalho migrante desempenha papel infraestrutural nas plataformas de entrega[18]. A força de trabalho migrante é a grande maioria de quem trabalha com entrega de alimentos no Reino Unido. As empresas estão plenamente conscientes disso e aproveitam a situação precária dos trabalhadores para achatar os pagamentos e se apoiar no *status* de trabalhador autônomo (*self-employed*). Sabe-se que os migrantes, particularmente aqueles em situação irregular, são mais propensos a aceitar condições precárias,

---

17 Francis L. Collins, "Geographies of Migration I: Platform Migration", *Progress in Human Geography*, v. 45, n. 4, ago. 2021, p. 866-77; disponível on-line.

18 Niels van Doorn, Fabian Ferrari e Mark Graham, "Migration and Migrant Labour in the Gig Economy: An Intervention", *Work, Employment and Society*, v. 37, n. 4, ago. 2023, p. 1.099-113; disponível on-line.

empregos mal remunerados e jornadas exaustivas, e também menos propensos a demandar contratos de emprego mais formais e a se envolver em ações coletivas ou judiciais. Esse nível de superexploração, como denominou Marini[19], é crucial para garantir altos níveis de lucro dessas empresas.

Na maior parte da economia de plataforma, espera-se que os trabalhadores entendam por si só como o trabalho é organizado e lidem com quaisquer problemas[20]. Depois que um trabalhador cria sua conta e faz *login*, espera-se que ele realize o trabalho. Os entregadores têm pouco ou nenhum suporte da plataforma. A pesquisa etnográfica clássica de Burawoy mostrou que o trabalho é, muitas vezes, realizado por um "jogo de viração" (*making out game*), no qual os trabalhadores empregam uma série de táticas informais desenvolvidas e *hacks* para jogar contra seus supervisores e aproveitar as falhas no processo de trabalho para superar as expectativas estabelecidas[21]. Na economia de plataformas, em que o processo de trabalho é muito mais flexível que na indústria e a remuneração é diretamente dependente da execução "por peça", o desempenho real do trabalho é ainda mais permeado por essas táticas, *hacks* e fissuras nos algoritmos[22]. Nesse cenário, os grupos de entregadores brasileiros que estão conectados em rede nas mídias sociais e nas diversas infraestruturas da comunidade brasileira em Londres (como mercados brasileiros, oficinas de moto, pensionatos etc.) tornam-se um ponto-chave para iniciar os novatos no trabalho, apoiar os atuais entregadores com alertas, dicas e reclamações, e desenvolver novos *hacks* no processo de trabalho.

Na fábrica industrial, a meta de unidades a serem produzidas era definida pelos gestores para atender às demandas das empresas. Na entrega por plataformas, as metas diárias ou semanais são estabelecidas pelos próprios trabalhadores, diretamente condicionadas às suas necessidades de sobrevivência e reprodução de sua força de trabalho. Nas formas anteriores, as informações e *hacks* sobre os modos de execução do trabalho na prática circulavam no chão de fábrica, nos vestiários ou nos refeitórios. Agora, isso é facilitado por meio de grupos de WhatsApp e dos espaços da cidade, como áreas de espera ou coleta de pedidos e oficinas de motos. No Reino Unido, esses grupos de WhatsApp são estruturados em várias camadas, atravessados por nacionalidades, territórios e afinidades. Normalmente, há grupos mais amplos de entregadores brasileiros em Londres, e outros menores de entregadores brasileiros na área local. Isso também ocorre com outras nacionalidades minoritárias, como bengaleses e argelinos. Também pode haver grupos locais com muitas nacionalidades, mas as barreiras linguísticas excluem a maioria

---

[19] Ruy Mauro Marini, *Dialética da dependência* (Lisboa, Centelha, 1975).

[20] Jamie Woodcock, *The Fight against Platform Capitalism*, cit.

[21] Michael Burawoy, *Manufacturing Consent: Changes in the Labor Process under Monopoly Capitalism* (Chicago/Londres, University of Chicago Press, 1979).

[22] Fabian Ferrari e Mark Graham, "Fissures in Algorithmic Power: Platforms, Code, and Contestation", *Cultural Studies*, v. 35, n. 4-5, 2021, p. 814-32; disponível on-line.

dos entregadores internacionais não fluentes em inglês. Além disso, muitos têm grupos menores com outros trabalhadores brasileiros com os quais desenvolveram relações mais próximas de amizade e afinidade. Nestes, há táticas e *hacks* mais detalhados, além de discussões pessoais e até reclamações sobre outros entregadores.

Vale ressaltar também que, embora esses grupos compartilhem muitas táticas para facilitar a entrada nesse negócio e aumentar os ganhos, práticas que prejudiquem outros entregadores brasileiros são fortemente condenadas pela comunidade. Eles também denunciam pessoas que tentam praticar fraudes e golpes. Embora existam poderes limitados de coerção dentro da comunidade brasileira, essas redes impedem uma "corrida ao fundo do poço" não regulamentada. Por exemplo, vários foram os entrevistados que acusaram de "vagabundos" os entregadores que utilizam *fake GPS*, ferramenta instalada no celular que permite emular localizações simultâneas para pegar mais entregas. Também eram comuns os casos de linchamento ou expulsão de certas áreas da cidade de profissionais acusados de roubar motos ou equipamentos de outros. Esse é um esforço consciente de muitos entregadores brasileiros para compensar a negligência do governo e das empresas em protegê-los e garantir condições mínimas de trabalho e de vida. Além disso, essas redes de brasileiros não apenas moldam o processo de trabalho, mas também a reprodução dessa força de trabalho. Em algumas áreas de Londres com alta concentração de entregadores, é comum um deles (ou a esposa de um deles) ir aos bolsões de espera vender marmitas ou salgados brasileiros, ou haver restaurantes brasileiros locais que fazem desconto para os entregadores. Isso reduz o tempo de deslocamento desses trabalhadores e permite um maior número de entregas no dia. Em particular, esses grupos também divulgam informações importantes sobre como gerenciar a vida além do trabalho no Reino Unido, incluindo produtos e serviços de *marketing* de membros dessas comunidades – como acesso à TV aberta brasileira, a jogos de campeonatos de futebol do Brasil etc. Muitas pessoas fazem amizades e conexões com outros brasileiros, construindo um sentimento de pertencimento, por meio das comunidades de entregadores das redes sociais e encontrando grupos de amigos nas ruas e nos pontos de espera.

Na outra direção, a economia de plataformas também está moldando os fluxos migratórios de forma mais ampla. Essa nova indústria se tornou, ao mesmo tempo, uma degradação das condições de trabalho e uma oportunidade muito necessária para os trabalhadores migrantes em um mercado rigoroso e discriminatório que nunca se recuperou totalmente da crise econômica de 2008[23]. Todos os brasileiros entrevistados que estavam no Reino Unido quando essas empresas surgiram deixaram seus empregos nos serviços de limpeza, hotelaria ou restaurante para se tornarem entregadores porque os ganhos eram significativamente maiores.

[23] Niels van Doorn, Fabian Ferrari e Mark Graham, "Migration and Migrant Labour in the Gig Economy", cit.

Um deles nos contou que acumulou em "três anos como entregador mais que o dobro do que fez em treze anos em outros serviços". Outros reportaram que viram nessa indústria um meio fácil de migrar e conseguir um trabalho imediato ao chegar no Reino Unido, mesmo sem documentação. A vantagem de decidir quando trabalhar ou não é particularmente conveniente para migrantes cujo trabalho reprodutivo está cheio de imprevistos a resolver e atraente para pessoas que vivem em um país estrangeiro que sempre desejaram visitar e desfrutar. O processo relativamente simples para entrar nas plataformas e os mecanismos apoiados pela comunidade brasileira para que trabalhadores sem documentos tenham acesso a elas criaram um fluxo fácil para o mercado de trabalho do Reino Unido. Seja a pessoa migrante com visto de turista vindo direto do Brasil para o Reino Unido ou um brasileiro com passaporte europeu, essas redes e oportunidades de trabalho criaram uma infraestrutura para a migração.

A relevância cada vez maior das tecnologias de comunicação no trabalho por plataformas[24], particularmente por meio do uso de celulares, também demonstrou desempenhar função significativa nos processos de migração[25]. Dado o papel que os celulares desempenham para o uso dos trabalhadores migrantes nas plataformas de transporte, não é de surpreender que essas tecnologias sejam utilizadas como parte da jornada migratória de forma mais ampla. Essas redes fazem parte do que Meeus, Van Heur e Arnaut denominaram "infraestruturas de chegada"[26], que moldam a forma como os migrantes acessam e se envolvem com o trabalho, bem como com a habitação[27] e outros serviços. A infraestrutura, considerada aqui de forma mais ampla, formata a maneira como os migrantes vivenciam e interagem com o trabalho[28].

Brasileiros como comunidade heterogênea: composição social

Por si só, ser migrante caracteriza boa parte de toda a composição social desses trabalhadores. Suas trajetórias de vida, experiências, sentidos atribuídos nas atividades

---

[24] Michael David Maffie, "The Role of Digital Communities in Organizing Gig Workers", *Industrial Relations*, v. 59, n. 1, jan. 2020, p. 123-49; disponível on-line.

[25] Ingrid Boas, "Environmental Change and Human Mobility in the Digital Age", *Geoforum*, Elsevier, v. 85, out. 2017, p. 153-6; disponível on-line; Rianne Dekker, Godfried Engbersen e Marije Faber, "The Use of Online Media in Migration Networks", *Population, Space and Place*, v. 22, n. 6, ago. 2016, p. 539-51; disponível on-line; Hannah A. Gough e Katherine V. Gough, "Disrupted Becomings: The Role of Smartphones in Syrian Refugees' Physical and Existential Journeys", *Geoforum*, Elsevier, v. 105, out. 2019, p. 89-98; disponível on-line.

[26] Bruno Meeus, Karel Arnaut e Bas van Heur (orgs.), *Arrival Infrastructures: Migration and Urban Social Mobilities* (Cham, Palgrave Macmillan, 2019).

[27] Shanthi Robertson, "Infrastructures of Insecurity: Housing and Language Testing in Asia-Australia Migration", *Geoforum*, Elsevier, v. 82, jun. 2017, p. 13-20; disponível on-line.

[28] Lin W, Lindquist J, Xiang B, et al., "Migration infrastructures and the production of migrant mobilities", em *Mobilities*, v. 12(2), p. 167-74.

cotidianas e perspectivas de futuro em grande medida se dão a partir dessa realidade e são muito diversas das de um trabalhador não migrante. No entanto, diferentemente de como a maioria da literatura se refere a eles, os trabalhadores migrantes não são uma categoria homogênea, nem mesmo os brasileiros entre eles. A composição social dos entregadores brasileiros no Reino Unido não é apenas divergente da dos entregadores brasileiros no Brasil, mas também entre si. Os brasileiros, obviamente, assim como os britânicos ou os trabalhadores de qualquer outra nacionalidade, têm origens culturais, valores pessoais e conjuntos de crenças muito variadas.

As diferentes origens de classe e trajetórias desses entregadores influenciam as formas como percebem e se envolvem com o trabalho e, como consequência, também seus planos de futuro. É comum ver pessoas da classe trabalhadora que economizaram dinheiro por um longo período para migrar para o Reino Unido, tendo esse caminho geralmente facilitado pelo contato com outra pessoa que já migrou. Há também migrantes da classe média que já têm cidadania europeia – o que é bastante comum no Brasil devido ao processo de colonização e às muitas ondas de migrantes europeus para o país no início do século XX. Uma intersecção entre essas duas categorias ideais também é comum. O processo de migração não é um empreendimento barato. O tipo de pessoa que vem para o Reino Unido não é o que costuma trabalhar com entrega no Brasil e tem que lutar para sobreviver até a próxima semana.

Essa pluralidade de composição social não vem sem o custo de muitos conflitos dentro da comunidade brasileira. Enquanto alguns querem construir uma vida no Reino Unido, outros desejam apenas aproveitar ao máximo essa experiência internacional antes de retornarem (ou eventualmente serem pegos pela imigração). Muitos são trabalhadores documentados, outros estão tentando ser, e há inclusive aqueles que estão menos preocupados com seu *status* irregular. Embora a grande maioria trabalhe em tempo integral como entregadores, uma minoria também tem outros tipos de empregos e realiza trabalhos por plataformas como renda complementar. Existem ainda diferenças entre valores pessoais, posições políticas e de crenças dentro da comunidade brasileira. Uma afirmação comum que surgiu em muitas das entrevistas foi de que o "jeitinho brasileiro" cria uma série de conflitos por parte dos trabalhadores, como entre os "honestos" e "batalhadores" *versus* aqueles frequentemente chamados de "desonestos" e "vagabundos". Esse tipo de oposição simbólica é bastante recorrente nos diálogos nessa comunidade. Por exemplo, um trabalhador afirmou que o "brasileiro é mais ou menos unido. Eu sou do grupo honesto. Mas nem todos são". A relação com outras nacionalidades também não é a mesma. Enquanto alguns deles organizaram greves e boicotes junto a outros grupos nacionais, uma das trabalhadoras nos explicou que se sente envergonhada quando brasileiros zombam de outros migrantes em grupos de WhatsApp. Frases xenófobas ocorrem com alguma frequência nessas comunidades. As queixas sobre a falta de união entre os brasileiros, o ressentimento com "pessoas individualistas" e o reforço da necessidade de construir uma comunidade mais solidária são sentimentos comuns. As diferenças de classe, de gênero, de raça, ideológicas e culturais atravessam a comunidade de trabalhadores brasileiros migrantes no Reino Unido. Mas sua situação como tal os coloca nessas redes de comunidade, cria uma identidade coletiva e impõe uma pressão moral por solidariedade.

Organização e composição política

A condição de migrante implica estar mais vulnerável a ocorrências de abuso por parte de restaurantes, clientes e policiais. Frequentemente, essas são fagulhas para greves e protestos locais. Ao longo do nosso engajamento etnográfico, várias foram as circunstâncias testemunhadas – como a onda de protestos na cidade de Bristol devido à negligência policial com a violência sofrida pelos entregadores brasileiros, o assédio de policiais no bairro de Dalston que gerou uma onda de paralisações e protestos na subprefeitura local, e diversas situações de boicotes a restaurantes devido a casos de xenofobia e racismo. Isso ajuda a entender por quais motivos os entregadores migrantes têm sido geralmente os iniciadores dos processos de lutas e resistências registradas no Reino Unido, como apontado por outras pesquisas[29]. A falta de conhecimento ou acesso de caminhos institucionais ou judiciais para solução de problemas com as plataformas também faz com que esses trabalhadores recorram aos atos de ação direta como o único meio para chamar atenção dessas empresas e do poder público. Ao mesmo tempo, a densa infraestrutura de comunicação descrita anteriormente como condição necessária para uma realização eficiente do trabalho de entrega por plataformas facilita sua mobilização coletiva.

Contudo, como era possível imaginar, a heterogeneidade dos entregadores brasileiros no Reino Unido já apontada também se reflete em sua composição política. As disputas e contradições em torno das frações de classe e dos diferentes modos de solidariedade, possibilitadas pelas plataformas de mídias sociais, são desafios para a organização e a recomposição política de classe. Os grupos de WhatsApp ajudam a desenvolver solidariedades emergentes, mas este é apenas o primeiro passo para a organização[30] considerando as contradições e políticas das plataformas de mídias sociais[31]. Há tanto trabalhadores que apoiam Jair Bolsonaro e Donald Trump – e a política de extrema direita de forma mais ampla[32] – quanto há aqueles que os

[29] Callum Cant, *Riding for Deliveroo*, cit.

[30] Jen Schradie, *The Revolution that Wasn't: How Digital Activism Favors Conservatives* (Cambridge, MA, Harvard University Press, 2019).

[31] Tamar Lazar, Rivka Ribak e Roei Davidson, "Mobile Social Media as Platforms in Workers' Unionization", *Information, Communication & Society*, Abingdon, Routledge, v. 23, n. 3, 2020, p. 437-53; disponível on-line.

[32] Rafael Grohmann e Paula Alves, "Unions and Association of App-Drivers in Brazil: The Meanings in Circulation of Platform Workers' Struggles", *AoIR Selected Papers of Internet Research*, 2020.

odeiam. Não sem razão, a maioria dos grupos de WhatsApp tem regras rígidas contra qualquer tipo de propaganda política associada a partidos ou a políticos. Em nossa pesquisa com esses trabalhadores, foi interessante notar que muitos dos entregadores brasileiros mais proativos e radicalizados contra as plataformas, inclusive sendo membros do sindicato, eram fortes apoiadores de Bolsonaro. Nesses casos, era evidente a conexão de um sentimento "antissistema" que gerava, ao mesmo tempo, o apoio ao político de extrema direita e a revolta contra os aplicativos.

Muitos dos trabalhadores entrevistados já haviam se envolvido em greves ou boicotes no Reino Unido, enquanto outros não. Contudo, todos eles disseram que participariam se todos os outros o fizessem. Eles acreditavam que ações coletivas eram importantes diante das dificuldades que enfrentavam nas ruas para, no final, ganharem muito menos do que merecem. Mas o fato de serem migrantes dificulta que muitos conheçam o direito à organização coletiva e de filiação a um sindicato no país, em especial entre aqueles que não estão em situação regular. Também eram comuns as opiniões negativas sobre os sindicatos brasileiros, o medo de ser perseguido por participar de uma greve ou a impressão de que os sindicatos não são lugares para migrantes não documentados.

Em geral, os trabalhadores que estão em situação regular, os que querem estabelecer uma vida no país, os que já moram no Reino Unido e, especialmente, os que trabalham para empresas de plataformas de entrega há algum tempo são os mais propensos a se envolver de forma proativa em ações coletivas. No entanto, diversos dos nossos entrevistados afirmaram que, quando uma ação é convocada em determinada área, a maioria tende a respeitar a decisão, mesmo os trabalhadores em situação irregular ou aqueles que não gostam de tirar folga para ganhar mais dinheiro. As coerções coletivas e o constrangimento moral de ir contra o resto de seus pares são ferramentas poderosas para incentivar a participação. O que observamos é que ou a grande maioria apoia a mobilização e há forte pressão coletiva, ou, na ausência desta, o movimento acaba sendo praticamente inexistente. Por se conhecerem, esses grupos nacionais podem funcionar como um controle contra os "fura-greves". Nessas situações, os grupos em mídias sociais e piquetes em frente aos maiores restaurantes são importantes para reforçar esses constrangimentos e fazer a greve acontecer. Ao mesmo tempo que os grupos de WhatsApp se transformam numa infraestrutura de mobilização comum para a ação coletiva, esses processos também criam grupos e adensam o ecossistema de comunicação digital já existente na comunidade[33]. É por meio desses procedimentos que a identidade dos entregadores é concretamente formada e expressa[34]. Em áreas específicas em

[33] Rafael Grohmann, Mateus Mendonça e Jamie Woodcock, "Communication and Work from Below: the Role of Communication in Organising Delivery Platform Workers", *International Journal of Communication*, v. 17, 2023, p. 3.919-37; disponível on-line.

[34] Jamie Woodcock, *The Fight against Platform Capitalism*, cit.

que os diferentes grupos nacionais que têm uma forte presença decidem agir em conjunto, essa aliança é particularmente potente.

Por fim, destacamos que a composição social de migrante pode ser também uma base para uma maior transnacionalização desses processos de luta. Após os grandes Breques dos Apps no Brasil em 2020, facilitamos algumas reuniões on-line entre entregadores brasileiros no Brasil e no Reino Unido envolvidos com a causa da categoria. Foram vários os entregadores no Reino Unido que nos relataram estarem acompanhando esses caminhos de luta no Brasil e que se sentiam inspirados por eles. Embora essas greves tenham dado um motivo comum de encontro, a comunicação entre trabalhadores que estão em países distintos revela especificidades e articulações entre semelhanças e diferenças entre os entregadores nos dois países. Apesar disso, o compartilhamento de táticas e estratégias em torno da organização coletiva é uma forma importante de fortalecer as batalhas desses trabalhadores. Acreditamos que a troca de experiências entre os profissionais dos dois países pode ser um ponto de partida para uma circulação mais intensa das lutas de trabalhadores.

Conclusão

Como buscamos demonstrar, a migração desempenha um papel importante na composição de classe da força de trabalho da economia de entrega por plataformas no Norte Global. Embora as plataformas tenham se beneficiado da insegurança jurídica e das situações precárias dos trabalhadores migrantes, também foram produzidas dinâmicas que estruturam a capacidade dos profissionais de responder e reagir. Ao mesmo tempo que as plataformas de entrega se apropriam dos fluxos migratórios e transformam a composição técnica desses trabalhadores, a composição social destes na situação de migrantes altera as características do processo laboral e das suas possibilidades de reprodução enquanto força de trabalho no exterior, formando a conjuntura necessária para a organização coletiva. O entendimento dessa dialética na economia de plataformas é fundamental para a compreensão dessa indústria projetada meticulosamente para fragmentar e atomizar os trabalhadores.

Da mesma maneira como a migração é um aspecto central para a composição de classe dos entregadores no Reino Unido, a questão racial o é no Brasil. Apesar de ser um tema ainda bastante negligenciado na literatura sobre trabalho por plataformas[35], acreditamos que a teoria da composição de classe pode oferecer ferramentas analíticas úteis para compreender as implicações, tanto no aspecto técnico do processo de trabalho, quanto no social e no político, do fato de esse trabalho ser realizado, em sua grande maioria, por trabalhadores negros, jovens e periféricos no nosso país.

[35] Vanessa Monteiro, "De massa marginal a uberizados", blog *A terra é redonda*, 8 fev. 2024; disponível on-line.

7
Fabricar os dados
O trabalho por trás da inteligência artificial

Matheus Viana Braz
Paola Tubaro
Antonio A. Casilli

Introdução

A produção da inteligência artificial (IA) é comumente associada ao trabalho de engenheiros de *software* ou profissionais altamente qualificados, vinculados a grandes empresas ou *start-ups* especializadas, que se desenvolveram inspiradas na ideologia californiana[1]. Contudo, o desenvolvimento de "tecnologias inteligentes" depende também, em diferentes etapas, de uma multidão de trabalhadores precarizados, sub-remunerados e invisibilizados, os quais dispersos globalmente realizam atividades repetitivas, fragmentadas, pagas por tarefa e feitas em poucos segundos.

Trata-se de trabalhadores que rotulam dados para treinar algoritmos, mediante tarefas que necessitam das capacidades intuitivas, criativas e cognitivas dos seres humanos, tais como categorização de imagens, classificação de publicidades, transcrição de áudios e vídeos, avaliação de anúncios, moderação de conteúdos em mídias sociais, rotulagem de pontos de interesse anatômicos humanos, digitalização de documentos etc.[2]. Embora se trate de um processo essencial ao aprendizado de máquina (*machine* ou *deep learning*), esse trabalho é externalizado para plataformas digitais ou para redes especializadas de terceirização[3], bem como é realizado

---

1 Richard Barbrook e Andy Cameron, *The Internet Revolution: from Dot-com Capitalism to Cybernetic Communism* (Amsterdã, Institute of Network Culture, 2015, Network Notebooks, n. 10), p. 12-27; disponível on-line.

2 Mary L. Gray e Siddharth Suri, *Ghost Work: How to Stop Silicon Valley from Building a New Global Underclass* (Boston, Houghton Mifflin Harcourt, 2019); Antonio A. Casilli, *En Attendant les Robots: enquête sur le travail du clic* (Paris, Seuil, 2019).

3 International Labour Organization, *World Employment and Social Outlook 2021: The Role of Digital Labour Platforms in Transforming the World of Work* (Genebra, ILO, 2021); disponível on-line.

nas franjas da informalidade, sem quaisquer proteções social ou trabalhista (salvo algumas exceções), tampouco autonomia para negociação de remuneração.

Esta forma de trabalho é frequentemente designada por "microtrabalho". Tal termo ganhou popularidade em meados dos anos 2000, baseado no conceito de "microcrédito", abordagem econômica que teria supostamente por finalidade garantir inclusão financeira a populações vulnerabilizadas e marginalizadas, sem acesso a serviços bancários. É nessa esteira discursiva que surgem as plataformas digitais especializadas em rotulagem e treinamento de dados para IA, como se a produção de dados pudesse oferecer uma possibilidade semelhante, porém relacionada à obtenção de renda on-line. No mundo todo, estima-se que haja mais de 160 milhões de trabalhadores[4] registrados em plataformas de microtrabalho e *freelancer*[5]. Nas plataformas de trabalho *freelancer*, a média global de remuneração é de 7,6 dólares por hora, enquanto nas de treinamento de dados a média é de 3,3 dólares por hora[6]. Numa perspectiva mais ampla, uma pesquisa realizada pelo Banco Mundial estima que globalmente há entre 154 e 435 milhões de trabalhadores subordinados a diferentes tipos de plataformas digitais[7].

Os estudos sobre o microtrabalho surgiram em meados de 2010[8] e a maior parte das pesquisas se concentra em países da Europa e da América do Norte. Os principais produtores de IA no mundo estão sediados no Norte Global, porém se servem majoritariamente de mão de obra barata proveniente do Sul Global[9]. Pesquisas recentes evidenciaram ainda a expressiva presença de trabalhadores de diferentes países da América Latina nessa cadeia produtiva[10].

---

[4] Otto Kässi, Vili Lehdonvirta e Fabian Stephany, "How Many Online Workers Are There in the World? A Data-Driven Assessment", *Social Science Research Network*, 2021; disponível on-line.

[5] Tal como o microtrabalho, nesse contexto o *freelance* implica um trabalho realizado à distância, mediante uma plataforma, porém menos segmentado, no qual os trabalhadores realizam projetos inteiros (em vez de microtarefas), bem como comumente negociam condições e remunerações com os clientes.

[6] International Labour Organization, *World Employment and Social Outlook 2021*, cit.

[7] Namita Datta et al., *Working without Borders: The Promise and Peril of Online Gig Work* (Washington, World Bank, 2023); disponível on-line.

[8] Panagiotis G. Ipeirotis, "Demographics of Mechanical Turk", *NYU Working Paper*, n. CEDER-10-01, 2010; disponível on-line; Lilly Irani, "The Cultural Work of Microwork", *New Media & Society*, v. 17, n. 5, 2013, p. 720-39; disponível on-line.

[9] International Labour Organization, *World Employment and Social Outlook* 2021, cit.

[10] Milagros Miceli, Martin Schuessler e Tianling Yang, "Between Subjectivity and Imposition: Power Dynamics in Data Annotation for Computer Vision", *Proceedings of the ACM on Human-Computer Interaction*, Nova York, Association for Computing Machinery, v. 4, CSCW2, artigo n. 115, out. 2020; disponível on-line; Milagros Miceli e Julian Posada, "The Data-Production Dispositif", *Proceedings of the ACM on Human-Computer Interaction*, Nova York, Association for Computing Machinery, v. 6, CSCW2, artigo n. 460, nov. 2022; disponível on-line; Florian A. Schmidt, "The Planetary Stacking Order of Multilayered Crowd-AI Systems", em Mark Graham e Fabian Ferrari (orgs.), *Digital Work in the Planetary Market* (Cambridge, MA, MIT Press, 2022), p. 137-55.

No Brasil, Rafael Grohmann[11] e Ricardo Antunes[12] organizaram obras coletivas dedicadas à compreensão dos impactos das plataformas digitais no mundo do trabalho, inclusive no que diz respeito à produção da IA e à nova morfologia do trabalho em nossa sociedade. A plataformização do trabalho e a uberização, nesse sentido, têm sido objeto de inúmeros debates, notadamente relacionados ao processo histórico de informalização do trabalho em território nacional[13]. Todavia, ainda são incipientes as pesquisas empíricas concernentes ao trabalho digital de rotulagem e treinamentos de dados para IA[14].

Em contraposição, Viana Braz[15] constatou a existência de ao menos 54 plataformas de microtrabalho em operação no Brasil, sendo que 29 abarcavam microtarefas de geração, anotação ou verificação de dados para aprendizado de máquina, o que indica que o Brasil constitui uma das principais reservas de mão de obra desse mercado na América Latina. Mas quem são, afinal, os trabalhadores brasileiros que atuam nessas plataformas? Em quais condições realizam seus trabalhos? Quanto ganham? Por que recorrem às plataformas? Quais as diferenças entre trabalhadores do Norte Global e do Sul Global, quando nos remetemos à produção e à qualificação de dados que sustentam a produção da IA? Esse trabalho poderia, enfim, ser

---

[11] Rafael Grohmann (org.), *Os laboratórios do trabalho digital: entrevistas* (São Paulo, Boitempo, 2021).

[12] Ricardo Antunes (org.), *Uberização, trabalho digital e Indústria 4.0* (São Paulo, Boitempo, 2020); idem (org.), *Icebergs à deriva: o trabalho nas plataformas digitais* (São Paulo, Boitempo, 2023).

[13] Ludmila Costhek Abílio, "Uberização do trabalho: subsunção real da viração", *Passa Palavra*, 19 fev. 2017; disponível on-line; idem, "Uberização: do empreendedorismo para o autogerenciamento subordinado", *Psicoperspectivas: Individuo y Sociedad*, Valparaíso, v. 18, n. 3, nov. 2019; disponível on-line; Rafael Grohmann, "Plataformização do trabalho: entre a datificação, a financeirização e a racionalidade neoliberal", *Revista Eletrônica Internacional de Economia Política da Informação, da Comunicação e da Cultura*, v. 22, n. 1, jan.-abr. 2020, p. 106-22; disponível on-line; Ludmila Costhek Abilio, Henrique Amorim e Rafael Grohmann, "Uberização e plataformização do trabalho no Brasil: conceitos, processos e formas", *Sociologias*, UFRGS, v. 23, n. 57, 2021, p. 26-56; disponível on-line.

[14] Renan Kalil, *Capitalismo de plataforma e Direito do Trabalho: crowdwork e trabalho sob demanda por meio de aplicativos* (doutorado em direito do trabalho e da seguridade social, São Paulo, Faculdade de Direito da Universidade de São Paulo – FDUSP, 2019); Bruno Moreschi, Gabriel Pereira e Fabio G. Cozman, "The Brazilian Workers in Amazon Mechanical Turk: Dreams and Realities of Ghost Workers", *Contracampo: Brazilian Journal of Communication*, Niterói, PPGCOM-UFF, v. 39, n. 1, 2020, p. 44-64; disponível on-line; Matheus Viana Braz, "Heteromação e microtrabalho no Brasil", *Sociologias*, UFRGS, v. 23, n. 57, maio-ago. 2021, p. 134-72; disponível on-line; Matheus Viana Braz, Thiago Casemiro Mendes e Yasmin Alexandre Ferreira, "Ideologia gerencialista e plataformas de treinamento de dados para Inteligência Artificial (IA): condições de trabalho e saúde dos trabalhadores no Brasil", *Revista Eletrônica de Comunicação, Informação & Inovação em Saúde*, v. 16, n. 4, 2022, p. 759-84; disponível on-line; Rafael Grohmann e William Fernandes Araújo, "Beyond Mechanical Turk: The Work of Brazilians on Global AI Platforms", em Pieter Verdegem (org.), *AI for Everyone?: Critical Perspectives* (Londres, University of Westminster Press, 2021), p. 247-66.

[15] Matheus Viana Braz, "Heteromação e microtrabalho no Brasil", cit.

considerado como uma sólida oportunidade de renda para países subdesenvolvidos ou em desenvolvimento?

Para responder a essas interrogações, buscamos cartografar o perfil sociodemográfico dos trabalhadores brasileiros no mercado de anotação de dados, para depois analisarmos em quais condições realizam suas atividades. Para tanto, fizemos uma pesquisa exploratória que abarcou métodos mistos. Primeiro, elaboramos uma etnografia digital dos anos de 2020 e 2021, em 24 grupos de WhatsApp e Facebook relacionados a esse mercado[16]. A partir dessa inserção no campo, no ano seguinte convidamos individualmente alguns membros desses grupos e realizamos quinze entrevistas em profundidade. Tratou-se de dez mulheres e cinco homens, com idade mínima de 22 e máxima de 54 anos. Entre os participantes, treze pessoas possuíam ensino superior completo, em diferentes áreas, como direito, engenharia de petróleo, fisioterapia, engenharia civil, administração, biotecnologia, letras, comércio exterior e ciência da computação. Todos trabalhavam em ao menos uma e no máximo quatro plataformas concomitantemente, entre as seguintes: Amazon Mechanical Turk, Appen, Telus (anteriormente denominada Lionbridge), Clickworker, Quadrant e OneForma.

Em 2023, servimo-nos de metodologia análoga àquela utilizada nos trabalhos de Casilli et al., Kalil e Moreschi et al.[17] e aplicamos um questionário on-line a 477 trabalhadores brasileiros que atuavam na plataforma Microworkers. O instrumento foi desenvolvido no bojo do DiPLab (Digital Platform Labor Research Group), traduzido da versão em espanhol (aplicado em países como Argentina, Bolívia, Chile, Colômbia, Costa Rica, Equador, República Dominicana, Venezuela etc.) e adaptado para o português, de acordo com particularidades do Brasil. O questionário compreendia cerca de 120 questões, relacionadas a informações sociodemográficas variadas, como níveis de escolaridade, situação familiar, experiência profissional, renda, uso da internet, relações sociais e condições de trabalho nas plataformas. A escolha pela plataforma justificou-se pelo fato de abarcar variadas modalidades de microtrabalho. No que concerne às questões éticas específicas das pesquisas em plataformas de microtrabalho, fundamentamo-nos nas reflexões e recomendações realizadas por Molina et al.[18]. Para análise dos dados, primeiro fizemos uma caracterização das plataformas de treinamentos de dados, de maneira a compreendermos como elas se inserem em cadeias globais de suprimentos para

---

16 Idem.

17 Antonio A. Casilli et al., *Le Micro-travail en France. Derrière l'automatisation de nouvelles précarités au travail?*, Rapport Final Projet DiPLab, Paris, Institut de Recherches Économiques et Sociales, 2019; disponível on-line; Renan Kalil, *Capitalismo de plataforma e Direito do Trabalho*, cit.; Bruno Moreschi, Gabriel Pereira e Fabio G. Cozman, "The Brazilian Workers in Amazon Mechanical Turk", cit.

18 José Luis Molina et al., "Research Ethics in the Age of Digital Platforms", *Science and Engineering Ethics*, v. 29, n. 17, 2023; disponível on-line.

produção da IA. Depois, problematizamos a sociodemografia e as condições de trabalho dos brasileiros nesse mercado, com foco nas assimetrias existentes entre países do Norte Global e do Sul Global.

Fabricando os dados e invisibilizando o trabalho

Pedro, 54 anos, é graduado em comércio exterior, porém trabalha como corretor. Concilia essa atividade com outro trabalho, em plataformas digitais cujas tarefas implicam atividades como transcrever áudios, classificar avaliações de anúncios em websites de empresas e catalogar descritores para aperfeiçoar os mecanismos de busca do Google. No passado, participou também de projetos relacionados à moderação de conteúdos pornográficos e violentos em mídias sociais como Facebook e Instagram. Clara, 38 anos, é graduada em administração e morou no exterior por alguns anos. Ao voltar para o Brasil, trabalhou como professora de inglês, mas não se adaptou à escola à qual estava vinculada. Desde então, trabalha em plataformas de microtarefas variadas, notadamente relacionadas a avaliações de anúncios, classificação de dados e moderação de conteúdos em mídias sociais. Izabela, por sua vez, tem 29 anos e é mãe solo de uma filha de 9 anos. Mudou-se do Nordeste para o Sudeste do país para fazer um mestrado em uma prestigiada universidade pública. Como sua bolsa de pesquisa não lhe oferece condições financeiras suficientes para se manter, trabalha todas as noites em plataformas como Appen e OneForma, realizando microtarefas de transcrições de áudios. Embora possuam trajetórias de vida bastante distintas, o que Pedro, Clara e Izabela têm em comum?

Os três trabalham em plataformas digitais, como Appen, OneForma, Telus, Clickworker e Microworkers, voltadas à rotulagem de dados para o desenvolvimento da IA. Se os dados são uma das principais fontes de valor na indústria de "tecnologias inteligentes" (como carros autônomos, assistentes de voz e *chatbots* como o ChatGPT), fabricá-los e treiná-los é mais complexo do que comumente imaginamos. O trabalho de geração e anotação de dados é vastamente utilizado na produção da IA e cumpre uma variedade de funções que gravitam em torno de três polos: *preparação*, *verificação* e *imitação* da IA[19], conforme evidenciado na figura 1 (na próxima página).

No primeiro caso, para que empresas, *start-ups* ou laboratórios de pesquisa desenvolvam algum tipo de IA, extensas bases de dados precisam ser geradas e qualificadas (via anotação e rotulagem), para que sejam estabelecidos os parâmetros técnicos dos algoritmos de aprendizagem. Esse processo exige um trabalho cognitivo sensível, elementar para extração e geração de valor de tais

---

[19] Paola Tubaro, Antonio A. Casilli e Marion Coville, "The Trainer, the Verifier, the Imitator: Three Ways in Which Human Platform Workers Support Artificial Intelligence", *Big Data & Society*, v. 7, n. 1, 2020, p. 1-12.

Figura 1 – Três principais funções do microtrabalho no desenvolvimento de soluções de IA baseadas em aprendizado de máquina e uso intensivo de dados. Traduzido de Tubaro et al., p. 8[20].

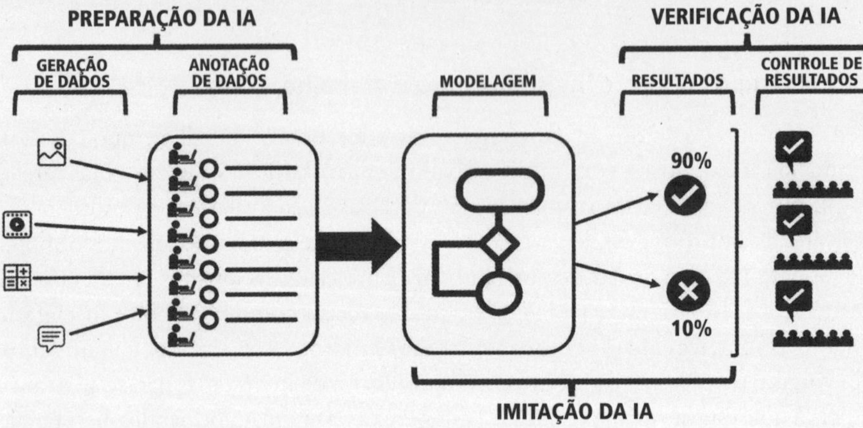

dados[21]. Na indústria de reconhecimento facial, por exemplo, a preparação da IA compete a trabalhadores que, mediante plataformas digitais ou redes especializadas de terceirização, realizam manualmente microtarefas de geração de dados, identificação de padrões de reconhecimento, classificação de expressões faciais e rotulagem de diferentes partes anatômicas do rosto (nariz, boca, olhos etc.)[22].

Mesmo após os processos de geração e anotação de dados, os parâmetros técnicos da produção da IA precisam ser continuamente aperfeiçoados, sobretudo para correção de eventuais falhas e para garantir maior acurácia técnica dos resultados dos algoritmos de aprendizagem. E aqui nos remetemos à função de verificação dos resultados da IA. Em plataformas digitais como Appen e Clickworker, microtarefas de verificação são recorrentes e envolvem, por exemplo, ouvir áudios e verificar se a transcrição automática gerada pelo assistente virtual está correta ou não[23]. Nesse cenário, Perrigo[24] revelou em reportagem publicada na revista *Time* que, visando deixar o ChatGPT menos "tóxico", a OpenAI (empresa proprietária) contou com a terceirização de quenianos, contratados por menos de dois dólares por hora, para realizarem tarefas de verificação e rotulagem de dados relacionadas a comentários violentos que descreviam detalhadamente situações de abuso sexual infantil, assassinato, incesto, zoofilia, suicídio, tortura e automutilação. A referida empresa, denominada Sama, é sediada em São Francisco e se

---

20 Idem.

21 Matheus Viana Braz, "Heteromação e microtrabalho no Brasil", cit.

22 Paola Tubaro, Antonio A. Casilli e Marion Coville, "The Trainer, the Verifier, the Imitator", cit.

23 Idem.

24 Billy Perrigo, "OpenAI Used Kenyan Workers on Less than $2 per Hour to Make ChatGPT Less Toxic". *Time*, 18 jan. 2023; disponível on-line.

especializou na terceirização de trabalhadores no Quênia, em Uganda e na Índia, para rotular dados para clientes como Microsoft, Google e Meta[25].

Em outras situações, como o desenvolvimento do aprendizado de máquina é caro e por vezes falho, trabalhadores passam a desempenhar funções que supostamente deveriam ser realizadas por máquinas. Trata-se da imitação da inteligência artificial. É o caso, por exemplo, do Google Duplex, assistente virtual voltado à realização de ligações a empresas para agendamento de reservas e confirmação de horários. Em 2019, contudo, descobriu-se que cerca de 25% das chamadas realizadas pela ferramenta eram feitas por humanos em *call centers*, os quais imitavam a IA[26].

Nessa mesma direção, Le Ludec et al.[27] relatam o caso de uma *start-up* francesa que criou uma IA centrada em visão computacional que permite que câmeras de vigilância em lojas identifiquem furtos de maneira automatizada. Ao perceber algum tipo de comportamento suspeito, os caixas ou gerentes de lojas recebem mensagens automáticas de alerta em seus celulares. Três empresas terceirizadas em Madagascar e uma na Indonésia fazem o microtrabalho de preparação de dados e verificação dos resultados da IA da companhia na França, que envolve majoritariamente assistir a vídeos de câmeras (com pessoas supostamente roubando, desembalando ou danificando produtos) e rotular comportamentos considerados suspeitos, em menos de um minuto. Os autores revelaram, todavia, que alguns vídeos a serem rotulados eram, na realidade, reproduzidos em tempo real, diretamente das câmeras de alguns clientes da *start-up*. Mais que preparação e verificação, trabalhadores imitavam a IA e cumpriam a função de seguranças remotamente[28].

Processamentos de linguagem natural (que utilizam *Large Language Models*), visão computacional, análises preditivas, sistemas autônomos, assim como toda tecnologia baseada em aprendizado de máquina, incluindo a inteligência artificial generativa, dependem vastamente do trabalho humano de preparação, verificação ou imitação da IA. A título de ilustração, segundo relatório produzido pela Cognilytica[29], estima-se que o mercado de geração e anotação de dados para IA chegará a 3,5 bilhões de dólares até o fim de 2024. Tarefas de preparação e rotulagem de dados, nesse contexto, representam cerca de 80% do tempo gasto

---

[25] James Muldoon et al., "The Poverty of Ethical AI: Impact Sourcing and AI Supply Chains", *AI & Society: Knowledge, Culture and Communication*, 2023; disponível on-line.

[26] Brian X. Chen e Cade Metz, "Google's Duplex Uses A.I. to Mimic Humans (Sometimes)", *The New York Times*, 22 maio 2019; disponível on-line.

[27] Clément Le Ludec, Maxime Cornet e Antonio A. Casilli, "The Problem with Annotation: Human Labour and Outsourcing between France and Madagascar", *Big Data & Society*, v. 10, n. 2, jul.-dez. 2023; disponível on-line.

[28] Idem.

[29] Cognilytica, *Data Engineering, Preparation, and Labeling for AI 2020: Getting Data Ready for Use in AI and Machine Learning Projects* (Relatório n. cgr-de100, Washington, Cognilytica, 2020).

na maior parte dos projetos de IA que envolvem aprendizado de máquina[30]. Evidencia-se, portanto, que esse trabalho constitui um ingrediente secreto da cadeia de suprimentos da IA. Secreto, pois ele parece ser invisibilizado, por parte dos produtores da IA globalmente, de modo que, sobretudo no Brasil, segue ainda distante da esfera pública e da agenda regulatória, tanto no âmbito da IA como no do trabalho plataformizado.

Nos últimos dez anos, esse mercado se diversificou e se expandiu de maneira heterogênea. A Amazon Mechanical Turk, primeira plataforma global de treinamentos de dados, lançada em 2005 por Jeff Bezos, parece ter perdido relevância, frente ao surgimento de novas plataformas intermediárias[31] e também devido à criação do SageMaker Ground Truth, plataforma interna que se serve de tarefas humanas para aprimorar seus modelos de aprendizado de máquina. Schmidt[32], nessa direção, discorre que a demanda de maior acurácia e complexidade das tarefas também resultou num processo de especialização das plataformas em mercados e projetos determinados.

Existem plataformas de anotações de dados focadas em microtarefas de uso geral (*general-purpose crowdwork*), nas quais as tarefas são ofertadas numa espécie de *market place* aberto, como ocorre na Neevo, Microworkers, Hive Work e Amazon Mechanical Turk. Há, também, plataformas construídas por meio de múltiplas camadas e níveis de complexidade (*specialized full-service crowd-AI stacks*), como Appen, Telus, Quadrant, Mighty AI e Scale AI. São organizadas mediante projetos específicos, nos quais os trabalhadores precisam fazer provas, para atestar habilidades e conhecimentos pré-definidos. Ao serem aprovados, após assinarem um acordo de confidencialidade (*non-disclosure agreement*), estabelece-se um contrato de tempo parcial e são direcionados para outra camada nas plataformas. Nesse plano, deve-se cumprir uma quantidade específica de horas ou tarefas por dia e a remuneração ocorre mediante um valor/hora definido pela plataforma[33].

No mundo todo, os trabalhadores dedicam em média 18,6 horas semanais a atividades remuneradas nessas plataformas, e 32% deles têm como principal fonte de renda o trabalho de anotação de dados[34]. Como o processo de distribuição e avaliação das atividades é controlado por algoritmos, os preços são definidos unilateralmente, assim como é comum que haja rejeições injustas das tarefas realizadas, de modo que os trabalhadores não recebem por trabalhos concluídos e não raro tampouco recebem justificativas dos motivos da rejeição, pois não há comunicação entre o cliente e o trabalhador. Além de culminar na perda de

---

30 Idem.

31 International Labour Organization, *World Employment and Social Outlook 2021*, cit.

32 Florian A. Schmidt, "The Planetary Stacking Order of Multilayered Crowd-AI Systems", cit.

33 Idem.

34 Janine Berg et al., *Digital Labour Platforms and the Future of Work: towards Decent Work in the On-line World* (Genebra, International Labour Organization, 2018).

rendimentos, as reprovações reduzem suas classificações nas plataformas, o que limita suas possibilidades de terem acesso a melhores projetos[35].

Ainda que os modelos de negócios tenham se diversificado nos últimos anos, as diferenças de remuneração e condições de trabalho desses mercados evidenciam a criação de canais mundiais de deslocamento da força de trabalho, em que atividades mal pagas e invisibilizadas refletem assimetrias e tensões históricas entre o Norte Global e o Sul Global. Em países desenvolvidos, a média de rendimentos por hora é de 4 dólares, contra 2,10 dólares em países em desenvolvimento. Ademais, em estudo conduzido pela Organização Internacional do Trabalho[36], que abarcou cinco plataformas em 75 países, constatou-se que o rendimento médio por hora dos trabalhadores nessas plataformas é de 4,70 dólares na América do Norte, 3 dólares na Europa e na Ásia Central, 2,22 dólares na Ásia Pacífico e 1,33 dólar na África. Descortina-se, nesse contexto, uma série de desigualdades digitais, intensificadas pela pandemia de covid-19[37] e relacionadas a marcadores de raça[38], gênero[39], classe, educação[40] e território[41].

No Brasil, Viana Braz[42] observou que o trabalho de anotação e rotulagem de dados se insere num ecossistema mais amplo, de plataformas de microtrabalho que se difundem por meio da promessa de renda extra on-line, de maneira supostamente fácil e rápida. Esse mercado abarca também plataformas de fazendas de cliques (*click farms*), voltadas ao mercado de compra e venda de seguidores, curtidas, comentários e inscritos em mídias sociais como Instagram, Facebook, YouTube, TikTok, Kwai e Spotify[43]. Carece na literatura, no entanto, uma caracterização desses trabalhadores que compreenda as nuances e as particularidades presentes em território nacional.

---

35 International Labour Organization, *World Employment and Social Outlook 2021*, cit.

36 Janine Berg et al., *Digital Labour Platforms and the Future of Work*, cit.

37 Laura Robinson et al., "Digital Inequalities 2.0: Legacy Inequalities in the Information Age", *First Monday*, v. 25, n. 7, 6 jul. 2020; disponível on-line; idem, "Digital Inequalities 3.0: Emergent Inequalities in the Information Age", *First Monday*, v. 25, n. 7, 6 jul. 2020; disponível on-line.

38 Niels Van Doorn, "Platform Labor: on the Gendered and Racialized Exploitation of Low-Income Service Work in the 'on-Demand' Economy", *Information, Communication & Society*, v. 20, n. 6, 2017, p. 898-914; disponível on-line.

39 Paola Tubaro et al., "Hidden Inequalities: The Gendered Labour of Women on Micro-Tasking Platforms", *Internet Policy Review*, v. 11, n. 1, 2022, p. 1-26; disponível on-line; Mayo Fuster Morell, "The Gender of the Platform Economy", *Internet Policy Review*, v. 11, n. 1, 2022, p. 1-27; disponível on-line.

40 Paola Tubaro, "Learners in the Loop: Hidden Human Skills in Machine Intelligence", *Sociología del Lavoro*, v. 163, n. 1, 2022, p.110-29.

41 Fabian Braesemann et al., "The Global Polarisation of Remote Work". *Plos One*, São Francisco, v. 17, n. 10, 20 out. 2022; disponível on-line.

42 Matheus Viana Braz, "Heteromação e microtrabalho no Brasil", cit.

43 Idem; Rafael Grohmann et al., "Click Farm Platforms: An Updating of Informal Work in Brazil and Colombia", *Work Organisation, Labour & Globalisation*, v. 16, n. 2, 2022, p. 7-20.

Quem são os trabalhadores brasileiros por trás da inteligência artificial?

Os trabalhadores brasileiros são em sua maioria jovens, com idade entre 18 e 35 anos (70,6%), mulheres (63,9%) e casados, vivem com parceiros ou possuem união estável (60,8%). Os três estados brasileiros com maior presença de trabalhadores foram São Paulo (28,8%), Rio de Janeiro (12,6%) e Minas Gerais (9,7%). As taxas de escolarização observadas foram maiores que as médias da população brasileira. Chama atenção que, enquanto cerca de 20% da população brasileira acima de 25 anos possui ao menos ensino superior completo[44], esse montante é de 49,5% na referida amostra, níveis estes correspondentes à média (47,4%) encontrada entre os países da Organização para a Cooperação e Desenvolvimento Econômico[45].

Tal como constatado nos estudos de Moreschi e de Grohmann e Araújo[46], parece ser comum a utilização de múltiplas plataformas, inclusive concomitantemente. Parte significativa dos trabalhadores da Microworkers (n=342/477) declarou já ter trabalhado em outras plataformas. Dentre as mais utilizadas, destacam-se Clickworker (48,6%), Appen (37,5%) OneForma (28,1%), Picoworkers (24,5%), UHRS (14,9%) e Telus (13,1%). Além disso, mais de 50% dos trabalhadores relataram já ter realizado atividades relacionadas a vendas on-line, jogos de azar ou apostas esportivas on-line, o que confirma que o trabalho de anotação de dados para IA está inserido em um ecossistema amplo, direcionado à obtenção de renda extra na internet. Diante do aumento da precarização do trabalho, em um país no qual cerca de 40% da força de trabalho (38 milhões de pessoas) está na informalidade[47], o trabalho plataformizado parece ter emergido como mais uma alternativa de renda, sobretudo para jovens, substancialmente qualificados, porém que não encontram no mercado formal de empregos condições suficientes para se sustentarem.

Necessidade de dinheiro, flexibilidade de horários e preferência por trabalhar em casa são as principais motivações que levam os trabalhadores a realizarem microtarefas. Em consonância com o estudo de Berg et al.[48], 33,5% dos participantes têm como única fonte de renda as plataformas, porém os rendimentos constatados foram expressivamente inferiores. Em média, os brasileiros recebem 1,80 dólar por hora (valor análogo aos pagamentos feitos aos quenianos,

---

[44] Instituto Brasileiro de Geografia e Estatística, *PNAD Contínua: Pesquisa Nacional por Amostra de Domicílios Contínua*, quarto trimestre de 2022.

[45] Organization for Economic Cooperation and Development, *Education at a Glance 2023: OECD Indicators* (Paris, OECD, 2023); disponível on-line.

[46] Bruno Moreschi, Gabriel Pereira e Fabio G. Cozman, "The Brazilian Workers in Amazon Mechanical Turk", cit.; Rafael Grohmann e William Fernandes Araújo, "Beyond Mechanical Turk", cit.

[47] Instituto Brasileiro de Geografia e Estatística, *PNAD Contínua: Pesquisa Nacional por Amostra de Domicílios Contínua*, segundo trimestre de 2023.

[48] Janine Berg et al., *Digital Labour Platforms and the Future of Work*, cit.

subcontratados pela OpenAI), o que corresponde a menos de dez reais por hora. Trata-se de trabalhadores que dedicam cerca de quinze horas e trinta minutos semanais à realização de microtarefas, para receberem, em contrapartida, em média 582,71 reais mensais.

Contando com todas as suas fontes de renda (incluindo a rotulagem de dados), 1.866 reais é o rendimento médio mensal dos trabalhadores, o equivalente a menos de 1,5 salário mínimo em 2024.

Ao nos aprofundarmos nos dados coletados, as características da informalização do trabalho nessa população ficam ainda mais evidentes. Por exemplo, 66% dos trabalhadores contam com uma quantidade mínima de dinheiro a ser obtida nas plataformas para o pagamento de suas contas. Mais ainda, 49,8% tiveram pelo menos dois trabalhos informais e 68,9% ao menos três empregos formais ao longo da vida. Entre os participantes que estavam contratados formalmente em alguma outra organização (para além das plataformas), 40,5% trabalhavam em tempo parcial, enquanto na média global esse percentual é de 33%[49]. Dentre eles, 72% atuavam em ocupações que exigiam alta qualificação. Esse valor se distingue das taxas de 65% nos países da América Latina e Caribe, 61% na região da Ásia-Pacífico, 59% na Europa e Ásia Central e menos de 20% na América do Norte[50].

Contrasta com a literatura[51] o fato de que a maior parte dos participantes (63,9%) são mulheres, o que parece ser uma particularidade do Brasil em relação a outros países, onde comumente a maioria dos trabalhadores são homens. Contudo, em consonância com os estudos feitos pela Organização Internacional do Trabalho[52], em âmbito global os rendimentos das mulheres são ligeiramente superiores aos dos homens, em parte porque elas entram nas plataformas com mais frequência e realizam microtarefas em horários mais bem remunerados. A título de elucidação, no Brasil, 67,9% das mulheres e 55,8% dos homens fazem *login* pelo menos uma vez por dia para procurar novas tarefas remuneradas nas plataformas. Enquanto a maior proporção de homens (43,6%) trabalha nessas plataformas fora do horário comercial (das 18h às 22h), 54,8% das mulheres trabalham habitualmente entre as 14h e as 18h. Nossos resultados confirmam os principais achados do estudo de Tubaro et al.[53], o qual sugere que as mulheres tendem a entrar nas plataformas por períodos mais curtos e com maior frequência do que os homens. Isso indica que o tempo livre dessas mulheres parece ser cada vez mais direcionado para a realização de microtarefas.

Ainda no âmbito das assimetrias de gênero em território nacional, entre os participantes desempregados, 73,7% são mulheres. Além disso, 38,7% das mulheres

---

[49] Idem.

[50] Idem.

[51] Idem; International Labour Organization, *World Employment and Social Outlook 2021*, cit.

[52] Idem.

[53] Paola Tubaro et al., "Hidden inequalities", cit.

dependem exclusivamente de plataformas para obter rendimentos, em comparação com 24,1% dos homens. Enquanto 55,2% dos homens são assalariados, somente 41,3% das mulheres possuem empregos formais. No que diz respeito ao tempo dedicado a tarefas domésticas (como fazer compras, limpar, cuidar dos filhos, cozinhar etc.), as mulheres e os homens relatam gastar em média, respectivamente, 13 horas e 48 minutos e 8 horas e 37 minutos por semana, o que corresponde a uma diferença de 37,5%.

Além disso, 62,6% das mulheres são mães ou tutoras legais de um ou mais filhos, em comparação com 45,3% dos homens. Em termos de apoio financeiro, 62,3% das mulheres e 39,5% dos homens dependem dos seus parceiros para sustentar suas famílias. Por fim, 53,5% dos homens são os principais provedores de seus lares, enquanto para as mulheres esse percentual cai praticamente para a metade (26,9%). Em resumo, constatamos que as plataformas não oferecem uma alternativa sólida e estável de rentabilidade aos trabalhadores. Em especial, encerram-se as mulheres em um círculo insidioso, pois o trabalho de rotulagem de dados se soma a outros trabalhos invisíveis feitos dentro de suas casas, ao mesmo tempo que não garante a elas autonomia financeira.

Observamos também que o trabalho de rotulagem de dados se opera mediante uma estratégia de dispersão por parte das plataformas[54], que não permitem aos trabalhadores entrar em contato uns com os outros. Com efeito, 69,6% dos trabalhadores brasileiros não conhecem mais ninguém que trabalhe nas plataformas. Apenas 22,2% da amostra relatou participar em fóruns ou comunidades de discussão on-line sobre o microtrabalho. Entre elas, as plataformas mais populares são WhatsApp e Telegram (53,2% e 15,3%, respectivamente). Dentre esses trabalhadores, 45,4% alegam que fazem parte desses grupos para conversar com outras pessoas que trabalham on-line. Compartilhar informações sobre tarefas criticadas por outros trabalhadores, queixar-se das plataformas e se atualizar sobre tarefas disponíveis são outras motivações para participar de tais espaços.

É revelador, nesse cenário, que as principais queixas dos trabalhadores abrangem a instabilidade financeira, a falta de transparência algorítmica e, em especial, o cansaço e a falta de interação entre eles[55]. Eles mencionaram, ademais, que as "piores tarefas" seriam aquelas relacionadas à moderação de conteúdos violentos e pornográficos nas mídias sociais. Há também aquelas caracterizadas como "estranhas", que também entrariam nesse rol. Helena, 54 anos, por exemplo, nos relatou que trabalhara em um projeto voltado à geração de dados de "robôs aspiradores de pó", de modo a treinar uma IA que fosse capaz de identificar fezes de cachorros e evitar que o aparelho passasse por cima delas. As microtarefas consistiam em

---

[54] Matheus Viana Braz, Thiago Casemiro Mendes e Yasmin Alexandre Ferreira, "Ideologia gerencialista e plataformas de treinamento de dados para Inteligência Artificial (IA)", cit.

[55] Idem.

tirar "fotos de cocôs" de tais animais em variados ambientes domésticos. Alguns centavos de dólares eram pagos para cada foto enviada. A trabalhadora nos relatou que passara dois dias movendo as fezes de seu cachorro e chegou a tirar mais de 250 fotos em diferentes locais de sua residência.

Quando se trata de moderar conteúdos violentos e pornográficos nas redes sociais, os trabalhadores manifestaram preocupações com o custo psicológico de tais atividades e com a falta de apoio que recebem das plataformas. Revolta, incômodo, impotência e tristeza foram alguns dos sentimentos relatados pelos trabalhadores nessas tarefas[56], conforme ilustrado nos relatos de Lucas e Pedro:

> Eu trabalhava em um projeto do Facebook, tinha que verificar o anúncio, pra avaliar se tinha sangue, violência, abuso, se continha arma. Muitas vezes, peguei anúncio pesado. [...] Você precisa ter um psicológico forte pra trabalhar nisso. Você tinha que fazer tudo dentro de uma hora. Eles só te pagam o valor referente à hora. Eles falam que se você for ver e não conseguir terminar nem começa. Precisava de ter um apoio psicológico, um amparo. Uma mulher que conheci teve que fazer tratamento. É preciso tentar minimizar o impacto dos trabalhadores que ficam assistindo a mortes, pra tirar a imagem da cabeça da pessoa, porque ninguém consegue acostumar com isso. (Lucas, 23 anos.)
>
> Não dá para se sentir bem com isso, né? A gente sente nojo do ser humano, infelizmente! Pensar que esse tipo de ação vem de uma espécie como a sua; é horrível você ver como o ser humano é capaz de fazer esse tipo de coisa. (Pedro, 54 anos.)

Embora essas tarefas suscitem angústia e sentimentos ansiogênicos aos trabalhadores, as plataformas parecem se eximir dos riscos psicossociais concernentes a tais atividades. Conforme destacado em estudo anterior[57], no acordo de confidencialidade da OneForma, por exemplo, precisamente no item 5, nomeado "Isenção de conteúdo adulto" (*adult contents waiver*), consta o seguinte: "O contratado está ciente da possível existência de conteúdos adultos em materiais transmitidos como parte dos trabalhos nos projetos através do website e, consequentemente, aceita a mencionada possibilidade, renunciando a todas as reclamações decorrentes desse fato"[58] (tradução nossa). Igualmente, no acordo de participação da Amazon Mechanical Turk, precisamente no item 2, a plataforma é enfática ao destacar que "não somos responsáveis pelas ações de nenhum Requisitante ou Trabalhador [...]. Seu uso do site ocorre por sua conta e risco"[59].

---

56 Idem.

57 Idem.

58 No original: "Contractor is aware of the possible existence of adult contents in materials transmitted as part of work projects through the web site and, as a result of this, accepts the mentioned possibility, waiving all claims arising from this fact".

59 No original: "We are not responsible for the actions of any Requester or Worker [...]. Your use of the site is at your own risk".

Roberts[60] chama atenção para o fato de que não há estudos longitudinais suficientes na literatura acerca dos efeitos do trabalho de moderação de conteúdos na saúde mental dos trabalhadores. Nosso estudo não oferece dados conclusivos a esse respeito, contudo constatamos uma falta de amparo psicológico e espaços de apoio para que esses trabalhadores expressem seus sofrimentos. Na prática, as estratégias encontradas para preservação de saúde são notadamente individualizadas[61].

Os processos de gerenciamento e controle algorítmico sobre o trabalho tampouco são claros. Os trabalhadores se queixam sobre a nebulosidade das políticas de desligamentos (e bloqueio) e dos critérios de admissão em projetos, assim como de aprovação e rejeição das tarefas nas plataformas. Cláudia, 38 anos, por exemplo, que dedicava horas do seu dia à rotulagem de dados, nos contou sobre sua experiência ao ser desligada repentinamente de um projeto em uma plataforma:

> Depois que eu fui demitida [da plataforma], tive uma crise bem horrível, aí tive que procurar o psiquiatra e ele me medicou. [...] É revoltante, dói bastante, de repente você fica sem o seu trabalho e em meio a uma pandemia. Eu mandei vários e-mails quando fui demitida, mas não recebi nenhuma resposta. [...] Teve uma época que estava sem *task* para fazer, a não ser que você acordasse três ou quatro horas da manhã para fazer. Tenho uma conhecida que fez isso e ela ficou muito doente. Mas, assim mesmo, tem muita gente que faz, agora vai entrar abril e maio, quem acordar às três é que vai conseguir trabalhar. (Cláudia, 38 anos.)

Nessa direção, as ofertas de tarefas nas plataformas são imprevisíveis e frequentemente não são claras as formas como são distribuídas. Como a maior parte das empresas estão sediadas no Norte Global[62], os trabalhadores queixam-se de que a reposição de tarefas costuma ocorrer de acordo com os fusos horários dos clientes-sede, o que coloca os brasileiros em desvantagem na realização de tarefas em projetos globais. Uma das alternativas para contornar essa desvantagem é passar a trabalhar no período da madrugada nos momentos em que ocorre a reposição. Isso explica, provavelmente, porque 27,9% dos participantes trabalham nas plataformas entre 22 horas e uma hora da manhã, e 9,4% entre uma hora e cinco horas da manhã.

A partir da sociodemografia traçada, nossos dados permitem afirmar categoricamente que tais plataformas não oferecem uma alternativa sustentável e segura de renda para esses trabalhadores. Em resumo, trata-se de pessoas jovens com rendimento médio mensal inferior a 1,5 salário mínimo e um histórico pregresso de trabalho na informalidade. Com níveis de escolaridade superiores aos da população geral, passam a conhecer esse mercado em mídias sociais como Instagram,

---

60 Sarah T. Roberts, *Behind the Screen: Content Moderation in the Shadows of Social Media* (New Haven/Londres, Yale University Press, 2019).

61 Matheus Viana Braz, Thiago Casemiro Mendes e Yasmin Alexandre Ferreira, "Ideologia gerencialista e plataformas de treinamento de dados para Inteligência Artificial (IA)", cit.

62 Uma relação completa das plataformas utilizadas no Brasil pode ser acessada em: Matheus Viana Braz, "Heteromação e microtrabalho no Brasil", cit., p. 134-72, 2021.

YouTube, TikTok etc., ou mediante buscas de renda on-line no Google. As plataformas difundem o trabalho de rotulagem e treinamento de dados com base em um discurso que promete autonomia, flexibilidade e liberdade. Na realidade, contudo, a distribuição das tarefas, critérios de admissão, de aprovação e rejeição são assimétricas e nebulosas. No Brasil, os níveis de remuneração são correlatos àqueles recebidos por trabalhadores em países da África e da Ásia Pacífico, o que indica a manutenção de um padrão histórico de exploração de países do Norte Global sobre países do Sul Global. Chama atenção, ainda, a aguda desigualdade relacionada ao marcador de gênero em território nacional. O microtrabalho parece constituir mais um trabalho invisível que se soma à jornada de mulheres brasileiras, sobretudo aquelas que são mães.

Considerações finais

A IA gera tanto entusiasmo quanto desilusão, com promessas que muitas vezes não são cumpridas. Por isso, não é de surpreender que o trabalho humano, que constitui seu componente fundamental, também esteja sujeito a essas mesmas decepções. Na prática, para os trabalhadores, as promessas de desenvolvimento econômico e social, engendradas na origem da proposição do conceito de microtrabalho, não se materializaram. Não só as remunerações são baixas e assimétricas, mas, acima de tudo, as condições de trabalho são duras e penosas. A disponibilidade substancialmente variável de tarefas faz com que os trabalhadores migrem a todo tempo de uma plataforma para outra, o que resulta em mais tempo de trabalho não remunerado (dispendido na busca por novas tarefas e projetos e na realização de provas de admissão). Diferenças de fuso horário com os clientes estrangeiros, majoritariamente localizados no Norte Global, forçam parte significativa dos trabalhadores a ficarem na frente de seus computadores durante a noite ou na madrugada. Trabalham em suas casas, sem encontrar clientes ou colegas. Ficam dispersos e desorganizados (com exceção de uma minoria de trabalhadores que interagem em grupos on-line), as plataformas os isolam e se desresponsabilizam por quaisquer danos físicos ou psicológicos provenientes de suas atividades. Como vimos, sobretudo quando se trata de moderação de conteúdos violentos e pornográficos, a situação se agrava ainda mais. Todavia, é notadamente porque outras pessoas não aceitam trabalhar nessas condições que as microtarefas são deixadas para grupos relativamente desfavorecidos: mães, desempregados, trabalhadores jovens com contratos precários ou que trabalham nas franjas da informalidade. Carentes de proteções sociais e trabalhistas sólidas, encontram nas plataformas uma oportunidade residual de renda. Ao mesmo tempo que fazem um trabalho central à cadeia produtiva da IA, esses trabalhadores são colocados na invisibilidade pelas plataformas.

Embora o prefixo *micro* tenha sido comumente utilizado para se referir a esse trabalho, constatamos que importantes habilidades linguísticas, culturais e de informática são mobilizadas para a realização das tarefas. É preciso saber como pesquisar, classificar e avaliar as informações on-line; comunicar-se em inglês ou, pelo menos, saber utilizar os *plug-ins* de tradução automática; comparar tarefas e plataformas para selecionar as mais rentáveis; escolher um método de pagamento calculando os encargos bancários e as mudanças das taxas de câmbio etc. Há também um processo de aprendizado gradual, desenvolvido ao longo do tempo, que não só faz com que os trabalhadores trabalhem mais rápido, como lhes garante acesso a uma ampla gama de tarefas direcionadas para aqueles mais qualificados. Mas essas competências e habilidades não são reconhecidas. Ao contrário, o termo *microtrabalho* parece ter adquirido outra acepção, na qual se enfatiza a natureza mínima das tarefas, que supostamente seriam simples e curtas, de modo que não exigiriam qualificações. Aparentemente inexistente, a experiência adquirida com o microtrabalho nas plataformas não é, portanto, transferível de uma plataforma para outra e tampouco pode ser incluída em um currículo. Logo, não é de se surpreender que essa atividade pouco conhecida e desvalorizada não garanta, até o momento, acesso a melhores condições de trabalho.

Estamos diante de um trabalho que cumpre papel essencial no desenvolvimento da IA, ao mesmo tempo que a inteligência humana empregada nesse processo é desvalorizada. Nesse cenário, amplia-se a disparidade entre grupos sociais mais favorecidos (como engenheiros e profissionais de tecnologia de alto valor agregado que desenvolvem a IA e que esperam colher dela benefícios) e o proletariado da economia de plataforma, cujo tempo e habilidades são colocados a serviço da IA, sem que seu papel e contribuição sejam reconhecidos. Em escala global, há também uma assimetria cada vez maior entre os países produtores da IA, majoritariamente localizados em países do Norte Global (bem como em alguns países em desenvolvimento, como China e Índia), de onde vem a maior parte da demanda por microtrabalho, e os países do Sul Global, onde a oferta tem aumentado exponencialmente.

Ao mapear a sociodemografia e as condições concretas da força de trabalho por trás da IA no Brasil, endossamos um movimento mais amplo, de superação do atual estado de invisibilização. Abrimos caminhos para pesquisas futuras que objetivem caracterizar com ainda mais profundidade essa nova forma de trabalho, analisando suas mudanças, inerentes à dinâmica da globalização e, idealmente, identificando alavancas para ação e transformação.

8
Impacto da inteligência artificial no emprego
O caso português[1]

Marta Candeias
António Brandão Moniz

Introdução

O debate em torno da relação entre inteligência artificial (IA) e o trabalho é muito recente em Portugal. Desde os anos 1980, vários estudos foram realizados em Portugal sobre a relação entre emprego e automação na indústria e, desde então, a investigação tem sido aplicada a casos em que a relação entre tecnologia e trabalho é analisada a nível micro. No entanto, não existem muitos estudos sobre essa relação em setores ou regiões, ou em grupos profissionais. A investigação empírica de caráter macro (sobre o impacto em âmbito nacional ou no espectro do mercado de emprego) também é escassa.

A abordagem a nível sociológico ficou quase exclusivamente limitada ao plano da análise das relações laborais, e a abordagem a nível econômico, sobretudo da economia dos mercados de trabalho, é quase inexistente em Portugal. Assim, apesar de a tradição de investigação sobre a relação entre tecnologia e emprego ser importante a nível internacional, em Portugal foi e é ainda muito limitada.

Considerando esse contexto, a dificuldade pode ser acrescida porque o desenvolvimento da tecnologia em ambientes de trabalho evoluiu muito nas últimas décadas. Não apenas assistimos a uma difusão de tecnologias de automação da produção (robótica, controle numérico, sistemas móveis etc.), mas essas tecnologias passaram a deter características novas que interferem com os modelos convencionais de interação humana com máquinas. E, em particular, isso acontece

[1] Este trabalho é parcialmente financiado por fundos nacionais por meio da Fundação para a Ciência e a Tecnologia (FCT), no âmbito do projeto UIDB/04647/2020 do Centro Interdisciplinar de Ciências Sociais da Universidade Nova de Lisboa (CICS.NOVA, Portugal). Foi baseado na apresentação de uma comunicação dos autores ao XII Congresso Português de Sociologia – Sociedades Polarizadas? Desafios para a Sociologia, em Coimbra, março de 2023.

na esfera do trabalho, com claras implicações no mercado de emprego. Neste, incluímos os atuais postos de trabalho que passam a precisar desenvolver novas competências, e também aqueles novos empregos que serão criados com base em novos requisitos de qualificações.

As novas áreas de formação que consideram esses novos domínios tecnológicos são vitais. Esses novos processos requerem cenários que permitam antecipar as tendências nas áreas tecnológicas, assim como nas necessidades de qualificação, e, por conseguinte, de formação. A existência de diferentes cenários permite estabelecer uma diversidade de opções promovendo escolhas informadas, quer pelos empresários, quer pelos representantes dos trabalhadores, quer pelos agentes de política pública.

Há pouco tempo foi publicado pela Confederação Empresarial de Portugal (CIP) um estudo[2] de cenarização das mudanças tecnológicas e dos seus efeitos sobre o emprego, no qual foi utilizada a metodologia da consultora internacional McKinsey aplicada a Portugal por economistas da Nova School of Business and Economics (Nova SBE). No trabalho que apresentamos aqui foi desenvolvida outra abordagem, com maior vínculo sociológico a essa cenarização, isto é, recorrendo a metodologias específicas que considerassem as opções de caráter social, com base noutros referenciais, como Brynjolfsson e MacAfee[3], Acemoglu e Autor[4], ou também Frey e Osborne[5], sendo estes fundamentados em outros estudos de impacto sobre os mercados de trabalho ou aplicando estudos de caso e métodos participativos.

A análise do impacto das tecnologias de informação no emprego e no trabalho, na indústria, tem acontecido ao mesmo tempo que esse impacto tem sido sentido ao longo das últimas décadas. Com efeito, vários estudos foram realizados em Portugal sobre a relação entre emprego e automação na indústria já desde os anos 1980, como, por exemplo, os de Rodrigues em 1983[6]; Costa e Silva em

---

2 Nova School of Business and Economics e Confederação Empresarial de Portugal, *O futuro do trabalho em Portugal: o imperativo da requalificação*, Relatório, Nova SBE/CIP, out. 2019; disponível on-line.

3 Erik Brynjolfsson e Andrew McAfee, *The Second Machine Age: Work, Progress, and Prosperity in a Time of Brilliant Technologies* (Nova York, Norton & Company, 2014).

4 Daron Acemoglu e David Autor, "Skills, Tasks and Technologies: Implications for Employment and Earnings", em David Card e Orley Ashenfelter (orgs.), *Handbook of Labor Economics* (San Diego/Amsterdã, North-Holland, 2011, v. 4B), p. 1.043-171; disponível on-line.

5 Carl Benedikt Frey e Michael A. Osborne, "The Future of Employment: How Susceptible Are Jobs to Computerisation?", *Technological Forecasting and Social Change*, v. 114, jan. 2017, p. 254-80; disponível on-line.

6 J. J. Campos Rodrigues, "Tecnologia e inovação na indústria transformadora portuguesa. Conclusões de entrevistas junto de 100 empresas industriais", em Cisep (org.), *Evolução recente e perspectivas de transformação da economia portuguesa: conferência realizada em 27, 28 e 29 abril 1983*, v. 3: *secção IV: Tecnologia, recursos humanos e materiais; secção V: Desenvolvimento regional* (Lisboa, Cisep/ISE/UTL, 1983), p. 1.517-35.

1987[7]; Kovács em 1987[8]; Kovács e Moniz em 1987[9], 1988[10] e 1990[11]; Baptista em 1988[12]; e Teixeira em 1989[13]. Uns chamam a atenção para potenciais efeitos derivados das diferentes estratégias de automação de processos produtivos (em particular, Kovács e Moniz), e outros abordam mais o tema do ponto de vista da emergência de novos processos de inovação econômica (como Rodrigues, ou Costa e Silva, entre outros). Finalmente, outros ainda chamam a atenção para as novas necessidades de organização e formação profissional decorrentes desse impacto (como é o caso de Baptista e de Teixeira).

A investigação sobre a relação entre digitalização e emprego na indústria em Portugal tem sido aplicada a casos, sobretudo, a nível micro, ou seja, poucos têm sido os estudos sobre essa relação em setores ou regiões, ou em grupos profissionais, e ainda menos sobre o impacto a nível nacional ou a nível do mercado de emprego, como se refere nos artigos de Boavida e Candeias em 2021[14], e, mais recentemente, de Moniz, Candeias e Boavida em 2022[15]. Conhecem-se alguns que se concentram apenas em casos de empresas individuais.

Mais recentemente, as abordagens acerca da introdução da inteligência artificial no âmbito da indústria transformadora têm sido feitas sobretudo por consultoras internacionais (McKinsey, EY, Coopers...), enquadradas pelas políticas de promoção da Indústria 4.0. Não existem, todavia, estudos científicos, das áreas da sociologia ou da economia laboral, sobre esta mesma relação, realizados sobre a realidade portuguesa. Eventualmente, o estudo do CoLabor feito para a

---

[7] António A. Costa e João Andrade Silva, "Modernização tecnológica na indústria portuguesa", *Economia e Socialismo*, n. 71, mar. 1987, p. 19-29.

[8] Ilona Kovács, "Mudança tecnológica, organização do trabalho e relações laborais", *Revista de Ciência, Tecnologia e Sociedade*, v. 3, set.-dez. 1987, p. 45-53.

[9] Ilona Kovács e António Brandão Moniz (orgs.), *Problemas da sociologia industrial, das organizações e do trabalho em Portugal* (Lisboa, Apsiot, 1987).

[10] Idem, "Aspects sociaux de l'automation industrielle au Portugal: analyse de quelques cas", em António Custódio Gonçalves, António Teixeira Fernandes e Christian Lalive d'Epinay (orgs.), *La Sociologie et les nouveaux défis de la modernisation* (Porto, AISLF/SSFLP, 1988), p. 175-90.

[11] Ilona Kovács e António Brandão Moniz, "Trabalho e organização no sistema de produção integrada por computador", em Associação Portuguesa de Sociologia, *A sociologia e a sociedade portuguesa na viragem do século: actas do I Congresso Português de Sociologia*, v. 2 (Lisboa, Fragmentos, 1990), p. 45-61.

[12] José Baptista, "A inovação técnica leva à desqualificação e ao desemprego?", *Novos Desafios*, jan.-abr. 1988, p. 103-10.

[13] Claúdio Teixeira, "Introdução de novas tecnologias de automação industrial em PMEs: breve análise de casos", *Organizações e Trabalho*, n. 1, nov. 1989, p. 24-52.

[14] Nuno Boavida e Marta Candeias, "Recent Automation Trends in Portugal: Implications on Industrial Productivity and Employment in Automotive Sector", *Societies*, v. 11, n. 3, artigo n. 101, 2021; disponível on-line.

[15] António Brandão Moniz, Marta Candeias e Nuno Boavida, "Changes in Productivity and Labour Relations: Artificial Intelligence in the Automotive Sector in Portugal", *International Journal of Automotive Technology and Management*, v. 22, n. 2, 2022, p. 222-44; disponível on-line.

Organização Internacional do Trabalho (OIT) pode ser mencionado, embora não se enquadre como um estudo científico. Foi realizado para responder a algumas questões colocadas pela OIT acerca do futuro do trabalho no setor automotivo, e, por isso, marginalmente foca essa relação[16].

Cenários: por que são necessários?

Os cenários são uma descrição de estados futuros possíveis tendo em consideração várias características ou variáveis[17]. A construção de cenários é particularmente útil em situações nas quais é improvável que o passado e o presente sejam uma orientação para o futuro, especialmente quando se trata de situações complexas, com probabilidade elevada de alterações significativas, em que a tendência dominante não é favorável e é necessária uma análise, ou quando o horizonte temporal é relativamente longo. Portanto, os cenários podem ser importantes para situar relações possíveis entre variáveis e avaliar suas tendências de desenvolvimento, permitindo, por isso, estabelecer possibilidades de concretização com os diversos impactos conhecidos antes de ocorrerem. Sua construção permite, então, o apoio ao processo de tomada de decisão acerca de investimentos a serem realizados, ou acerca de modelos de organização que evitem os impactos mais negativos.

Assim, um cenário é uma ferramenta de análise política que descreve um possível conjunto de condições futuras. Os cenários mais úteis (para as empresas, para os decisores políticos) são aqueles que mostram as condições de variáveis importantes ao longo do tempo. Nessa abordagem, o suporte quantitativo enriquece a evolução narrativa das condições ou evolução das variáveis; as narrativas descrevem os eventos e desenvolvimentos importantes que moldam as variáveis. A este respeito, pode-se dizer que existe, até certo ponto, alguma compatibilidade com a abordagem de Charles Ragin[18] relativa aos conjuntos Fuzzy e à análise comparativa qualitativa (QCA). Contudo, a especificidade da construção de cenários é que ela se destina especificamente a conjuntos de condições futuras. Técnicas como QCA e suas extensões (até agora) não foram usadas especificamente para a construção de cenários.

No caso da relação entre a introdução da inteligência artificial e o trabalho, existe um conhecimento ainda limitado acerca de muitas variáveis centrais, e essa dificuldade pode ser acrescida porque o desenvolvimento da tecnologia em ambientes de trabalho evoluiu muito nas últimas décadas. Por exemplo, não apenas assistimos a uma difusão de tecnologias de automação da produção (robótica,

---

[16] International Labour Organization, *Charging Ahead: The Future of Work in the Portuguese Automotive Sector* (Genebra, ILO, jun. 2022); disponível on-line.

[17] Government Accountability Office, *Workforce Automation: Better Data Needed to Assess and Plan for Effects of Advanced Technologies on Jobs*, relatório GAO-19-257, Washington, mar. 2019; disponível on-line.

[18] Charles Ragin, *Fuzzy-Set Social Science* (Chicago, University Chicago Press, 2000).

controle numérico, sistemas móveis etc.), mas essas tecnologias passaram a deter características novas que interferem com os modelos convencionais de interação humana com máquinas. E, em particular, isso acontece na esfera do trabalho, com claras implicações no *mercado de emprego*. No entanto, relativamente à realidade portuguesa, não existem dados fiáveis sobre o volume de instalação dessas tecnologias. Nem em geral, nem por setor. Ainda menos se conhecem séries estatísticas fiáveis sobre o investimento nesses equipamentos.

Em simultâneo, os dados relativos às *qualificações da mão de obra* na indústria portuguesa são ainda muito limitados. A informação acerca da qualificação não corresponde ao que se entende atualmente por esse conceito. A classificação é deixada às próprias empresas, considerando sistemas de acordos coletivos setoriais já muito desatualizados. A única variável que poderia ser viável seria então a relativa ao nível educacional formal adquirido. Mas a componente "formação" ou "competência" não é integrada pelas estatísticas do Ministério do Trabalho vertidas nos "Quadros de pessoal".

O modelo da McKinsey

O modelo de impacto de IA da McKinsey Global Institute (MGI) é um modelo econômico que simula o impacto incremental de empresas que adotam tecnologias de IA e automação para fornecer estimativas pontuais do impacto da IA no Produto Interno Bruto (PIB) e no emprego. Ele divide a estimativa de impacto geral num conjunto de diferentes tipos de impacto, permitindo uma compreensão mais aprofundada das maneiras pelas quais a IA gera impacto econômico positivo e negativo. No entanto, como em qualquer simulação, o modelo é necessariamente uma simplificação da realidade e pode não capturar todos os canais pelos quais a IA pode ter impacto numa economia. Destina-se, portanto, a informar uma compreensão da dinâmica relativa e das ordens de magnitude, em vez de prever valores precisos para desenvolvimentos futuros.

Os bancos de dados proprietários usados no modelo de impacto MGI contêm informações sobre 46 países, 800 profissões, cerca de 2 mil atividades[19], e o modelo de impacto da IA usa uma ampla variedade de fontes de dados internacionais, incluindo o Serviço de Estatística da União Europeia (Eurostat), a Organização para a Cooperação e Desenvolvimento Econômico (OCDE), o Banco Mundial, o Instituto Europeu de Administração de Empresas (Insead), o Global Talent Competitiveness Index, o Joint Research Center e o Global Innovation Index.

---

19 James Manyika et al., *Jobs Lost, Jobs Gained: Workforce Transitions in a Time of Automation*, McKinsey Global Institute, dez. 2017; disponível on-line; Jaana Remes et al., *Solving the Productivity Puzzle: The Role of Demand and the Promise of Digitization*, McKinsey Global Institute, fev. 2018; disponível on-line.

Impacto no emprego, 2017-2030 (McKinsey Global Institute)

Segundo os estudos da McKinsey, até 2025 as diferenças no desenvolvimento negativo de emprego em tempo integral (ETI) entre diferentes países provavelmente serão menores. Para a União Europeia, as perdas de ETI podem chegar a 4,6% no total. Nos cinco anos que antecedem 2030, os principais candidatos podem experimentar uma rápida recuperação do ETI à medida que começam a aproveitar os ganhos dos seus investimentos na adoção da IA: é provável que surjam novos empregos nos setores que aumentaram sua competitividade por meio da adoção da IA. Além disso, a IA pode criar empregos adicionais nos novos modelos de negócios digitais e novas funções, como as funções de desenvolvedor e tradutor que já surgiram nos nichos da indústria de hoje. Assim, eles podem acabar com um impacto ligeiramente negativo de apenas 1,3% durante todo o período de 2017 a 2030. Os adotantes intermediários podem experimentar um padrão semelhante, no entanto com recuperação posterior. Assim, o impacto geral pode ser mais negativo (2,5%) até 2030. Os adotantes tardios da IA provavelmente perderão os efeitos positivos em relação aos ETIs e poderão acabar perdendo 5,4% dos ETIs[20].

A MGI avaliou o impacto potencial da automação e da IA no emprego com base em dados de 46 países, 800 profissões (empregos), 2 mil atividades de trabalho e 18 capacidades de desempenho. Seguindo um método informado por investigação acadêmica e por especialistas (por exemplo, da academia e da indústria), o potencial de automação técnica nessas 18 dimensões de capacidade de desempenho foi determinado para cada atividade de trabalho por meio de algoritmos de aprendizado de máquina e posteriormente traduzido de volta para empregos, setores e países.

Essa abordagem resultou na descoberta de que apenas menos de 5% das profissões consistem totalmente em atividades automatizáveis. No entanto, em cerca de 60% das profissões, pelo menos 30% das atividades são automatizáveis[21]. Isso significa que pode haver uma mudança na composição das atividades dentro dos empregos, levando à perda parcial de empregos. De acordo com o MGI, as profissões que exigem maiores habilidades cognitivas, sociais/emocionais e tecnológicas podem crescer, enquanto as tarefas físicas e manuais provavelmente diminuirão[22]. Do ponto de vista analítico, a perda inicial de substituição poderia ser parcialmente compensada pela criação de novos empregos e efeitos positivos de propagação de atividade econômica adicional.

---

[20] European Comission – Easme, *Artificial Intelligence – Critical Industrial Applications: Report on Foresight Scenarios*, Luxemburgo, Publications Office, 2020, p. 34-5; disponível on-line.

[21] James Manyica et al., *Jobs Lost, Jobs Gained: Workforce Transitions in a Time of Automation*, McKinsey Global Institute, dez. 2017; disponível on-line.

[22] Jacques Bughin et al., *Skill Shift: Automation and the Future of the Workforce*, McKinsey Global Institute, maio 2018; disponível on-line.

O estudo da CIP/Nova SBE

Não sendo possível prever com precisão como os diversos fatores mencionados anteriormente irão determinar a taxa de adoção de novas tecnologias na próxima década, o presente estudo analisa o impacto da automação a partir de cenários.

O cenário-base assume que metade das tarefas que têm potencial de ser automatizadas serão automatizadas até 2030. Esse cenário-base implica uma redução de 1,1 milhão de postos de trabalho. As maiores reduções de postos de trabalho em virtude da automação estão concentradas em ocupações previsíveis e físicas, processamento e recolha de dados, e nos setores da produção, comércio por grosso e a retalho, suporte administrativo e governo, e agricultura.

O que fica claro neste estudo é que, independentemente do número de postos de trabalho criados ou perdidos em termos líquidos, cerca de 700 mil trabalhadores terão de alterar sua ocupação ou adquirir novas capacidades até 2030. Esse é, fundamentalmente, o grande desafio colocado pela automação.

No gráfico 1, verifica-se que metade do tempo gasto nas atividades de trabalho existentes pode ser automatizado com a tecnologia já disponível, um valor que pode subir para 67% até 2030.

Gráfico 1 – Potencial de automação por setor.

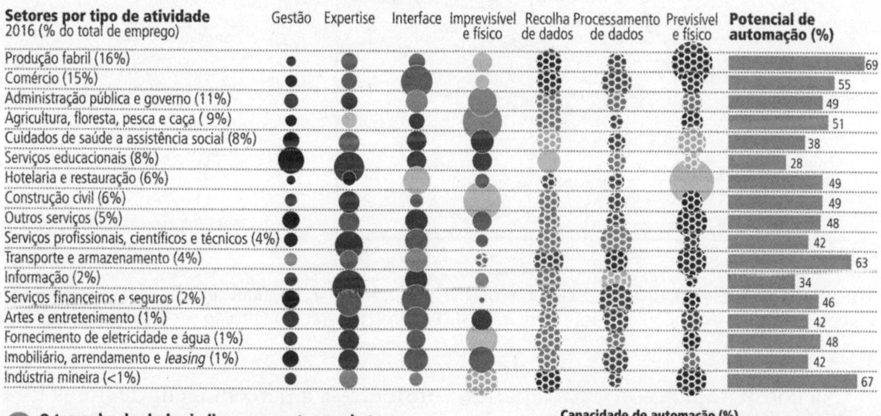

Fonte: Nova School of Business and Economics e Confederação Empresarial de Portugal, *O futuro do trabalho em Portugal*, cit., p. 15.

O estudo da Nova SBE e da CIP[23] conclui que Portugal tem um potencial de automação relativamente alto devido à elevada concentração em atividades de

[23] Nova School of Business and Economics e Confederação Empresarial de Portugal, *O futuro do trabalho em Portugal*, cit.

trabalho repetitivo em vários setores. No gráfico 1, isso é bem claro para a indústria transformadora, o setor mineiro e a logística (transportes e armazenamento no gráfico 1): um total de 69, 67 e 63% das horas de trabalho nesses setores são potencialmente automatizáveis, respectivamente.

Foram considerados dois cenários de adoção da tecnologia: o base e o alternativo.

O cenário-base – *midpoint adoption* – assume que metade das tarefas que têm potencial de ser automatizadas sê-lo-ão até 2030 (25% do total de horas trabalhadas). Num cenário alternativo – *early adoption* – assume-se que o processo de adoção é mais rápido e que o surgimento de novas tecnologias aumenta o número de atividades suscetíveis de serem automatizadas. Nesse cenário, o referido estudo prevê que é possível automatizar 50% do tempo de trabalho até 2030, de um potencial de 84% das atividades de trabalho (gráficos 2 e 3).

Gráfico 2 – Impactos ao nível de emprego segundo os cenários de adoção.

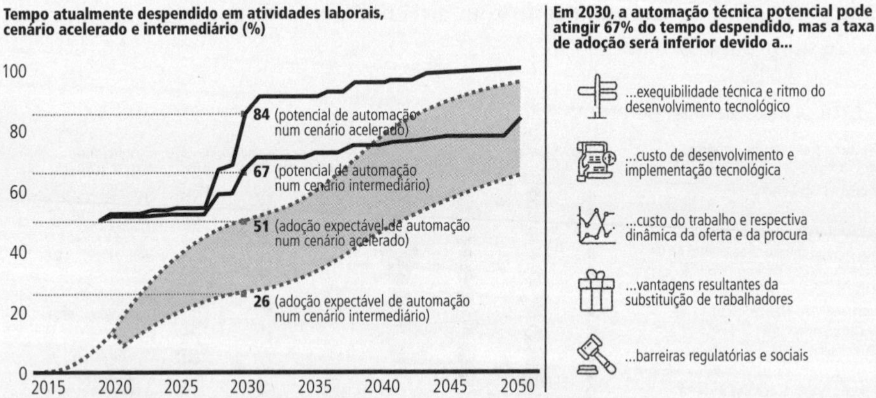

Fonte: Quadros de pessoal, ONET, BLS, Oxford Economics, McKinsey Global Institute analysis, Nova School of Business and Economics e Confederação Empresarial de Portugal, *O futuro do trabalho em Portugal*, cit., p. 16.

Na comparação com outros países, considera-se a percentagem de horas ETI que devem ser automatizadas (faixa ou cenários de automação, do mais recente para o mais antigo). Portugal encontra-se, por conseguinte, entre os países com maior probabilidade de automação com impacto no emprego, verificando-se que 50% do tempo despendido em tarefas laborais atuais é suscetível de ser automatizado recorrendo-se à tecnologia atual, podendo aumentar para 67% em 2030[24]. Além disso, 26% da automação potencial poderá ser adotada até 2030 (cenário de meio-termo de automação expectável), deslocando 1,1 milhão de trabalhadores.

[24] James Manyica et al., *Jobs Lost, Jobs Gained: Workforce Transitions in a Time of Automation*, McKinsey Global Institute, dez. 2017; disponível on-line.

Gráfico 3 – Impacto projetado no emprego total no cenário de automação de ponto intermediário (2016-2030).

Fonte: Quadros de Pessoal, ONET, BLS, Oxford Economics, análise do McKinsey Global Institute, Nova School of Business and Economics e Confederação Empresarial de Portugal, *O futuro do trabalho em Portugal*, cit., p. 18.

No entanto, de 0,6 a 1,1 milhão de novos empregos poderão também ser criados na sequência da combinação entre automação e crescimento econômico. O estudo da Nova SBE e da CIP[25] conclui que cerca de 700 mil trabalhadores (15% do total da força de trabalho) terão de alterar suas ocupações laborais atuais e adquirir novas capacidades até 2030 (gráfico 4).

Gráfico 4 – Aumento de emprego para 2030 com base no cenário intermediário da McKinsey.

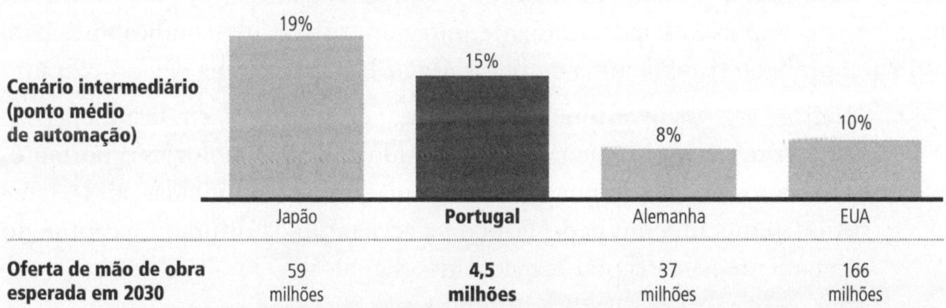

Fonte: Quadros de pessoal; MGI Automation Model, jul. 2018; James Manyica et al., *Jobs Lost, Jobs Gained*, cit., Nova School of Business and Economics e Confederação Empresarial de Portugal, *O futuro do trabalho em Portugal*, cit., p. 26.

Finalmente, 87% dos executivos seniores, a nível global, referem que suas empresas não se encontram adequadamente preparadas para suprir as lacunas de capacidades atuais.

---

[25] Nova School of Business and Economics e Confederação Empresarial de Portugal, *O futuro do trabalho em Portugal*, cit.

Aspectos críticos

Os erros frequentes que ocorrem nas previsões e a notável ausência de previsões de eventos disruptivos testemunham a crise dentro da própria metodologia de antecipação. As causas dos erros dizem sobretudo respeito à existência de dados imprecisos associados a modelos instáveis, à falta de uma abordagem global e qualitativa para explicar potenciais tendências e à necessidade que muitos têm de explicar o futuro em termos do passado, ou seja, fazendo extrapolações. O futuro deve ser estudado com vista a iluminar o presente, que é a ideia básica que inspira o pensamento futuro, ou previsão (prospectiva).

Modelos de impacto potencial

A velocidade com que as tecnologias de IA e automação se espalham pela economia determina fundamentalmente seu potencial de impacto, ou seja, quanto mais as empresas fizerem uso de IA e automação e mais rapidamente implementarem os respectivos aplicativos, maior será o impacto da IA na economia. Para refletir isso, a MGI utiliza os conceitos de adoção e absorção, que define da seguinte forma: uma empresa adota IA se investe e utiliza tecnologias de IA, e absorveu totalmente uma tecnologia se usar a tecnologia adotada para todos os fins operacionais no seu sistema de fluxo de trabalho mais amplo.

Conceitualmente, o modelo de impacto MGI AI reflete a adoção e absorção na forma de curvas de adoção e absorção. Essas curvas são estimadas no conjunto de tecnologias de IA e automação para descrever como a adoção pode evoluir até 2030. A estimativa é baseada em vários indicadores da literatura e também em inquéritos a empresas. Especificamente, integram os seguintes indicadores para estimar a probabilidade de uma empresa adotar IA e tecnologia de automação:

- *Investimento*. Os investimentos anteriores das empresas em tecnologias de IA determinam diretamente o lucro obtido com as tecnologias e, portanto, sua adoção. O investimento em tecnologias digitais habilitadas por IA também desempenha um papel crítico na aceleração da difusão e é capturado diretamente na categoria "capacidades digitais".
- *Concorrência empresarial*. A propensão de uma empresa para adotar tecnologias de IA é afetada pelo nível de concorrência no mercado ou pela parcela de rivais que decidiram adotá-las. *A priori*, o efeito da concorrência não é conhecido e depende do número de adotantes anteriores (por exemplo, vantagem do primeiro para se mover) e da estrutura do mercado. Empiricamente, em linha com a literatura sobre a difusão de ondas anteriores de tecnologia, essa variável tem um grande impacto na adoção.
- *Capacidades digitais*. A absorção de tecnologias digitais iniciais – como *web* –, tecnologias móveis e avançadas – como nuvem, *big data* e análises

avançadas – facilita a adoção da IA como um novo conjunto de recursos técnicos e complementares. Por exemplo, os algoritmos de IA dependem da identificação de relacionamentos entre dados que só podem ser descobertos com a arquitetura e a disponibilidade corretas de *big data*.

- *Características empresariais*. As dimensões da empresa (por exemplo, tamanho, presença global, localização geográfica e tipo de indústria) influenciam a probabilidade de uso de novas tecnologias. De modo geral, a literatura constata que firmas maiores e mais expostas à concorrência internacional são mais propensas a adotar novas tecnologias. Da mesma forma, a localização de uma empresa e sua classificação no setor podem afetar sua disposição para inovar, ressaltando a importância de introduzir controles adicionais para as características da empresa.
- *Complementaridades de IA*. Vários conjuntos de tecnologias de IA complementam-se e promovem a difusão. Por exemplo, na automação de processos, uma empresa da indústria transformadora pode combinar robótica avançada e visão artificial para que as máquinas montem produtos e interajam entre si.
- *Lucratividade esperada*. Expectativa de lucros mais altos melhoram o caso de negócios para IA e podem acelerar ainda mais sua adoção. O crescimento do lucro é estimado simultaneamente com a adoção da IA. Existe uma relação bidirecional entre ambos, com um grande efeito da adoção precoce da IA nos lucros e um aumento marginal da expectativa de maior lucro na IA.
- *Especificidades adicionais*. O nível de desenvolvimento da tecnologia da informação e comunicação (TIC) de um país afeta a velocidade com que as tecnologias de IA e automação são adotadas. Assim, um conjunto de indicadores que refletem o desenvolvimento de TIC segundo o nível de país é usado para ajustar a adoção em nível de país.

Além disso, os efeitos atribuíveis a diferentes canais de impacto são indicativos da relevância de abordar domínios políticos específicos. Por exemplo, se grande parte do impacto positivo vem da inovação, pode ser útil fornecer um ambiente favorável à inovação para as empresas garantirem que esse potencial de impacto possa ser capturado. Os canais incorporam ajustes adicionais para considerar diferenças entre países em termos de características relevantes, como capital humano e educação, capacidade de inovação, potencial de automação, investimento, habilidades digitais, conectividade global, bem como mercado de trabalho e condições sociais. Os nove canais de impacto podem ser agrupados em três categorias:

- produção nacional;
- efeitos comerciais;
- efeitos colaterais na economia.

Os canais de produção domésticos estão ligados ao efeito da IA nos principais processos produtivos da economia e compreendem os seguintes canais de impacto:

- *Aumento*. Trabalhadores que contam com o apoio da tecnologia de IA em suas tarefas terão ganhos de produtividade, que contribuem positivamente para o PIB. Nesses casos, capital e trabalho complementam-se e aumentam-se entre si. Além disso, trabalhadores adicionais podem ser necessários para implementar a IA (por exemplo, para desenvolvimento de infraestrutura ou monitoração de operações), criando diretamente oportunidades de emprego.
- *Substituição*. Espera-se que as tecnologias de automação levem à substituição do trabalho por capital, principalmente para tarefas não cognitivas e repetitivas. De acordo com a MGI, embora menos de 5% dos empregos possam ser totalmente automatizados com as tecnologias atuais, é provável que uma parte considerável da força de trabalho seja deslocada. A perda resultante no PIB (por exemplo, como consequência de uma soma menor de salários e consequente consumo) pode ser compensada pela injeção de capital (adicional) na economia, o que pode ter consequências significativas em termos de mudanças nas profissões e trabalhadores individuais, mas menos em termos do PIB total. O principal e positivo efeito da substituição no PIB advém dos ganhos de produtividade do capital da IA, por exemplo, porque esse novo capital permite melhores resultados (maior produção para determinado *input*), redução de custos (menor *input* para o mesmo produto) ou uma combinação de ambos.
- *Inovação e competição*. As empresas não investem apenas em IA para aumentar a produtividade dos trabalhadores e do capital disponível (capturado nos canais de aumento e substituição), mas também para desenvolver novos produtos e serviços (potenciados pela tecnologia), bem como novos canais de distribuição e modelos de negócios. Essas inovações podem gerar receita adicional. Os ganhos de inovação do capital adicional de IA são estimados relacionando a inovação e a extensão de mercado aos ganhos de eficiência da IA utilizando a biblioteca de casos de uso. Posteriormente, eles são aumentados usando índices de nível de país específicos para inovação empresarial.

Ao mesmo tempo, pode-se esperar que o surgimento de novos produtos e serviços torne o ambiente de negócios existente mais competitivo e mude a participação de mercado dos não adotantes (e retardatários que não investem em IA o suficiente para gerar retornos tangíveis) para os líderes (empresas que absorvem totalmente a IA) à medida que os clientes substituem seus produtos ou serviços. Os seguidores na adoção de IA, ou seja, empresas que investiram em IA posteriormente, podem beneficiar-se em menor grau. Esse efeito da concorrência (com base na canibalização de produtos e serviços existentes que ocorre quando os clientes mudam para concorrentes) é deduzido do efeito bruto da inovação anteriormente citada.

A adoção de IA e automação acarreta custos diretos para as empresas. Isso inclui custos relacionados com a configuração e a integração de sistemas de IA (incluindo custos de projeto e consultoria) e com a reestruturação organizacional, bem como custos suportados pelas empresas relacionados ao deslocamento de trabalhadores, como indenizações. Além disso, as empresas incorrerão em custos para anunciar novos cargos, contratar novos trabalhadores e desenvolver as capacidades necessárias para operar aplicativos de IA, incluindo a (re)qualificação de trabalhadores para usar novas ferramentas digitais e de IA.

De acordo com o modelo para a União Europeia, até 2025, a substituição de tarefas pode causar um grande impacto negativo. Cerca de 13% dos ETIs atuais podem ser perdidos devido à adoção de IA e automação. No entanto, esse efeito de substituição pode ser (parcialmente) compensado por uma dinâmica positiva de emprego após a adoção de IA e automação. Novos empregos impulsionados pelo investimento em capital de IA podem compensar 3,6 pontos percentuais da perda de ETIs.

Um impulso positivo adicional proveniente da inovação em produtos e serviços poderia contribuir com mais 3,9 pontos percentuais. Além disso, ganhos de efeitos positivos de *spillover* de riqueza na economia (0,6 pontos percentuais) e uma maior participação nos fluxos globais devido à adoção da IA (0,3 pontos percentuais) podem aumentar ainda mais o emprego e reduzir as perdas iniciais de ETI. De forma mais geral, o emprego adicional pode surgir do nível macroeconômico, conforme anteriormente explicado.

Embora haja incerteza sobre os efeitos específicos da IA e o tipo de novos empregos criados, a história prova que mudanças transformadoras são capazes de criar novos tipos de emprego. Nove por cento dos trabalhadores americanos de 1980 a 2000 estavam empregados em profissões que não existiam dez a quinze anos antes[26]. Outras tendências específicas da União Europeia, como a aceleração do decréscimo da população em idade ativa e a continuação do decréscimo histórico do número de horas trabalhadas (por exemplo, com o aumento dos empregos a tempo parcial) podem ajudar a reduzir os efeitos adversos da tecnologia ao nível do emprego pessoal.

Cenários

Como já referido, a nossa análise do modelo quantitativo da McKinsey aplicado a Portugal (estudo da Nova SBE para a CIP[27]) identifica alguns aspectos críticos, que podem não refletir a realidade de Portugal. Dado que a inteligência artificial é uma tecnologia emergente sobre a qual existem ainda muitas incertezas

[26] Pew Research Center, *The state of American jobs: how the shifting economic landscape is reshaping work and society and affecting the way people think about the skills and training they need to get ahead* (Pew Research Center, 2016); disponível on-line.

[27] Nova School of Business and Economics e Confederação Empresarial de Portugal, *O futuro do trabalho em Portugal*, cit.

relativamente aos seus efeitos, especialmente no emprego, escolhemos o método de cenários para identificar possíveis opções futuras.

Esse método tem por base a análise qualitativa de evidências que complementam os estudos quantitativos existentes. Ele é ainda utilizado para ajudar a identificar as forças motrizes e as contingências com as quais podemos ser confrontados se e quando a adoção dessa tecnologia acontecer. Por esse motivo, é um método que permite identificar potenciais tendências e permitir uma tomada de decisão em função das opções observadas. O fato de utilizar referências quantitativas e ponderá-las com referências qualitativas permite uma avaliação mais cuidadosa das tendências possíveis e das dimensões e indicadores a serem utilizados.

Nesta seção apresentam-se a aplicação e os resultados desse método. As ferramentas de análise usadas para preparar os cenários foram: análise documental, análise secundária de dados e entrevistas com vários atores-chave relevantes (comunidade científica, fornecedores de tecnologia, empresas utilizadoras de tecnologia) sobre a perspectiva da adoção de tecnologias de IA e seus efeitos no emprego.

Análise documental

A análise documental é importante para reunir informação sobre indústria transformadora, em Portugal, e tendências externas. Para esse efeito, durante 2022 e 2023 os estudos da OIT[28], da Cotec[29], da CIP[30], dissertações de mestrado[31] e duas teses de doutorado[32], entre outros relatórios e estudos, foram analisados. Esta informação será útil para definir as condições sobre as quais os cenários serão construídos, os fatores de mudança que podem afetar as tendências e as várias categorias de atores relevantes.

---

[28] International Labour Organization, *Charging Ahead*, cit.

[29] Cotec Portugal e Roland Kupers, *Impact of Industry 4.0 on Portuguese SME's*, 2017; Cotec Portugal e KPMG, *i4.0 Scoreboard*, 2018; disponível on-line.

[30] Conselho da Indústria da CIP (Confederação Empresarial de Portugal), *O conceito de reindustrialização, Indústria 4.0 e política industrial para o século XXI: o caso português*, CIP, 2017; disponível on-line; Nova School of Business and Economics e Confederação Empresarial de Portugal, *O futuro do trabalho em Portugal*, cit.

[31] Rita Maria Viveiros Araújo, *Robotização da produção e emprego* (mestrado em economia industrial e da empresa, Braga, EEG-UMinho, 2019); Alexandra Marisa Aparício da Silva, *Impacto de soluções de Indústria 4.0 no mercado de trabalho em Portugal* (mestrado em economia, Porto, FEP, 2018); João Figueiredo Nunes Bentes de Jesus, *Industry 4.0 Impact on Employment in Portugal: A Special Look into the Metal, Automotive and Other Transport Equipment Sectors & Aerospace Related Professions* (mestrado em engenharia aeroespacial, Lisboa, IST-ULisboa, 2019).

[32] Tiago Fonseca, Francisco Lima e Sonia C. Pereira, "Job Polarization, Technological Change and Routinization", *Labour Economics*, v. 51, 2018, p. 317-39, baseado na tese de Tiago Fonseca; Marta Candeias, *Impact assessment of AI-enabled automation on the workplace and employment. The case of Portugal*, Caparica, FCT Nova, 2023; disponível on-line.

A partir da análise documental foram identificados diferentes atores relevantes, das áreas das tecnologias da automação e IA e das ciências sociais, da comunidade científica, de atores de transferência de tecnologia, fornecedores de tecnologia, utilizadores de tecnologia, associações setoriais, comissão de trabalhadores e agentes de política pública.

Diferentes dimensões (qualificações, organização do trabalho, incentivos públicos, estratégia da empresa, competências/necessidades de formação) foram identificadas, as quais, segundo a OCDE[33], podem afetar a introdução e o desempenho das tecnologias de automação e de IA influenciando o rumo que o futuro pode tomar:

- *Qualificações* – referem-se ao nível de qualificações adquiridas em contexto de trabalho para as quais não existe uma definição. Os níveis de qualificação em contexto profissional distribuem-se entre vários níveis, desde profissionais não qualificados até quadros superiores. No entanto, em Portugal, trata-se de um conceito abstrato que não tem base estatística direta, uma vez que os trabalhadores que são classificados como "semiqualificados", podem ser "qualificados" com base nos anos de experiência de atividade profissional. Além disso, o nível de formação de acesso ao nível de qualificação é também vago, não havendo uma correspondência aos níveis usados na União Europeia – por exemplo, o Centro Europeu para o Desenvolvimento da Formação Profissional (Cedefop). Porém, a experiência e os conhecimentos do trabalhador em determinada tarefa podem ser um componente importante para seu desempenho com sucesso e, em alguns casos, devido às características da tarefa (formação inexistente, variabilidade de produtos, conhecimento empírico etc.), pode ser difícil de reproduzir [34].
- *Organização do trabalho* – refere-se ao processo de trabalho (a forma como as ocupações são definidas e realizadas) e às práticas organizacionais (métodos de gestão e produção acompanhados das políticas de recursos humanos) que influenciam a concepção do posto de trabalho. No conceito de organização do trabalho estão incluídos fatores externos, tais como o ambiente econômico e legal, e fatores tecnológicos que reforçam ou promovem novas práticas organizacionais.
- *Incentivos públicos* – referem-se aos programas de apoio público para incentivar a implementação de políticas públicas e que podem contribuir para a aceleração de determinadas situações, como é o caso da Indústria 4.0 e da IA.

---

[33] OECD, "Determinants and impact of automation: An analysis of robots' adoption in OECD countries", *OECD Digital Economy Papers*, n. 277 (OECD Publishing, Paris, 2019), disponível on-line.

[34] António Brandão Moniz, Marta Candeias e Nuno Boavida, "Changes in Productivity and Labour Relations: artificial intelligence in the automotive sector in Portugal", *Int. J. Automotive Technology and Management,* v. 22, n. 2, 2022.

- *Estratégia da empresa* – refere-se ao plano a longo prazo que orienta a tomada de decisão e ajuda a concretizar os objetivos da empresa e suas metas estratégicas por meio da organização, alocação e uso dos seus recursos (financeiros, instalações, inventário, tecnológicos, humanos etc.), de forma a apoiar suas atividades econômicas.
- *Competências/necessidades de formação* – refere-se à capacidade demonstrada do uso do conhecimento, saber fazer, experiência e competências profissionais, pessoais, sociais ou metodológicas, em situações de trabalho ou estudo e no desenvolvimento pessoal e profissional. As competências não estão limitadas aos elementos cognitivos (por exemplo, uso de teoria, conceitos ou conhecimento tácito), mas também abrangem os aspectos funcionais, incluindo as competências técnicas, assim como os atributos interpessoais (por exemplo, competências organizacionais e sociais) e os valores éticos.

Análise secundária de dados estatísticos

Existem vários dados estatísticos que nos dão uma indicação sobre o contexto atual e sobre as tendências futuras. Para identificar possíveis cenários futuros fomos analisar indicadores econômicos (gráficos 5, 6 e 7) para a situação atual na indústria transformadora, em Portugal. Os mais relevantes são:

- *Investimento para a adoção das tecnologias de automação e IA* (gráfico 5) – como não existe uma medida direta para essa variável, usamos como aproximação o indicador de Formação Bruta de Capital Fixo, por representar o investimento em ativos corpóreos e incorpóreos (máquinas, equipamentos, *software* etc.).
- *Produtividade aparente do trabalho* (gráfico 6) – outro indicador que traduz a adoção e o efeito das tecnologias de automação e de IA é a produtividade aparente do trabalho, definida como a riqueza que se obtém na produção de bens ou serviços (valor acrescentado bruto – VAB) por trabalhador (emprego), e pode ser sinônimo de eficiência, quantificando o uso adequado dos recursos produtivos nas atividades da empresa e aferindo a qualidade dos produtos e o desperdício, bem como o tempo de paragem para manutenção ou avaria.
- *Emprego* (gráfico 7) – para o mesmo período, analisamos a variação do emprego, variável definida pelo número de população ativa empregada.

Analisando os gráficos 5, 6 e 7, verifica-se que existe um aumento do investimento em tecnologias de automação e IA entre 2012 e 2018, que se traduz num aumento de produtividade entre 2012 e 2017, com um ligeiro decrescimento para 2018, e num aumento do emprego entre 2013 e 2019. A partir de 2018, o investimento em automação e IA diminui até 2020, ano da crise pandêmica, a partir do qual se

Gráfico 5 – Investimento em automação e IA (em milhões de euros) na indústria transformadora, em Portugal, entre 2011 e 2021.

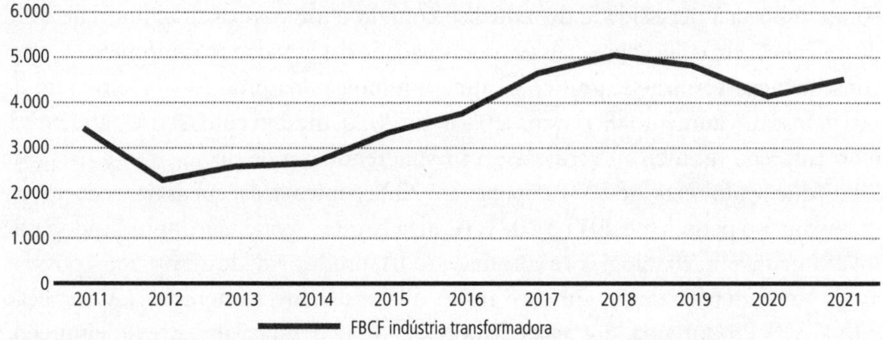

Fonte: Pordata: <https://www.pordata.pt/>.

Gráfico 6 – Produtividade aparente do trabalho (em euros), na indústria transformadora, em Portugal, entre 2011 e 2021.

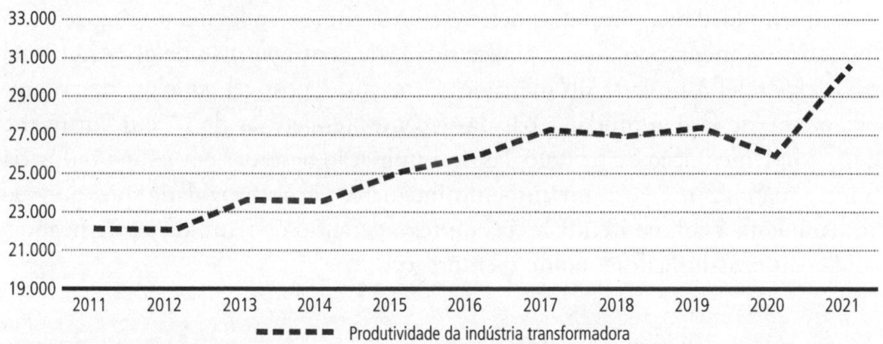

Fonte: Pordata: <https://www.pordata.pt/>.

Gráfico 7 – Variação do emprego (em milhares), na indústria transformadora, em Portugal, entre 2011 e 2022.

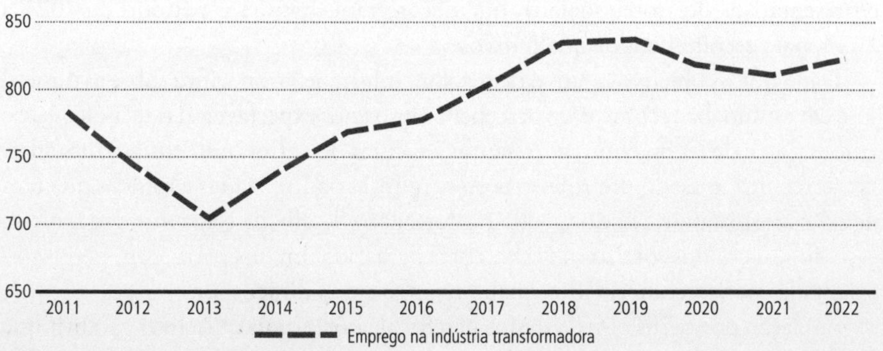

Fonte: Pordata: <https://www.pordata.pt/>.

verifica um novo aumento do investimento em tecnologias de automação e IA (gráfico 5) devido às suas características de acesso, controle remoto e maior autonomia como resposta à necessidade de reduzir o contato entre pessoas, incluindo no local de trabalho, sem colocar em causa a produtividade das atividades econômicas. Como consequência, verifica-se (gráfico 6) uma diminuição da produtividade no ano de 2019, mas um aumento da mesma a partir de 2020, mesmo com a crise pandêmica, e no emprego (gráfico 7) verifica-se a mesma tendência de decréscimo a partir de 2019, que se prolonga até 2021 e apenas em 2022 começa a dar sinais de recuperação.

Assim, no período de 2011 a 2021, verifica-se que a tendência dos indicadores de investimento em tecnologias de automação e IA, produtividade e emprego é positiva ainda que com taxas de crescimento anuais diferentes (Investimento em Automação e IA – 3%; Produtividade – 3%; e Emprego – 0,4%), especialmente no emprego.

Embora se tenha observado um crescimento dos investimentos em tecnologias de automação desde 2012, nas indústrias transformadoras, o emprego também aumentou, em linha com Acemoglu e Restrepo. Segundo esses autores, a explicação está no efeito de produtividade das tecnologias de automação que aumenta a competitividade das empresas desses setores, aumentando sua participação no mercado e aumentando, assim, a necessidade de contratar mão de obra adicional para responder à procura do mercado. Portanto, é possível concluir que o emprego está, de fato, a mudar a par das recentes tendências de IA em Portugal e que a implementação de tecnologias de automação baseadas em IA, na indústria transformadora, resulta num aumento imediato da produtividade que, por sua vez, aumenta a competitividade da empresa, gerando oportunidades de negócio adicionais e, assim, aumentando o emprego.

Análise dos dados empíricos (entrevistas)

Como complemento da análise documental e da análise realizada aos dados estatísticos, recorremos ao uso de entrevistas com diferentes categorias de atores (entidades do sistema científico e tecnológico, entidades empresariais e entidades representativas de atores sociais), que decorreram durante o período de 2021 a 2023, para recolher dados qualitativos.

Dado que os objetivos eram o de recolher informação específica sobre as dimensões em estudo, bem como o de perceber os impactos expectáveis das tecnologias de automação e de IA no emprego, usamos a técnica de entrevistas semiestruturadas. Nessa técnica, é usado um roteiro com perguntas padronizadas e tópicos que têm de ser cobertos, permitindo recolher informação detalhada e aprofundada. Nesse caso, foram criados roteiros de entrevistas para cada um dos perfis com perguntas orientadas para recolher dados qualitativos sobre as dimensões.

A seleção dos perfis entrevistados não foi aleatória, pois quisemos garantir que obteríamos testemunhos de perfis com experiência em tecnologias de automação e IA, com diferentes níveis de conhecimento sobre essas tecnologias, de diferentes setores da indústria transformadora e de líderes mundiais no caso dos fornecedores de tecnologia. A amostra reuniu um total de dezesseis entrevistas, das quais cinco de fornecedores de tecnologia, cinco de empresas utilizadoras de tecnologia de vários setores (fabricantes de automóveis, componentes para automóveis, metalomecânica, moldes, cerâmica), uma de comissão de trabalhadores, uma de associação setorial e quatro da comunidade científica.

Com base nos dados empíricos obtidos das entrevistas foi possível definir as seguintes condições orientadoras dos diferentes cenários identificados:

- o impacto da IA no emprego e nos salários é ambíguo, podendo depender fortemente do tipo de IA que está sendo desenvolvido e implementado, da forma como é desenvolvido e implementado e das condições e políticas de mercado;
- as provas empíricas baseadas nas aplicações de IA adotadas nos últimos dez anos não corroboram a ideia de um declínio do emprego e dos salários nas profissões expostas a sistemas de IA;
- embora a IA seja capaz de realizar algumas tarefas cognitivas não rotineiras, persistem algumas dificuldades na sua adoção, e muitas tarefas continuam a exigir a intervenção humana;
- as principais motivações para a adoção de sistemas assentes na IA são o aumento da competitividade – por meio do aumento da produção e da eficiência –, a redução de custos e o aumento da previsibilidade;
- a decisão de investimento baseia-se nos custos laborais, na produtividade e na qualidade dos produtos;
- efeitos que melhoram as condições de trabalho (organização do trabalho, interação homem-máquina);
- efeitos sociais (emprego, qualificação).

Cenários

Em linha com o trabalho de Acemoglu e Restrepo, foram identificados quatro cenários (gráfico 8, na próxima página): 1. Foco na substituição do trabalho humano; 2. Foco na reorganização do trabalho; 3. Foco nas pessoas; e 4. Foco na eficiência. Esses cenários podem representar futuros possíveis de acordo com o tipo de empresas e modelos seguidos em cada uma delas e conforme as condições de contexto.

O cenário "Foco na substituição do trabalho humano" traduz o que poderá acontecer a empresas com mão de obra pouco qualificada, numa tentativa de manter a competitividade da empresa com a adoção de tecnologias de automação existentes que se centram, sobretudo, na substituição de tarefas manuais, rotineiras e não cognitivas.

Gráfico 8 – Cenários exploratórios desenvolvidos em linha com o quadro de Acemoglu e Restrepo[35].

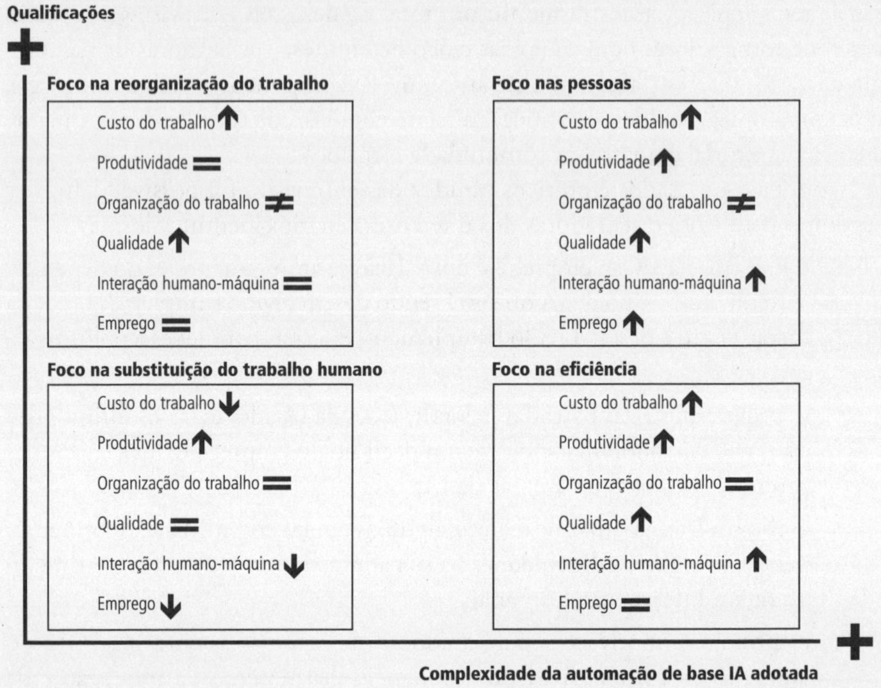

Fonte: elaborado pelos autores.

Nessa situação, não há alternativa senão aumentar a produtividade por meio da adoção de tecnologias de automação que substituam o trabalho humano, uma vez que a mão de obra não tem capacidade para acrescentar valor à competitividade da empresa.

Consequentemente, os custos laborais aumentam e, para compensar, os trabalhadores são dispensados, resultando num impacto negativo no emprego (efeito de substituição). Prevê-se que a interação homem-máquina diminua e que, com o tempo, as qualificações da mão de obra diminuam. Por conseguinte, o foco desse cenário é a substituição do trabalho humano. Esse cenário pode tornar-se um futuro possível para empresas com produtos simples, com pouca variabilidade, grandes séries, produtos normalizados, baixa qualidade e mão de obra pouco qualificada. Tipicamente, esse seria o modelo da Indústria 3.0 (automação e "taylorismo eletrônico"). O cenário "Foco na reorganização do trabalho humano" reflete o que poderá acontecer a empresas com mão de obra altamente qualificada, com elevada experiência e conhecimento da sua atividade produtiva

[35] Idem.

e com motivação para manter a competitividade da empresa com a adoção das tecnologias de automação existentes que se centram, sobretudo, na substituição de tarefas manuais, rotineiras e não cognitivas.

Nessa situação, o efeito esperado é um aumento dos custos de mão de obra, devido aos custos de adoção das tecnologias de automação, tornando-se crítica a manutenção de postos de trabalho altamente qualificados para a realização de tarefas complexas. Com o aumento dos custos laborais, a produtividade pode diminuir. Por conseguinte, para evitar essa situação, é necessário reorganizar o trabalho para tirar partido da mão de obra altamente qualificada e aumentar a qualidade dos produtos. Isso significa que a empresa deve introduzir inovações em produtos ou processos.

Com o envolvimento dos trabalhadores em tarefas mais criativas, espera-se que as condições de trabalho melhorem. Por último, e uma vez que os sistemas adotados são tecnologias de automação baseadas em IA de baixa complexidade, não se prevê que a interação homem-máquina e o emprego se alterem. Nesse cenário, o processo de produção e as características do produto não dependem da tecnologia, mas sim das aptidões e competências de todos os trabalhadores.

Por conseguinte, o foco desse cenário é colocado na reorganização do trabalho. Esse cenário pode tornar-se um futuro possível para as empresas com produtos complexos, variáveis, de pequenas séries e personalizados.

O cenário "Foco nas pessoas" enquadra as empresas com uma mão de obra altamente qualificada, com elevada experiência e conhecimento da sua atividade produtiva e com motivação para aumentar a competitividade da empresa com a adoção de sistemas de IA concebidos para valorizar o fator humano em termos de melhoria do conteúdo do trabalho, da estabilidade na relação de emprego, com o aumento da formação em sistemas de IA, e na melhoria das suas competências.

Nessa situação, os efeitos esperados são de mudanças na organização do trabalho para tirar partido da relação homem-máquina, que, por meio do potencial da IA (análise de dados, aprendizagem, previsão), deverá aumentar a produtividade e a qualidade dos produtos. A probabilidade de aumento dos custos laborais também é elevada. Isso pode acontecer por meio da tecnologia e da formação de pessoas para novas tarefas, ou de novas contratações. No entanto, os ganhos de competitividade são mais elevados, contribuindo para o aumento do emprego. É de esperar que as qualificações continuem a aumentar ao longo do tempo e que as funções sejam mais criativas. Por conseguinte, o foco desse cenário está nas pessoas. Esse cenário pode tornar-se um futuro possível para empresas com produtos complexos, de alta qualidade, grandes séries, alta variabilidade e competitivas no mercado global.

Por fim, o cenário "Foco na eficiência" representa o que poderá acontecer a empresas com mão de obra com qualificações baixas ou médias que recorram à adoção de sistemas com recurso de IA, concebidos para potenciar a eficiência e aumentar a competitividade da empresa.

Nessa situação, os efeitos esperados são a ausência de alterações na organização do trabalho e o aumento dos custos laborais e da qualidade dos produtos, contribuindo para um aumento da produtividade. Prevê-se que a interação homem-máquina aumente inicialmente e, com o tempo, diminua com a desqualificação do trabalho. Não se preveem alterações ao nível do emprego. No entanto, podem ser criadas possibilidades de "desemprego tecnológico".

Por conseguinte, esse cenário centra-se na eficiência e é típico da aplicação do modelo da Indústria 4.0. Esse cenário pode tornar-se um futuro possível para empresas com produtos complexos, de alta qualidade, grandes séries, alta variabilidade e competitivos no mercado global.

Conclusão

Em conclusão, a substituição do trabalho humano por máquinas com funções cognitivas nem sempre vai acontecer. Existem ainda limitações tecnológicas e outros cenários possíveis. Além disso, se metade de todos os empregos forem eliminados em dez anos, os conflitos sociais podem tornar-se *wild cards*, além da crise energética e a eletrificação, o que pode levar a cenários com menor adoção de sistemas tecnológicos ("Foco na substituição do trabalho humano" e "Foco na reorganização do trabalho humano"). A perspectiva determinista esquece também que a substituição pura e simples dos seres humanos por sistemas baseados em IA automáticos não é a única solução: a colaboração homem-máquina permite reduzir consideravelmente as tarefas de trabalho árduo. A estreita complementaridade entre o trabalho humano e a IA é uma opção igualmente provável.

Por último, as tendências observadas para cada cenário dependem das diferentes condições iniciais e, sobretudo, das motivações e orientações da estratégia empresarial e dos principais atores sociais em presença.

Assim, incentivos à adoção de tecnologia sem orientações para a organização do trabalho conduziriam a um cenário centrado na substituição do trabalho humano ou a um cenário centrado na eficiência. No entanto, verificamos que seria possível recorrer a políticas públicas adequadas para promover o cenário preferido e evitar o cenário mais negativo. Também é possível recorrer a incentivos financeiros que estimulem o desenvolvimento de tecnologias que considerem, desde sua concepção, sua aplicação, sua utilização e as características do grupo que vai usá-las.

Desse modo, será possível contribuir para o aumento de adoção dessas tecnologias e um impacto mais positivo para todos os envolvidos: a empresa, os trabalhadores, a economia e a sociedade. O caso da recente iniciativa proposta na reprogramação do Plano de Recuperação e Resiliência nacional (PRR), que promove a inovação organizacional e de processos em tecnologias da transformação digital, poderá vir a ser um incentivo no sentido do cenário centrado nas pessoas.

9
Visíveis e invisíveis
O trabalho de entregadores ciberproletários da Amazon[1]

Katiuscia Moreno Galhera
Neusa Maria Dal Ri
Karina Pinhão

Introdução

O Pussy Riot, um coletivo feminista *punk* e de arte, levantou uma reflexão na exposição *Velvet Terrorism*, do Museu de Arte Contemporânea de Montreal, realizada de outubro de 2023 a março de 2024[2], que tem paralelos com as novas formas de exploração do trabalho. Após serem processadas pelo Estado devido a suas manifestações, as integrantes do grupo tinham de escapar da perseguição policial. Para viabilizar a fuga, Maria Alyokhina, integrante da banda, vestiu-se de entregadora de comida. Ainda que a roupa fosse verde-brilhante, era um "disfarce perfeito – você está simultaneamente visível de qualquer lugar e invisível para todos. Entregadores constantemente se movem ao redor da cidade, vão para dentro e para fora de prédios e ninguém presta atenção"[3]. Apesar de o apartamento onde

---

[1] Uma versão prévia e mais curta foi apresentada no *workshop Contesting the Contours of Global Amazon? Comparative Worldwide Responses to Organizing and Regulatory Challenges Posed by the E-Commerce and Tech Giant* (12 e 13 de maio de 2023). Agradecemos as observações dos participantes ali presentes, em especial Scott Martin, João Paulo Veiga, Nikko Bilitiza e Patrícia Trópia. A versão finalizada da pesquisa foi apresentada no grupo "Globalização, Trabalho e Lutas Sociais", na Universidade de São Paulo. Agradecemos também as observações dos participantes ali presentes, em especial Jörg Nowak, Leonardo Gomes Mello, Ricardo Framil Filho e Gabriel Juncal. Ainda, nos beneficiamos das observações realizadas nas universidades de Loughborough e Sheffield, no Reino Unido, e dos apontamentos e questões levantadas pelas pessoas ali presentes, em especial Tamiris Santos, Ali Bilgic, Gabriella Cioce, Kirsty Newsome e Katy Fox-Hodess. Ainda que este seja um trabalho colaborativo, quaisquer erros e imprecisões desta versão final são de responsabilidade das autoras. Esta pesquisa foi possível devido à bolsa de pós-doutorado provida pela Universidade Estadual Paulista (Unesp), edital PROPe 13/2022.

[2] John Zeppetelli, "Velvet Terrorism: Pussy Riot's Russia", *Pussy Riot* (Montreal, MAC, 2023, Catálogo de exposição), p. 3-5; disponível on-line.

[3] Idem.

Maria Alyokhina estava hospedada estar cercado por policiais, ela saiu pela porta dos fundos sem ser notada.

Visíveis quando é necessária uma prestação de serviços, invisíveis enquanto portadores de direitos trabalhistas. Talvez a dicotomia visibilidade e invisibilidade nos ajude a explicar o trabalho de entregadores de mercadorias em multinacionais do *e-commerce*.

Esta pesquisa teve como objeto de estudo a ocupação de entregadores da empresa estadunidense Amazon, nos anos de 2022-2023, no Brasil. O fundador da Amazon, o multibilionário Jeff Bezos, é uma das figuras excêntricas da lista Forbes há alguns anos[4], e a *big tech* faz parte da nova modalidade de corporações transnacionais que concentram renda, reproduzem desigualdades e oferecem uma nova ameaça aos empregos devido ao desenvolvimento da inteligência artificial.

O principal objetivo desta pesquisa foi analisar as condições de trabalho e renda de trabalhadores terceirizados do setor de *e-commerce* da Amazon. Partimos da hipótese de que os empregos criados pela Amazon no setor de entrega apresentam características particulares à área em termos de degradação do trabalho, tais como: jornadas longas, pressão por produtividade, baixas remunerações e terceirização.

Os procedimentos metodológicos utilizados na investigação foram as pesquisas bibliográfica, documental e empírica. A pesquisa bibliográfica foi realizada com levantamento da literatura voltada à temática trabalhada e sobre a empresa objeto de estudo. A pesquisa documental foi realizada com levantamento e análise de documentos ligados à temática, tais como legislações, relatórios, notícias publicadas na imprensa, sites de organizações de trabalhadores e trabalhadoras, e sistematização e análise de processos trabalhistas referentes à Amazon e a empresas terceirizadas. A pesquisa empírica foi realizada por meio de aplicação de entrevistas semiestruturadas ou livres, com seis entregadores, uma liderança de associação de motoboys, treze sindicalistas[5], uma diretora de uma empresa de logística que presta serviços à Amazon, um gerente de empresa competidora da Amazon, um promotor do trabalho, nove pesquisadores e pesquisadoras, e um representante do Ministério do Trabalho e Emprego.

Trabalho invisível e trabalho informal no capitalismo

Os denominados trabalhadores invisíveis são profissionais que exercem funções sociais importantes, porém desvalorizadas. A invisibilidade desses trabalhadores e

---

[4] Rob LaFranco e Chase Peterson-Withorn, "Forbes' World's Billionaires List", *Forbes*, 2023; disponível on-line.

[5] Os sindicatos e centrais sindicais envolvidos na pesquisa foram: União Geral dos Trabalhadores (UGT), Central Única dos Trabalhadores (CUT), Sindicato dos Trabalhadores em Processamento de Dados e Tecnologia da Informação do Estado de São Paulo (Sindpb), Confederação Sindical das Américas, Sindicato dos Comerciários do Rio de Janeiro, Solidarity Center México, International Union Educational League e UNI Global Union.

dessas trabalhadoras ocorre devido ao seu pequeno poder aquisitivo, aos direitos trabalhistas precarizados e ao preconceito recorrente e entranhado na sociedade de classes. Profissionais de ambos os sexos – como garis, entregadores, ascensoristas, cobradores, faxineiros, coletores de materiais recicláveis, gandulas, dentre outros – são considerados trabalhadores e trabalhadoras invisíveis. A invisibilidade vai muito além de não serem notados, mas diz respeito também, e, principalmente, às condições econômicas e materiais nas quais estão colocados.

Fazem parte desse grupo tanto trabalhadores formais registrados como os informais, embora os invisíveis sejam predominantemente os informais. O trabalho informal não é um fenômeno novo, principalmente em países periféricos ou semiperiféricos, como o Brasil.

No trimestre até agosto de 2023, o Brasil registrou uma taxa de informalidade de 39,1% no mercado de trabalho. "Havia 38.933 milhões de trabalhadores atuando na informalidade no período, segundo os dados da Pesquisa Nacional por Amostra de Domicílios Contínua (PNAD Contínua)", levantados pelo Instituto Brasileiro de Economia e Estatística (IBGE)[6]. A partir da reforma trabalhista perpetrada pelo governo Temer, em 2017 e do consequente ataque aos direitos, verificou-se, ainda, a dissolução de vários postos de trabalho, antes protegidos.

O capital encontra-se em crise de acumulação, que se iniciou na década de 1970. Para combater a crise, as burguesias do centro revidaram com políticas neoliberais, o que levou a um aprofundamento ainda maior da crise. Na fase da acumulação flexível, o trabalho informal cumpre várias funções para o capital, atendendo às necessidades de redução dos custos da produção e, ao mesmo tempo, desobrigando os capitalistas de arcarem com os custos sociais do emprego: "[...] não será o trabalho informal o caminho encontrado pelas empresas capitalistas para redução dos custos com pessoal? Mais do que isso, não será ele um meio eficaz na extração de mais-valia absoluta?"[7]

Assim como o excedente de trabalhadores ou de trabalhadoras ou exército de reserva[8], composto de desempregados e subempregados que acompanham o desenvolvimento do capitalismo e a acumulação do capital, o trabalho informal parece avançar com eles, especialmente no atual período de mundialização neoliberal.

Os empregos e/ou ocupações fornecidos pelas *big techs* são, em sua maioria, exatamente de trabalho informal. Há uma ampla miríade de categorizações

---

[6] Daniela Amorim, "Quase 39 milhões de brasileiros estão na informalidade, aponta IBGE", *CNN Brasil*, São Paulo, 29 set. 2023; disponível on-line.

[7] Marcos Antonio Tavares Soares, *Trabalho informal: da funcionalidade à subsunção ao capital* (Vitória da Conquista, Uesb, 2008), p. 91.

[8] O exército industrial de reserva corresponde à força de trabalho que excede às necessidades da produção. Para o bom funcionamento do sistema de produção capitalista e para a acumulação de capital é necessário que parte da população ativa esteja permanentemente desempregada. Trata-se de categoria teórica desenvolvida por Karl Marx. Ver Karl Marx, *O capital: crítica da economia política*, Livro I: *O processo de produção do capital* (trad. Rubens Enderle, São Paulo, Boitempo, 2013).

e conceitualizações possíveis para explicar o trabalho nas franjas das grandes corporações transnacionais do *e-commerce*. Nosso objetivo, neste artigo, é explicá--lo e caracterizá-lo, tratando da Amazon.

A *big tech* Amazon

Big techs são corporações que atuam no mundo todo e sua história está ligada aos processos de mundialização do capital e de inovações nos ramos de tecnologia, informação e comunicação. As empresas que dominam o mercado global da tecnologia são o Google, a Apple, o Facebook, a Amazon e a Microsoft, conhecidas pelo acrônimo Gafam.

A expansão da Amazon estadunidense ocorreu na Europa Ocidental (Alemanha), na América do Norte (Canadá) e na Ásia (Índia e China), a partir de 2007, e na América Latina, a partir de 2015. Nesta última, México e Brasil são os países com *e-commerce*, ainda que a empresa possua centros de dados e operações de *telemarketing* na Argentina, na Colômbia e no Equador[9].

No Brasil, enquanto a empresa crescia velozmente devido ao *boom* do comércio digital durante a pandemia de covid-19, o desemprego e o trabalho informal ou "emprego de merda"[10] aumentavam ferozmente. Com efeito, as vendas totais da Amazon passaram de 1.493.270,66 reais, em 2019, para 3.017.900.000,00 reais, em 2020, seguindo a tendência global do *e-commerce*[11].

Flywheel é o modelo de organização no conglomerado de negócios da Amazon que procura sinergia entre produtos e serviços para aumentar escala e fatia de mercado[12]. Por exemplo, ao tornar-se membro *prime* para o consumo, um cliente acessa o serviço de *streaming*, que por sua vez é armazenado no Amazon Web Services (AWS), o serviço de nuvem da empresa. Por meio do serviço *prime*, ele acessa também o frete grátis, o que fideliza clientes. Quando ele faz *login* no site da Amazon, a empresa passa a calcular algoritmos para oferecer os produtos que ele deseja. Nesses procedimentos simples, elementos como inteligência artificial, nuvem, desenvolvimentos de *hardwares* e *softwares*, diversificação e sinergia de negócios são mobilizados, e, por isso, a Amazon não pode ser definida como uma única empresa, mas como uma rede ampla e diversa de empresas complexas e entrecruzadas.

---

9 "Amazon Web Services to Expand Presence in Mexico in 2023", *Mexico News Daily*, 26 set. 2022; disponível on-line; MWPVL International, "Amazon Global Supply Chain and Fulfillment Center Network", *MWPVL*, Montreal, 2023; disponível on-line.

10 David Graeber, *Bullshit Jobs: A Theory* (Nova York, Simon and Schuster, 2019).

11 Sociedade Brasileira de Varejo e Consumo, *Ranking 300 maiores empresas do varejo brasileiro* (5. ed., São Paulo, Lamonica, 2019); disponível on-line; idem, *Ranking 300 maiores empresas do varejo brasileiro* (7. ed., São Paulo, Lamonica, 2021); disponível on-line.

12 Margarida Silva. *Amazon's European Chokehold: Independent Sellers and the Economy under Amazon's Monopoly Power, SOMO*. Amsterdã, 2023; disponível on-line.

Visíveis e invisíveis: o trabalho de entregadores na Amazon

No jargão da indústria logística, *last mile* é compreendido como a entrega feita ao consumidor final. Literalmente, o termo significa a última milha da engenharia de movimentação de um produto. A primeira milha (*first mile*) significa que o produto sai da fábrica ou do fornecedor e vai para um armazém e a milha do meio (*middle mile*) ocorre em instalações da Amazon. Os termos têm sido apropriados criticamente por pesquisadores para descrever as condições de trabalho, renda e impactos comunitários da multinacional[13].

Enquanto fator de competitividade e fidelidade, a entrega é fundamental para empresas de *e-commerce* por estar ligada à satisfação do cliente. As entregas devem ser realizadas no menor espaço de tempo, com a menor taxa possível ou gratuitamente. Dessa forma, as *big techs* contratam empresas terceirizadas para esse serviço, mas sem perder o controle sobre a gestão do trabalho. No Brasil, para além de terceirizar a logística, a Amazon também tem um projeto embrionário de logística própria, a Amazon Logistics.

Assim como nas terceirizadas, na logística da Amazon as relações de trabalho são diversas, fragmentadas e variam de situações que vão desde a completa informalidade, como na Loggi e na Jadlog, passando por vínculos de trabalho formalizados, como os celetistas na Azul Cargo Express e servidores públicos, quando as entregas são postadas diretamente nos Correios. Há também especificações regionais: a empresa Carvalima é forte no Mato Grosso, na cidade de Dourados (MS), e as entregas pequenas são feitas com motocicletas; em Porto Alegre, as entregas são mais comumente feitas por minivans, devido à alta demanda de entrega e ao fato de que há um armazém operante no estado.

O trabalho no *last mile* da Amazon se insere, ainda que parcialmente, em um debate mais amplo sobre plataformização, uberização do trabalho e Breque dos Apps[14]. Para além do fato de que *aplicativo* é a terceira palavra de maior recorrência nos processos trabalhistas analisados, como mostra o gráfico 1, a Amazon integra

---

[13] Jake Alimahomed-Wilson, "Building Its Own Delivery Network, Amazon Puts the Squeeze on Drivers", *Labor Notes*, 17 dez. 2020; disponível on-line; Jake Alimahomed-Wilson e Ellen Reese (orgs.), *The Cost of Free Shipping: Amazon in the Global Economy* (Londres, Pluto, 2020); Mary L. Gray e Siddharth Suri, *Ghost Work: How to Stop Silicon Valley from Building a New Global Underclass* (Boston, Houghton Mifflin Harcourt, 2019).

[14] Ludmila Costhek Abílio et al., "Condições de trabalho de entregadores via plataforma digital durante a covid-19", *Revista Jurídica Trabalho e Desenvolvimento Humano*, Campinas, v. 3, 2020, p. 1-21; disponível on-line; Ludmila Costhek Abílio, Henrique Amorim e Rafael Grohmann, "Uberização e plataformização do trabalho no Brasil: conceitos, processos e formas", *Sociologias*, UFRGS, v. 23, n. 57, 2021, p. 26-56; disponível on-line; Sidnei Machado e Alexandre Pilan Zanoni (orgs.), *O trabalho controlado por plataformas digitais no Brasil: dimensões, perfis e direitos* (Curitiba, UFPR – Clínica Direito do Trabalho, 2022); Rafael Grohmann e Julice Salvagni, *Trabalho por plataformas digitais: do aprofundamento da precarização à busca por alternativas democráticas* (São Paulo, Edições Sesc, 2023).

a associação patronal que tem discutido os termos da regulação de transporte de passageiros e bens no Brasil, (Associação Brasileira de Mobilidade e Tecnologia, Amobitec)[15]. Além disso, empresas terceirizadas pela Amazon, como Loggi e Shippify, são conhecidas como predatórias por lideranças e trabalhadores de aplicativos[16]. Por fim, algumas das terceirizadas e a Amazon estão nas narrativas de lideranças de trabalhadores, peças fundamentais da plataformização do trabalho[17]. Dessa forma, o Brasil segue a tendência mais ampla e mundial de aprofundamento e expansão da precarização do trabalho, nesse caso mediado por plataformas digitais.

Entretanto, a plataformização conta apenas uma parte da história. É correto que a maior parte da força de trabalho subcontratada pela Amazon por meio de terceirizadas compartilha elementos da plataformização[18] e uberização[19] do trabalho, diferentes conceitos empregados na literatura, mas que podem ser unidos diante de elementos comuns: trabalho informal, precário e mediado por plataformas. Porém, embora esses tipos de trabalho sejam mediados por tecnologia, não é possível afirmar contundentemente que todos são mediados por plataformas digitais. Durante o trabalho de campo, foi notado que as formas de controle do trabalho podem ser provisórias e precárias, por exemplo, por WhatsApp. Dessa forma, o conceito mais preciso talvez seja o de criação de um ciberproletariado[20] ou infoproletariado[21] para se referir a tais trabalhadores, isto é, um proletariado do setor de serviços, mediado por diferentes formas tecnológicas, tais como *gadgets*, aplicativos, algoritmos, máquinas

---

[15] Amobitec, 2023, "Quem somos"; disponível on-line.

[16] Febramoto, "Loggi e demais empresas de motofrete com aplicativos empurram setor para baixo", *Febramoto*, São Paulo, 16 maio 2018; disponível on-line; Lilian Rose da Silva Carvalho Freire et al. *Perfil de motofretistas por aplicativo da cidade de São Paulo* (São Paulo, Unicet, 2021); Sidnei Machado e Alexandre Pilan Zanoni (orgs.), *O trabalho controlado por plataformas digitais no Brasil*, cit.; Eduardo José Rezende Pereira, *Na corrida pela representação sindical: o caso dos entregadores e dos motoristas por aplicativos de São Paulo* (mestrado em ciência política, Campinas, IFCH-Unicamp, 2022); Lucas Santos Souza, *A degradação do precário: o impacto dos aplicativos de entrega no delivery sobre duas rodas (Rio de Janeiro: 2009-2021)* (doutorado em história, Rio de Janeiro, UFF, 2023); Um grupo de militantes na neblina, *Incêndio: trabalho e revolta no fim de linha brasileiro* (São Paulo, Contrabando, 2022).

[17] Febramoto,"Loggi e demais empresas de motofrete com aplicativos empurram setor para baixo", cit.; Ricardo Antunes (org.), *Uberização, trabalho digital e Indústria 4.0* (São Paulo, Boitempo, 2020); Ministério do Trabalho e Emprego, *Seminário Internacional: promoção do trabalho decente nas plataformas digitais*, vídeo, YouTube, 30 maio 2023.

[18] Rafael Grohmann e Julice Salvagni, *Trabalho por plataformas digitais*, cit.

[19] Ludmila Costhek Abílio, "O futuro do trabalho é aqui: uberização, autogerenciamento subordinado e modos de vida periféricos", *Revista Rosa*, São Paulo, v. 4, n. 1, ago. 2021; disponível on-line.

[20] Ursula Huws, *The Making of a Cybertariat: Virtual Work in a Real World* (Nova York, Monthly Review, 2003); idem, *Labor in the Global Digital Economy: The Cybertariat Comes of Age* (Nova York, Monthly Review, 2014).

[21] Ricardo Antunes, *O privilégio da servidão: o novo proletariado de serviços na era digital* (São Paulo, Boitempo, 2018); Ricardo Antunes e Ruy Braga (orgs.), *Infoproletários: degradação real do trabalho virtual* (São Paulo, Boitempo, 2009).

e robôs. Essa velha condição proletária, com cara de nova, definitivamente avança sobre os territórios dos postos de trabalho seguros e bem pagos do fordismo, cria formas de identidade coletiva e questiona o papel tradicional do sindicalismo.

Ainda, é importante demarcar um distanciamento com o conceito de *gig economy*[22], utilizado para indicar os trabalhos *de bico* com utilização de contratos, como os de *zero hora*, na Inglaterra.

Na América Latina, o trabalho de bico, intermitente e sob demanda, historicamente, ocupou parte considerável da força de trabalho, mesmo no auge da empregabilidade de governos progressistas de esquerda, apesar dos argumentos de um fordismo periférico no Brasil[23]. Além disso, mesmo o trabalho formal foi profundamente desregulamentado, a partir da reforma trabalhista do governo Temer, em 2017[24].

Esse tipo de trabalho informal não perde as características do *just in time* e, por esse motivo, pode-se qualificar o trabalho no *last mile* da Amazon como um novo toyotismo, embora distante das características da fábrica japonesa no contexto de fim da Segunda Guerra Mundial. Com efeito, encontram-se mecanismos comuns do trabalho nas entregas com o toyotismo, como a simplificação de tarefas, para que estas possam ser feitas da forma mais rápida possível; o controle de qualidade do produto em todas as fases, da fabricação à entrega; o retorno da gestão à era dos produtos individualizados e sob demanda; a gestão sob estresse; o trabalho por entrega ou o clássico trabalho por peça; o autocontrole ou a autodisciplina do trabalhador[25]. No toyotismo à la Amazon, técnicas de vigilância e emprego de algoritmos também são comuns, como exigir do entregador a foto do produto entregue, o controle das rotas mais curtas com períodos cronometrados e, frequentemente, a transferência dos riscos e custos para o trabalhador[26].

Nem CLT, nem celetista sem direitos: um pouco do *trabajo de mierda* dos aplicativos

Para esta pesquisa foram levantados processos judiciais trabalhistas em que a Amazon Logistics e suas terceirizadas de entrega, tais como a Total Express, Sequoia, Loggi,

[22] David Weil, *The Fissured Workplace: Why Work Became So Bad for So Many and What Can Be Done to Improve It* (Cambridge, MA, Harvard University Press, 2014).

[23] Alain Lipietz, "Fordismo, fordismo periférico e metropolização", *Ensaios FEE*, Porto Alegre, v. 10, n. 2, 1989, p. 303-35; disponível on-line.

[24] José Dari Krein, Denis Maracci Gimenez e Anselmo Luis dos Santos (orgs.), *Dimensões críticas da reforma trabalhista no Brasil* (Campinas, Curt Nimuendajú, 2018); disponível on-line.

[25] Eurenice de Oliveira, *Toyotismo no Brasil: desencantamento da fábrica, envolvimento e resistência* (São Paulo, Expressão Popular, 2004); Geraldo Augusto Pinto, *A organização do trabalho no século XX: taylorismo, fordismo e toyotismo* (São Paulo, Expressão Popular, 2013).

[26] Ludmila Costhek Abílio, "O futuro do trabalho é aqui", cit.; Jake Alimahomed-Wilson, "Building Its Own Delivery Network, Amazon Puts the Squeeze on Drivers", cit.; Ricardo Antunes (org.), *Uberização, trabalho digital e Indústria 4.0*, cit.

Jadlog, Shippify, TLOG (Venkon), Dominalog Express Logística Integrada Ltda., Diálogo, Favorita Transportes Ltda., Azul Cargo Express, Carvalima, DHL Express, UPS e Correios[27], eram parte processual em tribunais regionais trabalhistas (TRT)[28] no Brasil, entre os anos de 2015 a agosto de 2023. Foram selecionados, em seguida, apenas os processos judiciais trabalhistas que envolviam como parte adversa entregadores e entregadoras. Baixaram-se apenas as *decisões* judiciais da íntegra desses processos cujos arquivos foram analisados por meio do *software* Altas.ti.

A partir dos dados coletados, encontra-se maior preponderância dos seguintes padrões nas relações de trabalho nas terceirizadas da Amazon: informalidade, que pode ser atestada pela incidência das palavras-chave subordinação e pessoalidade nos processos judiciais trabalhistas; existência de microempreendedores individuais (MEIs) para mascarar a relação de trabalho; terceirização, que pode ser verificada pela busca de reconhecimento da solidariedade subsidiária nos processos trabalhistas; baixo pagamento por entrega, com valor de 2,40 a 3,00 reais; ausência de seguro social e cobertura para acidente de trabalho; inexistência de vale-refeição; uso do meio de transporte do trabalhador para a execução do trabalho; horas extras e longas jornadas de trabalho. Esses padrões estão exemplificados no gráfico 1.

Gráfico 1 – Número de incidências por palavras-chave.

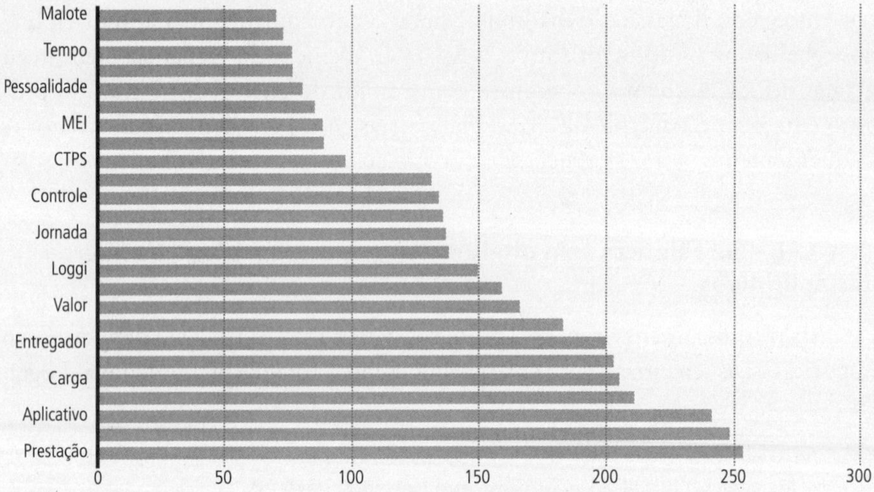

Fonte: análise dos processos trabalhistas dos Tribunais do Trabalho. Elaboração dos autores com base no *software Atlas.ti.* (2024).

[27] Ver <https://www.amazon.com.br/gp/help/customer/display.html?nodeId=GBPEXEXYULHB5WCH>. A dinâmica de contratação de empresas de transporte variou desde o primeiro levantamento dos processos para esta pesquisa. Por esse motivo, podem constar no site empresas a mais ou a menos das indicadas neste trabalho.

[28] O TRT24 apresentou inconsistência nos acessos ao site ao longo dos meses em que se tentou acessar os processos. Por esse motivo, não consta do cálculo estatístico final.

Os processos judiciais apresentam informações relevantes acerca das condições de trabalho dos entregadores e entregadoras no *last mile* da Amazon e terceirizadas, assim como alguns dos principais problemas enfrentados em seu cotidiano. Os principais conteúdos destacados nos processos judiciais reforçaram, ainda, os dados encontrados a partir das entrevistas com entregadores e sindicalistas.

O vínculo trabalhista é o principal ponto dos processos judiciais e dele decorre a gama de direitos requeridos pelos entregadores, sobretudo: adicional noturno; horas extras; garantias trabalhistas por demissão sem justa causa com o descredenciamento do aplicativo; garantia de intervalo intrajornada; adicional de insalubridade; segurança previdenciária e seguro desemprego; auxílio doença/acidente de trabalho; 13º salário; FGTS; piso salarial; adicional de periculosidade; garantia de férias remuneradas e pensão por morte.

Após a análise dos processos judiciais e das entrevistas realizadas foi possível concluir que há uma gama de direitos negados, devido ao não reconhecimento de vínculo empregatício. As principais solicitações constantes nos processos judiciais trabalhistas refletem as necessidades dos entregadores no seu cotidiano, como foi apreendido ao longo das entrevistas.

Um dos principais problemas apontado nas entrevistas foi o elevado número de acidentes de trânsito aos quais os entregadores estão submetidos. Dois processos judiciais no TRT da 22ª região apresentavam a morte em serviço de dois entregadores. Uma liderança de entregadores, em entrevista, também relatou a morte de três entregadores. Diferentemente das relações laborais com vínculo empregatício e, assim, cobertas pela CLT, os entregadores não têm nenhuma garantia ou segurança social. Em caso de acidentes de trânsito ocorridos em serviço, os entregadores e sua família ficam desprotegidos e sobrecarregados com dívidas decorrentes do acidente.

Nos três casos relatados pela liderança, as famílias ficaram desestruturadas e dependentes de assistência social. Há famílias que perdem o ente querido responsável pela maior parte da renda familiar e ficam sem qualquer amparo social. Mesmo nos casos em que os acidentes não resultam em morte, somam-se os prejuízos de conserto do veículo, que é de responsabilidade do trabalhador, assim como a inexistência de remuneração no tempo parado e sem entrega. Dado o número de acidentes, a liderança afirmou que o seguro de vida passou a ser obrigatório na associação.

Os baixos valores pagos por entrega, apontados nas entrevistas e destacados nos processos judiciais, induzem à intensificação da jornada de trabalho. É comum os trabalhadores pularem refeições e prolongarem as jornadas de trabalho ou cortarem os períodos de intervalo. Além disso, os entregadores são pressionados a realizar as entregas da forma mais rápida possível, pois muito da competitividade entre as empresas do *e-commerce* está relacionada a fretes ultravelozes, com baixo custo ou frete grátis. Dessa forma, foi recorrente a situação na qual os entregadores tinham produtos para entregar até mesmo no guidão da moto, ligavam para entregar os produtos em casos de ausência do cliente na residência ou os deixavam com vizinhos.

É possível realizar uma comparação entre o trabalho de entregadores e o trabalho por peça em oficinas de costura. Nas oficinas, quanto mais peças de roupas os trabalhadores produzirem, mais alta será sua renda; da mesma forma, quanto mais entregas forem realizadas, maior será a renda do entregador. Ocorre que, tal qual o trabalho em oficinas de costura, o valor pago por entrega é baixo, de modo que as jornadas estendidas são uma forma de alcançar uma remuneração mais alta no fim do dia ou do mês. A pressão para que as entregas sejam realizadas de forma rápida e eficiente conflita com a autonomia e a flexibilidade do entregador. Nesse sentido, os entregadores entrevistados apontam que, apesar de não existir uma fiscalização constante sobre seus trabalhos, a pressão por entregas rápidas leva a uma espécie de panóptico produtivo.

Observou-se, também, nas falas dos entrevistados, que a ocupação de entregador é considerada um "bico" ou uma forma temporária de emprego, para complementar a renda familiar. Alguns relataram que esse era o ganho com o qual sustentavam a família. Nesse sentido, um grupo de militantes na neblina tem chamado esse trabalho de *estratégias de viração*. O termo tem sido aplicado por alguns sociólogos para explicar a junção de atividades contingentes e instáveis, que variam de legais a ilegais, como expressão da informalidade no Brasil[29].

Uma das lideranças de entregadores entrevistada relatou que, além da baixa remuneração do motoboy celetista, há outro problema que é o excessivo controle do horário de trabalho. De acordo com esse entrevistado, raramente o empregador é solidário com atrasos devido a consultas médicas de crianças ou paradas em *blitz* policiais. Dessa forma, seria mais vantajoso trabalhar com horários flexíveis, ainda que com jornada estendida diária, do que ter uma jornada fixa de oito horas por dia com salário baixo. Menciona-se que essa liderança não é contra direitos, pois esteve na mesa de negociação da nova lei para entregadores, que não foi aprovada. Do seu ponto de vista, os salários da categoria e as jornadas inflexíveis acabam tornando mais atrativa a opção de entregador não celetista.

Em geral, os trabalhadores do setor de entregas criticam a inflexibilidade da CLT, que os prende a jornadas de trabalho fixas e reduz seus ganhos, porém buscam os direitos e garantias que constam na lei. Conforme uma liderança, em entrevista, os trabalhadores são "celetistas sem direitos", pois é justamente o repasse dos custos desses direitos que tem onerado sobremaneira os entregadores. Por esse motivo, tem-se defendido a regularização do setor em outros termos. Se, por um lado, os profissionais criticam a inflexibilidade de horário e o baixo salário sob um horário restrito de trabalho, que os submete a ganhos próximos ao do salário

---

[29] Idem.

mínimo insuficiente para sustentar uma família, por outro buscam as seguridades sociais que perdem como autônomos.

De acordo com a liderança, seria necessário fazer uma linha no meio, isto é, vínculo empregatício com autonomia e salários maiores. O vínculo empregatício leva o entregador a ganhar menos. Em uma situação ideal, sob a CLT o trabalhador teria um salário maior e mais benefícios, caso houvesse solidariedade do patrão em contingências do cotidiano como aquelas relacionadas à saúde e às paradas policiais. A posição da liderança coloca a importância de uma autonomia que não leve à perda das garantias trabalhistas e previdenciárias.

As *blitzen* policiais mencionadas em entrevistas levam a outro tema, o do racismo em torno de entregadores. As notícias jornalísticas sobre essa situação são abundantes na mídia e passam por situações de referências diretas à cor da pele[30].

Em suma, tanto nas entrevistas como nos processos judiciais trabalhistas verificam-se não apenas a baixa remuneração e a grande instabilidade financeira dos entregadores e de suas famílias, mas uma verdadeira oneração ao trabalhador causada pela transferência das garantias trabalhistas e previdências a ele e sua família, em especial àqueles marcados pela racialização em um país de herança colonial. Ou seja, o patrão fica livre das expensas trabalhistas e previdenciárias, que são repassadas aos trabalhadores. As contradições apresentadas revelam a realidade degradante das condições de trabalho e de vida que os trabalhadores têm enfrentado diante da redução salarial e do desemprego estrutural.

"Um fantasma ronda as cidades brasileiras, e esse fantasma anda sobre duas rodas"

"Um fantasma ronda as cidades brasileiras, e esse fantasma anda sobre duas rodas." É assim que os Amigos do Cachorro Louco[31] começam a refletir se é possível fazer greve e a esboçar sua forma e seu conteúdo. Com efeito, o Breque dos Apps, a greve nacional massiva de entregadores ocorrida no pico da pandemia, em julho de 2020, mostrou seu poder[32] em parar uma parte importante de prestação de serviços, em um momento no qual as famílias recorriam ao *delivery* para se protegerem de um vírus desconhecido, ainda que as famílias dos próprios entregadores e outros trabalhadores essenciais se mantivessem expostas.

Menciona-se que, ao menos para trabalhadores de aplicativos, não é possível formar sindicatos pelo fato de que a categoria não possui registro na Classificação

---

30 Jornal Nacional, "Polícia investiga pedido de *delivery* com frase racista a restaurante: 'mande um branco'"; disponível on-line.

31 Amigos do Cachorro Louco, "Dá para fazer greve no aplicativo? Discussão das lutas dos motoboys", *Passa Palavra*, 17 mar. 2020; disponível on-line.

32 Beverly J. Silver, *Forças do trabalho: movimentos de trabalhadores e globalização desde 1870* (trad. Fabrizio Rigout, São Paulo, Boitempo, 2005).

Brasileira de Ocupações (CBO). Dessa forma, a categoria é empurrada para um status ainda mais profundo de precariedade devido à informalidade.

Obviamente existem espaços de resistência e luta, como as associações de entregadores que foram fundadas no Brasil nos últimos anos e conforme o *boom* de aplicativos se estabilizou. Uma nova e ampla categoria profissional se fixou com suas associações de perfis diversos, tais como o Coletivo de Entregadores Antifascistas, a Associação de Motofretistas de Aplicativos e Autônomos do Brasil e a Aliança Nacional dos Entregadores por Aplicativos, que são algumas das organizações que surgiram recentemente.

As empresas têm incentivado uma nova subjetividade neoliberal[33] nas disputas entre capital e trabalho no setor de entregas, o empreendedorismo, novo elemento do trabalho *just in time*, em que os custos e riscos trabalhistas são repassados ao trabalhador ou à trabalhadora na forma de transporte próprio, administração de si mesmo e de exploração prolongada do tempo do trabalho. Ao fomentar a ideologia do empreendedorismo, o iFood tentou boicotar a greve dos entregadores, criando perfis falsos para desmobilizar e tentar dispersar as pautas trabalhistas. "A gente quer melhorar de vida e ganhar mais. SEM patrão e salário mínimo. No corre bem-feito a gente tira mais e não tem chefe pra encher o saco. A gente quer liberdade pra trampar pra quem a gente quiser!"[34], dizia uma das páginas *fake* criada por uma agência de publicidade contratada pelo iFood. Por esse motivo, o Ministério Público do Trabalho e a empresa assinaram um Termo de Ajustamento de Conduta (TAC) com multa de 6 milhões de reais e compromisso de respeito à livre associação. Outra estratégia das empresas é contratar operadores logísticos nas plataformas para furar greves[35].

Apesar de possuírem pautas diversas, elementos comuns, como a previdência social, unem essas organizações. O governo Lula, em 2023, propôs uma nova lei para a categoria, sob chuva de críticas por se limitar a elementos mínimos, como contribuição à previdência social. Contudo, e apesar dos encaminhamentos para trabalhadores de aplicativos em quatro rodas, as associações patronais colocaram à mesa propostas demasiado famélicas para os trabalhadores de duas rodas[36].

---

33 Christian Laval e Pierre Dardot, *A nova razão do mundo: ensaio sobre a sociedade neoliberal* (São Paulo, Boitempo, 2016).

34 Clarissa Levy, "A máquina oculta de propaganda do iFood", *Pública*, 4 abr. 2022; disponível on-line.

35 Leo Vinicius, "Os OL como resposta à luta dos entregadores de aplicativos", *Passa Palavra*, 23 jun. 2020; disponível on-line.

36 Fernanda Brigatti, "Governo dá uma semana para acordo entre entregadores e aplicativos", *Folha de S.Paulo*, 4 out. 2023; disponível on-line; idem, "Governo Lula tem primeira rodada de reuniões com entregadores; trabalhadores desistem de greve", *Folha de S.Paulo*, 17 jan. 2023; disponível on-line; Fernanda Brigatti e Paula Soprana, "Entregadores defendem preço mínimo por corrida unificado a todos os apps", *Folha de S.Paulo*, 1º jul. 2020; disponível on-line.

Conclusão

Embora parte da mídia corporativa divulgue que o principal motivo do crescimento do trabalho informal seja suas várias vantagens, como renda imediata e autonomia, a verdade encontra-se bem longe dessa sugestão, como demonstra a análise apresentada neste texto. O grande crescimento do trabalho informal e o aprofundamento da precarização do trabalho têm como motivos principais a crise estrutural do capitalismo e a implantação das políticas neoliberais nos países capitalistas.

O capital encontra-se em crise de acumulação desde a década de 1970, e, para combatê-la, a burguesia mundial passou a implantar as políticas neoliberais, o que tem levado a um aprofundando ainda maior da precarização do trabalho e da crise. Na fase da acumulação flexível, o trabalho informal vem cumprindo várias funções para o capital, atendendo às necessidades de redução dos custos da produção e desobrigando os capitalistas dos custos sociais do emprego.

Como resultados desta pesquisa sobre as condições de trabalho e renda de trabalhadores terceirizados no setor de *e-commerce* da Amazon, e que podem ser estendidos para empresas correlatas, encontramos várias características do trabalho realizado pelos entregadores.

As relações de trabalho são diversas, fragmentadas e variam desde uma completa informalidade até o uso de funcionários públicos dos Correios, passando por trabalho formalizado.

Após a análise dos dados, afirma-se a dominância dos seguintes padrões nas relações de trabalho nas terceirizadas da Amazon: informalidade; alto número de microempreendedores; terceirização; trabalho sob demanda; trabalho por entrega ou peça; autodisciplina; pressão por produtividade; baixos valores pagos por entrega; inexistência de seguro social, cobertura para acidente de trabalho, vale-refeição ou cesta básica; trabalhador propicia o meio de transporte próprio para a realização do trabalho; horas extras e longas jornadas de trabalho.

Indica-se que os trabalhadores de aplicativos não podem criar sindicatos, pois o setor não possui registro na CBO. Existem espaços criados para a resistência e luta, como associações de entregadores, que são reprimidas e controladas pelas *big techs* e empresas terceirizadas. Se algo a história ensinou aos trabalhadores, desde os primeiros sindicatos do século XIX, foi que a saída para a conquista de direitos é sempre coletiva, tanto nas negociações como para a organização e o fortalecimento da categoria.

10
Digitalização, comoditização e controle do trabalho em rotas urbanas

Ricardo Framil Filho

Introdução

Neste texto, discutiremos elementos ligados à digitalização do trabalho comumente associados aos trabalhadores em plataformas digitais, em particular motoristas e entregadores de aplicativos, mas que aparecerão como resultado do deslocamento da experiência de categorias profissionais relativamente tradicionais – os técnicos em manutenção preventiva de elevadores e os promotores de vendas a serviço de marcas e fabricantes diversos. Muito embora estejam ligados a indústrias consideravelmente diferentes, esses trabalhadores compartilham a rotina de percorrer individualmente, numa mesma jornada de trabalho, rotas urbanas predefinidas para realizar tarefas em diferentes estabelecimentos. Esses profissionais são responsáveis pelo próprio deslocamento, guiando carros ou motocicletas, e facilitam o movimento de informações, insumos e mercadorias, realizando um trabalho com uma dimensão eminentemente logística. Assim como muitas outras ocupações no Brasil, coexistem nessas atividades múltiplas formas de incorporação do trabalho à produção, entendida aqui de forma ampla. Nos casos aqui analisados, portanto, a "plataformização" não representa uma ruptura necessária com o trabalho assalariado convencional: encontramos, na realidade, um gradiente de modos de incorporação em que novos elementos se combinam com arranjos tradicionalmente estabelecidos, inclusive nos marcos do modelo CLT.

A análise que se segue é informada por pesquisa realizada entre 2021 e 2023, o que incluiu a análise de documentos, a realização de entrevistas com trabalhadores e a observação de grupos virtuais de discussão e de troca de mensagens. Na primeira seção, caracterizaremos brevemente as indústrias destacadas e as formas de contratação do trabalho encontradas pela pesquisa em cada uma delas. Nas duas seções subsequentes, discutiremos, respectivamente, dois fenômenos associados à digitalização do trabalho nesses setores: o deslocamento das relações entre o trabalhador e as ferramentas de trabalho, destacadamente a exigência de que o empregado possua um veículo automotor, e o monitoramento remoto e, às vezes, automático das tarefas por meio de celulares conectados à internet e equipados com sistemas de geolocalização (GPS). Finalmente, uma última seção consolidará os argumentos e discutirá sua relevância para a organização coletiva dos trabalhadores.

O trabalho em rotas urbanas: a manutenção de elevadores e a promoção de vendas

Globalmente, o negócio de elevadores é dominado por grandes fabricantes multinacionais, das quais três têm presença relevante e contam com fábricas no Brasil: a estadunidense Otis, a suíça Schindler e a alemã TKE. Há muito essas empresas adotam como estratégia a conversão de vendas em contratos de manutenção dos elevadores que fabricam, o que pode gerar lucros por décadas. Hoje, em todo o mundo, ao mesmo tempo que lançam mão de bloqueios eletrônicos e táticas comerciais para dificultar a manutenção dos elevadores fabricados por outras companhias, todas as grandes fabricantes oferecem o serviço de manutenção multimarcas. Nesse mercado, elas concorrem com empresas de diferentes portes e, no Brasil, há uma tradição bem estabelecida de pequenas mantenedoras. Ainda que a combinação de tarefas seja mais comum em empresas de pequeno porte, a divisão fundamental do trabalho nessas companhias é usualmente parecida: há os técnicos de chamado (informalmente, os "chamadeiros"), que respondem a emergências, e os técnicos que se ocupam da manutenção preventiva, responsáveis por serviços de manutenção realizados de forma periódica. Neste texto, discutiremos principalmente a experiência destes últimos, trabalhadores que transitam entre diferentes edifícios durante um dia de trabalho, percorrendo uma rota que pode ser definida de antemão pela empregadora.

Um retrato das possibilidades de inserção dos técnicos em manutenção de elevadores pode ser aproximado na cidade de São Paulo, em que cerca de metade dos trabalhadores desse tipo são contratados diretamente pelas "três grandes", enquanto outros são alocados em empresas de menor porte, muitos deles (cerca de 15%) em mantenedoras de porte muito reduzido, com até dez técnicos declarados[1]. Em pequenas operações, é comum que trabalhadores que atuam na linha de frente das tarefas operacionais associadas à base da pirâmide hierárquica da categoria sejam sócios da empresa e acumulem tarefas administrativas que podem ser compartilhadas também com membros da família. O trabalho assalariado convencional (CLT) costuma ser adotado para os técnicos de manutenção empregados pelas

[1] Dados agregados pelo autor com base em registros da prefeitura municipal de São Paulo.

multinacionais[2], mas há no setor diferentes possibilidades contratuais, como o trabalho assalariado informal ou disfarçado (via microempreendedor individual (MEI), por exemplo), ou o trabalho eventual pago por empreitada.

Nem sempre é fácil comparar a remuneração de técnicos em diferentes situações, não por menos porque as estatísticas mais detalhadas tratam apenas do trabalho assalariado formal. Além disso, quando são enquadrados como empresários ou prestadores de serviços, mas também em outros arranjos que discutiremos mais à frente, é comum que esses trabalhadores incorram em gastos relacionados ao trabalho, o que dificulta a estimação precisa da renda. Com alguma cautela, porém, é possível indicar que, entre os assalariados, a remuneração e os benefícios oferecidos pelas grandes fabricantes são melhores que a média, o que costuma ser acompanhado pela exigência de formação técnica específica. No geral, prevalece entre os trabalhadores a impressão de que as remunerações são injustamente baixas, já que se trata de um trabalho desgastante, com riscos à segurança e que exige conhecimento técnico. Em 2021, a Relação Anual de Informações Sociais (Rais)[3], consolidada pelo Ministério do Trabalho, registrou um salário médio de 2,83 salários mínimos para a ocupação "eletromecânico de manutenção de elevadores" no mercado de trabalho formal.

Entre os promotores de vendas, teremos como referência prioritária aqueles a serviço de grandes marcas e que se deslocam entre diferentes pontos de venda durante uma jornada de trabalho, sobretudo em operações ligadas a mercadorias com circulação relativamente rápida e que têm como ponto de venda mais comum os supermercados: produtos de limpeza, alimentos processados e bebidas, por exemplo. Simplificadamente, em muitas redes de supermercados parte do trabalho de reposição de estoques é responsabilidade das próprias marcas, que podem ter também alguma influência na precificação de seus produtos, de modo que acompanhar continuamente a saída das mercadorias e os preços praticados por marcas concorrentes, além de manter seus produtos em evidência nas prateleiras, podem ser objetivos tão importantes quanto a produção propriamente dita. Assim, os promotores "roteiristas" também guiam veículos automotores ao longo de rotas pré-programadas, nesse caso para realizar tarefas de verificação e reposição de estoques, organização de gôndolas, ações promocionais e pesquisa de preços em diferentes estabelecimentos. Como contratantes – diretas e indiretas – destacadas no Brasil, a título ilustrativo, podemos mencionar a Unilever, a Ambev e a Nestlé, mas convém ressalvar que fabricantes de menor porte também utilizam esse tipo de serviço.

---

2 Não se deve pressupor uma relação automática entre grandes multinacionais e empregos comparativamente bons. Quando se trata dos "montadores", técnicos de perfil similar, mas responsáveis pela instalação de novos elevadores, prevalece o trabalho terceirizado ou "pejotizado".

3 MTE, Ministério do Trabalho e Emprego. *Microdados Rais*, 2023; disponível on-line.

Ao contrário do que acontece na manutenção de elevadores, a terceirização dos promotores de vendas é muito mais visível e há grandes agências de *trade marketing* que recrutam trabalhadores para importantes marcas em todo o país. Há também pequenas agências, que não raramente trabalham para agências maiores em esquemas de subcontratação em cadeia. Apesar do avanço da terceirização, algumas fabricantes oferecem ainda vagas diretas. Como os vínculos nem sempre são formais ou reconhecidos como trabalhistas, é difícil estimar a proporção de promotores diretamente empregados em relação aos terceirizados, mas a Rais indica que, entre os promotores de venda registrados como tal no fim de 2021, 33.953 estavam empregados diretamente nas indústrias de transformação (a indústria de alimentos era responsável por 17.630 desses empregos) e 72.780 nas principais categorias utilizadas pelas agenciadoras de trabalho terceirizado no setor[4], o que indica que o emprego direto nas fabricantes é ainda uma possibilidade. Novamente segundo a Rais de 2021, o salário médio dos promotores de vendas foi de 1,46 salário mínimo para os empregados diretamente pela indústria de alimentos, e de 1,03 entre os contratados por empresas de seleção, agenciamento e locação de mão de obra.

Como indicado, esses números subestimam o trabalho informal ou não enquadrado como assalariado. Nesse setor, as modalidades de contratação são ainda mais variadas e incluem o trabalho em plataformas digitais, via aplicativos, o que será discutido adiante. Nos anúncios de emprego publicados em grupos voltados aos profissionais do setor nas redes sociais, aparecem às vezes publicações bastante criativas no que diz respeito às condições oferecidas. Para citar um exemplo ilustrativo, um desses anúncios ofereceu uma vaga "sem vínculo empregatício, sem benefícios", com enquadramento de pessoa jurídica, e informava aos candidatos em potencial que, nos primeiros quinze dias, eles deveriam "tirar o transporte e a alimentação do próprio bolso". Era previsto não um pagamento fixo, mas uma estimativa baseada na quantidade média de trabalho por semana, com um valor de pouco menos de dez reais por tarefa realizada. Publicações desse tipo costumam ser recebidas com indignação pelos trabalhadores, mas, para a frustração de alguns deles, é comum que apareçam candidatos interessados pelas vagas.

O trabalhador e as ferramentas de trabalho

Uma vez que dirigir um veículo automotor (o carro ou a motocicleta) faz parte do trabalho, costuma-se exigir, em ambas as categorias, que os trabalhadores sejam habilitados para tal. A exigência adicional de que o candidato a uma vaga de emprego seja possuidor de um veículo a ser utilizado no trabalho aparece também

---

4 8.094 em empresas de "seleção, agenciamento e locação de mão de obra"; 23.435 nas de "publicidade e pesquisa de mercado"; e 21.251 em "serviços de escritório, de apoio administrativo e outros serviços prestados às empresas".

com certa frequência. Dizemos *possuidor* e não proprietário porque há alternativas à compra direta, como o aluguel do veículo, prática que ainda é relativamente incomum nos setores discutidos, mas que tem se tornado uma possibilidade na esteira do surgimento de locadoras de veículos focadas em motoristas e entregadores de aplicativos.

Essa exigência admissional é muito comum para os promotores "roteiristas", o que é evidenciado pelo fato de que os anúncios de emprego no setor comumente designam de partida o posto oferecido como "promotor com carro ou moto", "promotor motorizado" e expressões similares. Trabalhadores em busca do primeiro emprego no setor costumam expressar frustração com essa situação, que dificulta o acesso a vagas consideradas menos precárias. Nessa linha, um jovem trabalhador descreveu a situação como um paradoxo: "Para conseguir um emprego, preciso de um carro; para comprar um carro, preciso de um emprego". O endividamento oriundo da aquisição de veículos é uma fonte de preocupação muito usual entre esses trabalhadores.

O veículo automotor é o exemplo mais significativo de reconfiguração da relação entre o trabalhador e as ferramentas de trabalho no setor, mas essa lógica tem se expandido. O telefone celular, ou mais especificamente o *smartphone*, é hoje uma ferramenta indispensável nesse tipo de atividade, como aprofundaremos na próxima seção. O equipamento nem sempre é fornecido pela contratante, que pode esperar que o trabalhador utilize seu dispositivo pessoal, e há empresas que exigem explicitamente que o celular tenha certas características, sendo compatível, por exemplo, com os aplicativos utilizados durante o trabalho. Encontramos, ainda, empregos que exigiam que o próprio trabalhador providenciasse os equipamentos de proteção individual utilizados em frigoríficos, por exemplo. De certa forma, no que diz respeito ao emprego, trabalhador e ferramentas se tornam um só e são levados conjuntamente ao mercado de trabalho.

Muito embora não tenhamos encontrado exigências explícitas a esse respeito, alguns trabalhadores relataram a impressão de que as agências favorecem candidatos com carros mais novos, excluindo aqueles com veículos antigos ou com desgaste aparente. Esse tipo de cálculo se soma à ansiedade provocada pela constatação de que o uso do veículo pessoal no trabalho deprecia seu valor, o que torna uma revenda a preços considerados justos menos provável. Essa situação perturba também os usos do veículo na vida privada – uma promotora de vendas relatou ter sentido vergonha depois que familiares declararam, em tom de brincadeira, que seu carro "parece que foi para a guerra e voltou". Um trabalhador argumentou que seu carro serve como "escritório, refeitório e dormitório", considerando que a compra de um carro relativamente caro (mais espaçoso e equipado, por exemplo, com ar-condicionado e direção hidráulica) não é uma questão de vaidade, mas uma necessidade relacionada à saúde, segurança e qualidade de vida no trabalho.

Nesse tipo de arranjo, é comum que empregadores ofereçam o benefício do "aluguel" do carro e do celular, o que pode incluir um adicional relativo ao uso da internet móvel. A fim de resguardar o empregador quanto a contestações futuras acerca dessas práticas, em alguns casos são assinados, além do contrato de trabalho, contratos de locação desses equipamentos, o que formaliza uma situação em que o trabalhador é, simultaneamente, empregado e locador de sua empregadora. Não obstante, os benefícios costumam adotar um valor fixo que não considera as características dos equipamentos de cada empregado, o que coloca ao trabalhador uma escolha difícil: o financiamento de um carro mais caro traz conforto, segurança e pode valorizá-lo como profissional, mas implica maiores custos, inclusive no que diz respeito à depreciação e à contratação de seguros, além do risco de inadimplência no caso de demissão, enquanto veículos mais econômicos, como motocicletas populares, são considerados menos confortáveis e pouco seguros.

Outro gasto importante incorporado pelos trabalhadores diz respeito aos combustíveis. Nesse caso, há quase sempre alguma forma de compensação, mas o reembolso direto é relativamente raro, prevalecendo, sobretudo em pequenas agências, o pagamento por quilômetro rodado ou um benefício fixo. Assim como os salários, esses valores são acordados no momento da admissão, de modo que não há reajustes automáticos. Uma vez que não guardam correspondência imediata com as variações nos preços do insumo, na prática esses valores podem acabar sendo tratados como uma remuneração adicional inespecífica. Uma consequência possível desse tipo de prática é ilustrada pelo dilema de um "roteirista", relatado em um grupo virtual dedicado à categoria: acostumado a receber um pagamento fixo, o profissional viu seu dinheiro se esgotar depois que, em decorrência da falta ao trabalho de outros promotores, foi enviado para cobrir lojas mais distantes do que o usual. Sem conseguir pagar o combustível necessário para continuar a trabalhar, ele se preocupava com a possibilidade de ter os dias perdidos descontados do salário.

O pagamento por distância percorrida mitigaria esse problema, mas não integralmente, já que na maior parte das vezes se adota um valor fixo por quilômetro rodado. De fato, há trabalhadores que jogam com essa possibilidade e julgam ganhar mais do que perdem, ainda que para isso tenham que adotar táticas "econômicas" que podem comprometer a segurança no trabalho e gerar gastos maiores com a manutenção do carro no futuro, por exemplo. Seja como for, a variação no preço dos combustíveis pode ter um impacto considerável na remuneração final. Analisando ofertas de emprego que listavam um benefício fixo relativo ao combustível entre o final de 2021 e o início de 2022, encontramos situações em que os valores representavam entre 23% e 57% da remuneração total. Em um exercício ilustrativo, pressupondo a equivalência entre gastos e benefício no momento da admissão, no pior dos casos um aumento de 20% no valor dos combustíveis levaria a uma redução de 27% no salário oferecido (que era, nesse caso específico, de

1.306,00 reais), reduzindo a renda efetiva a 949,74 reais, quantia muito inferior ao salário mínimo então vigente (1.212,00 reais).

No caso dos técnicos em elevadores, como indicamos, é mais frequente a confusão entre o papel de trabalhador e pequeno empresário, o que transforma por completo a relação com as ferramentas de trabalho. Para além disso, o uso do veículo pessoal no trabalho é menos prevalente. Não obstante, exemplos de todas as práticas discutidas nesta seção foram encontrados também entre os assalariados no setor, inclusive com as mesmas denominações, o que sugere uma disseminação relativamente ampla desses arranjos. Em algumas cidades, a legislação exige das empresas a comprovação do acesso a uma frota capaz de atender aos chamados de emergência, o que pode ser feito por meio de contratos de locação, de modo que a formalização desses acordos entre empregados e pequenas firmas seja relativamente comum em pequenas mantenedoras. De fato, o uso de veículos pessoais, ainda que com menor frequência, foi relatado também por técnicos empregados por grandes multinacionais.

Nesse caso, as tendências em tela acompanham um deslocamento mais geral do cotidiano dos técnicos que, tradicionalmente, operavam num ciclo de deslocamento até um estabelecimento físico para "bater o ponto" no início e no fim da jornada, o que hoje pode ser feito de maneira remota, tema que será discutido na próxima seção. O central é que o desfazimento da centralidade do espaço físico da firma como base operacional facilitado pela digitalização impulsiona uma série de outros deslocamentos. Para ficar em alguns exemplos, mesmo quando a empresa oferece o veículo, o trabalhador pode ser incentivado a guardá-lo em sua garagem residencial, o que estabelece a localização e as características da residência do trabalhador como "qualidades profissionais" dele próprio; o uniforme, que entra em contato com substâncias químicas como lubrificantes e era trocado diariamente na firma, passa a ser lavado em casa, o que tende a intensificar o trabalho feminino e pode gerar custos imprevistos (os técnicos fazem piada com acontecimentos como encontrar parafusos soltos na máquina de lavar, por exemplo); nem sempre há onde guardar peças e materiais durante as rotas, de modo que o carro, a residência do trabalhador ou a de colegas e espaços emprestados por zeladores de condomínios visitados passam a ser utilizados como depósitos improvisados. Às vezes de forma sutil, portanto, vai se deslocando a fronteira entre o espaço privado da família e o local de trabalho.

O controle remoto do trabalho

Em ambos os setores, a digitalização tem impulsionado uma corrida à inovação e firmas de diferentes portes passaram a se apresentar não apenas como empresas de elevadores ou agências de promoção de vendas, mas como negócios especializados em mobilidade urbana ou logística. No caso dos elevadores, há uma busca pela integração do movimento dos passageiros, monitorados em tempo real por sensores instalados nos equipamentos, aos sistemas inteligentes de transporte urbano de grandes cidades. Já no caso da promoção de vendas, ou *trade marketing*, nomenclatura muito utilizada pelas agências brasileiras, aparece a defesa de uma logística integrada e monitorada em tempo real desde a produção da mercadoria até a prateleira do supermercado. Na prática, há ainda obstáculos técnicos importantes a essas ambições nos dois casos, mas a difusão desse tipo de lógica é mais fácil e barata quando se trata de monitorar trabalhadores em atividades externas ao espaço físico da firma, tendência que se acelerou com a pandemia de covid-19[5].

De imediato, os celulares podem ser utilizados para fazer o chamado "ponto eletrônico", que recorre a aplicativos de celular para registrar o início e o fim da jornada de trabalho. Uma vez introduzido esse sistema, a extensão do monitoramento das atividades do empregado ao longo de toda a jornada é um passo lógico, o que tem gerado insatisfação entre os trabalhadores e ensejou, inclusive, debates internacionais. Na *Declaração de Viena*, resultado de um encontro organizado pelo sindicato global IndustriALL em 2014, sindicalistas vinculados aos técnicos em elevadores em diferentes países declararam a oposição "a qualquer vigilância/rastreamento por GPS dos empregados, que aumenta a pressão sobre os funcionários e é uma ameaça direta à sua segurança"[6]. Nos sistemas atuais, o deslocamento do trabalhador é monitorado de forma precisa, tanto em tempo real quanto em relatórios agregados que permitem a aferição detalhada da produtividade individual. Além disso, algumas informações, como dados pessoais do técnico e sua localização, são disponibilizadas também para os clientes (o síndico de um condomínio, por exemplo), que podem dar uma nota ao serviço depois que ele for realizado. A semelhança com os serviços de aplicativo salta aos olhos. Essa tendência é reforçada pela integração crescente das atividades dos técnicos aos sistemas logísticos das fabricantes: idealmente, um sensor instalado no elevador detectaria um problema técnico com o equipamento (ou anteveria sua probabilidade ao alimentar algoritmos de manutenção preditiva) e desencadearia um processo em que uma ordem de serviço é automaticamente criada e distribuída ao técnico mais próximo, ao mesmo tempo que sinais são enviados para a produção de componentes e sua distribuição por depósitos "inteligentes" integrados à rede.

Mantenedoras de menor porte não possuem sistemas tão sofisticados, mas monitoram seus trabalhadores de forma similar, por meio do uso improvisado de aplicativos convencionais (um trabalhador, por exemplo, relatou que se exige apenas que ele envie ao chefe uma *selfie*, um autorretrato realizado com o celular, em frente a cada edifício visitado) ou da contratação de plataformas desenvolvidas para esse fim. Destaca-se, nesse sentido, a existência de desenvolvedoras

---

5 Antonio Aloisi e Valerio De Stefano, "Essential Jobs, Remote Work and Digital Surveillance: Addressing the COVID-19 Pandemic Panopticon", *International Labour Review*, v. 161, n. 2, jun. 2022, p. 289-314; disponível on-line.

6 IndustriALL Global Union, *Vienna Declaration*, 2014; disponível on-line.

nacionais de *software* que oferecem sistemas de gestão com recursos para realizar o controle de ponto, o monitoramento em tempo real, a avaliação por clientes, a produção de relatórios, a medição das distâncias percorridas e dos possíveis gastos com combustíveis etc. Destaca-se a "roteirização inteligente", recurso muito propagandeado por essas prestadoras, que promete reduzir os tempos ociosos e de deslocamento, ditando de forma automática o ritmo de trabalho. Notavelmente, essas plataformas oferecem versões adaptadas a firmas em diferentes áreas de atuação que, de alguma maneira, lidam com o controle sobre atividades externas: assistência técnica em geral, segurança particular, dedetizadoras, serviços de limpeza, desentupidoras, entre muitas outras, o que indica o avanço do controle digital do trabalho sobre diferentes setores, mesmo nas pequenas empresas.

As agências de promoção de vendas utilizam às vezes plataformas desse tipo, mas há também sistemas específicos capazes de se integrar às redes logísticas das grandes marcas. Uma dessas plataformas, que declara "conectar" mais de 60 mil promotores de vendas no país, oferece recursos adicionais, como a extração automática de informações com base em imagens obtidas pelos trabalhadores: com uma simples fotografia da prateleira de um supermercado, por exemplo, o programa identifica as marcas, a quantidade de produtos e outros indicadores, o que, segundo a plataforma, é feito "com precisão superior ao olho humano". Segundo o material de divulgação da companhia, a principal vantagem é a redução do tempo de realização dessa tarefa, que cai de quinze para apenas dois minutos, reduzindo o tempo que o trabalhador leva para cobrir cada ponto de venda. O aplicativo permanece ligado durante toda a jornada e reporta cada passo das tarefas. Os gestores podem acompanhar cada trabalhador individualmente, o que inclui não apenas as tarefas realizadas a serviço da empresa, mas também informações adicionais, como outros aplicativos utilizados pelo empregado durante a jornada de trabalho. Também nesse caso, a vigilância é causa de insatisfação, e trabalhadores chamam os aplicativos de nomes como "X9" ou "cagueta", expressões que denotam um delator ou "dedo-duro". Há também aqueles que ensinam uns aos outros formas de burlar o controle via GPS, ainda que essa prática seja considerada arriscada.

Muito embora os recursos descritos possam ser utilizados para gerenciar trabalhadores contratados de diferentes maneiras e mesmo no caso do trabalho eventual, em ambos os setores as plataformas servem principalmente ao gerenciamento de trabalhadores com alguma estabilidade, empregados que cumprem jornadas diárias regulares. Na prática, os diferentes arranjos contratuais, ainda que respondam também a outros determinantes, como as lutas sociais e a regulação pública, são escolhidos por serem mais ou menos adequados às necessidades de firmas específicas. No setor de elevadores, as grandes multinacionais se concentram nos contratos mais lucrativos e buscam obter uma vantagem competitiva baseada em sistemas logísticos e informacionais sofisticados, o que favorece a contratação de técnicos mais qualificados com vínculos permanentes. Da mesma maneira, na promoção de vendas, a especialização em frentes de atuação diversas – como a pesquisa periódica de preços ou ações promocionais pontuais – pode alterar o cálculo de diferentes agências. Com a ampliação das possibilidades de controle, a viabilidade das diferentes formas de comoditização pode ser reavaliada, mas não há sempre uma corrida à flexibilização total.

Feita essa ressalva, ocasionalmente o trabalho sob demanda em plataformas digitais tem aparecido nos setores investigados. Um fenômeno recente é o aparecimento de uma uberização por dentro, baseada na redefinição das tarefas dos técnicos e dos promotores "roteiristas", retirando do rol de atribuições desses empregados a direção dos veículos. O transporte passa a ser feito por motoristas de aplicativos, o que tira proveito de recursos de integração logística oferecidos pela Uber e plataformas similares. No setor de elevadores, por enquanto, isso tem sido utilizado pelas multinacionais para transportar os técnicos que respondem a chamados de emergência e não para os técnicos de manutenção preventiva, mas alguns promotores "roteiristas" já trabalham dessa maneira. Em outros países, ademais, é possível encontrar tentativas de replicar diretamente o modelo de trabalho sob demanda via plataformas digitais no negócio de manutenção de elevadores, mas o impacto disso tem sido limitado em decorrência das características do setor, envolto por regulações e caracterizado pelo domínio de multinacionais bem estabelecidas. No caso dos promotores de vendas, trata-se de um movimento mais comum, ainda que incipiente, e há iniciativas pioneiras no Brasil.

A plataforma Promotor Freelance, por exemplo, pretende conectar empresas a "promotores sob demanda". A proposta é simples: empresas anunciam "oportunidades" (efetivamente, tarefas) e promotores registrados na plataforma como MEIs se candidatam para realizá-las em troca de uma quantia determinada, sem qualquer vínculo permanente. De partida, essas plataformas declaravam como público-alvo promotores já em atuação, que poderiam aproveitar o trânsito por estabelecimentos diversos para realizar tarefas e auferir uma "renda extra", ou mesmo os consumidores habitualmente presentes nos supermercados para realizar compras, o que acompanhava a promessa da "monetização" de atividades corriqueiras. Na prática, porém, esses aplicativos acabaram por atrair trabalhadores diversos em busca de "bicos", muitos deles por não conseguirem cumprir os requisitos de outras plataformas. O caso mais conhecido é o da *start-up* curitibana Anthor, que pausou as operações recentemente, após deixar milhares de trabalhadores sem receberem. Em 2020, a imprensa noticiava que a Anthor contava com "120 empresas clientes, dentre elas Coca-Cola, Ambev e Philip Morris, além de 16 mil repositores cadastrados"[7]. A plataforma adotou um jargão inspirado pelos jogos eletrônicos, em que os usuários disputam "missões" em troca de uma recompensa monetária

7 Mariana Desidério, "Startup de Curitiba cria Uber dos repositores de supermercado", *Exame*, São Paulo, 26 fev. 2017; disponível on-line.

e, aos poucos, a lógica das tarefas passou a conviver com a contratação mais ou menos explícita de trabalho eventual: foram introduzidas "missões contínuas", em que os usuários se candidatavam para trabalhar por certo intervalo de tempo (em geral, um turno de seis horas). Trabalhadores relatam que, caso terminassem antecipadamente as tarefas acordadas, os gerentes dos supermercados (mesmo que não tivessem ligação com a contratante original) ficavam autorizados a atribuir-lhes outras tarefas, até que o horário fosse cumprido integralmente – o trabalho contratado não deve ser desperdiçado.

Comoditização, controle e movimentos "de categoria"

De acordo com Abílio[8], "o elemento central catalisado pelas plataformas são as novas formas de dispersar o trabalho sem perder o controle sobre ele", o que poderia ser aplicado sem reparos aos casos apresentados. Nessa leitura, o trabalho sob demanda contratado por meios digitais não é o que define fundamentalmente a uberização, que envolve também uma dimensão de controle e se associa a tendências mais amplas na reorganização da produção. Não obstante, a ruptura desse modelo com o mercado de trabalho convencional é usualmente entendida como um elemento definidor do fenômeno[9], o que tem concentrado muito da preocupação pública sobre o assunto. As situações que discutimos enfatizam outras dimensões dos impactos associados à digitalização, o que passa pelo controle remoto do trabalho, mas também por reconfigurações mais sutis no mercado de trabalho. Destacamos, em relação a isso, que a figura do trabalhador do qual se espera a capacidade de garantir por si próprio as ferramentas de trabalho é perfeitamente compatível com o assalariamento convencional, inclusive no modelo CLT[10].

A constatação dessas convergências poderia alimentar a expectativa de uma homogeneização da experiência do trabalho pela via do mercado, sobrepondo-se à fragmentação crescente dos locais e modos de trabalho. Enxergamos, porém, um movimento mais heterogêneo, que pode inclusive estabelecer novas divisões. Indicamos, por exemplo, que a propriedade do veículo automotor pode aparecer como um critério peculiar de segmentação, separando trabalhadores proprietários e não proprietários. Para além das situações discutidas, não se trata de atribuir a essa divisão uma centralidade constitutiva nos mercados de trabalho, até porque seria

---

[8] Ludmila Costhek Abílio, "Uberização: do empreendedorismo para o autogerenciamento subordinado", *Psicoperspectivas: Individuo y Sociedad*, Valparaíso, v. 18, n. 3, nov. 2019; disponível on-line.

[9] Vitor Filgueiras e Ricardo Antunes, "Plataformas digitais, uberização do trabalho e regulação no capitalismo contemporâneo", *Contracampo: Brazilian Journal of Communication*, Niterói, PPGCOM-UFF, v. 39, n. 1, abr.-jul. 2020; disponível on-line.

[10] Naturalmente, a legalidade dessas práticas pode ser contestada, mas o que interessa para o argumento em vista é que elas continuam a operar na prática.

difícil separá-la de clivagens mais bem conhecidas, mas situações como essa oferecem pistas sobre como a diversidade das formas de comoditização correspondem, em alguma medida, às particularidades inerentes à divisão do trabalho no processo produtivo. Um entorno marcado pela desregulação e por vínculos precários amplia as possibilidades de flexibilização, mas é sempre preciso compatibilizar os modos de contratação e os de controle, os momentos da comoditização e da exploração.

Em termos gerais, nossas conclusões acompanham o argumento de Van der Linden de que "as fronteiras entre os trabalhadores assalariados 'livres' e outros tipos de trabalhadores subalternos na sociedade capitalista são vagas e graduais"[11]. Essa conclusão deriva de uma abordagem que amplia o conjunto de elementos necessários à caracterização de múltiplas formas de comoditização do trabalho nas sociedades capitalistas e que, assim, expande as questões que podem ser pensadas em termos *trabalhistas*. Dessa perspectiva, os casos apresentados sugerem que os preços dos combustíveis, o acesso a carros e motocicletas, o endividamento, entre outras questões que costumam ser relacionadas aos trabalhadores apenas na medida em que eles aparecem como consumidores, podem se transformar em preocupações "de categoria" ligadas de forma muito direta à experiência cotidiana do trabalho. Nesse sentido, nossas conclusões indicam que alterações nos padrões de consumo, em que o carro, por exemplo, costuma aparecer como um símbolo da chamada "inclusão pelo consumo", podem esconder exigências e encargos *produtivos* que recaem sobre os trabalhadores.

Na esteira desses deslocamentos, têm sido reforçados os questionamentos acerca das limitações das formas tradicionais de organização trabalhista, em particular os sindicatos e a negociação coletiva[12]. Para explorar essa questão em profundidade, seria necessário analisar com cuidado como isso se dá em cada uma das categorias discutidas, mas, diante da constatação imediata de que em ambos os setores há muitos trabalhadores cuja forma de incorporação se ajeita mal à lógica tradicional, podemos comentar brevemente um elemento que tem sido relevante no debate acerca do surgimento de alternativas organizativas e que, além disso, parece novamente aproximar as categorias analisadas de tendências associadas à uberização: tanto técnicos em elevadores quanto promotores de vendas compensam o isolamento inerente a um trabalho móvel, deslocalizado e individual com a participação em grupos virtuais formados ao redor da categoria profissional, o que poderia ser lido como o outro lado da moeda de uma digitalização que mantém esses trabalhadores conectados às redes[13].

---

[11] Marcel van der Linden, "Rumo a uma nova conceituação histórica da classe trabalhadora mundial", *História (São Paulo)*, Unesp, v. 24, n. 2, 2005, p. 10-40; disponível on-line.

[12] Idem, "Global Labour: A Not-so-grand Finale and Perhaps a New Beginning", *Global Labour Journal*, v. 7, n. 2, maio 2016, p. 201-10; disponível on-line.

[13] Para uma leitura sobre esse processo no caso dos entregadores de aplicativos, ver André Scerb, "Os usos de aplicativos de mensagens instantâneas e grupos de redes sociais no cotidiano dos

Não é incomum o relato de que esses contatos ajudam a suportar a solidão que caracteriza as atividades externas e, entre os conteúdos compartilhados, aparecem com frequência desabafos individuais, além de trocas que alimentam uma cultura profissional ligada à experiência cotidiana do trabalho – por exemplo, técnicos e promotores costumam compartilhar, respectivamente, relatos de consertos tecnicamente difíceis e fotografias do arranjo de mercadorias para formar "esculturas" que chamam a atenção nos supermercados. Discutem-se também problemas e demandas mais gerais, o que às vezes transborda para temas como as greves e outras formas possíveis de luta. Portanto, o transbordamento desses contatos para a ação coletiva não é impensável e encontramos apelos nesse sentido em ambas as categorias. No período em que acompanhamos esses grupos, porém, não houve avanços notáveis nesse sentido. Sem desconsiderar a possibilidade de que surjam novas formas de luta e organização, é preciso reconhecer que nesses contatos os sindicatos continuam a aparecer como o exemplo por excelência de organização "de categoria", ainda que os julgamentos feitos acerca deles sejam muito variados e que seus representantes estejam quase que completamente ausentes da discussão.

Uma vez que a prevalência de sindicatos preocupados de forma muito unilateral com a defesa de categorias específicas costuma ser vista como um defeito fundamental das estruturas estabelecidas, é natural que se questione se não seria mais promissora uma aproximação entre os trabalhadores discutidos e movimentos mais abrangentes, como o debate desenvolvido em torno dos "trabalhadores em plataformas" que, nesse caso, deveria ir além do trabalho sob demanda. Não há nada nas nossas reflexões que desabone essa sugestão, mas, como um comentário final, diríamos que pode ser prudente não abandonar de partida a possibilidade de que, em meio às transformações em curso, movimentos orientados por solidariedades "de categoria", mesmo em ocupações relativamente tradicionais, assumam sentidos talvez inesperados. A crítica usual enxerga nas categorias uma expressão da segmentação dos mercados de trabalho, mas, no caso brasileiro, apenas raramente há coincidência integral entre a jurisdição oficial dos sindicatos e a categoria que emerge dos laços espontâneos de solidariedade profissional. Para utilizar expressões gramscianas, no processo de formação da consciência política coletiva o momento econômico-corporativo está em disputa. Paradoxalmente, então, a categoria profissional forjada de baixo para cima, ou de fora para dentro, pode aparecer como um desafio ao corporativismo entrincheirado.

Nos casos apresentados, a criação de identidades coletivas se combina com um reconhecimento mais ou menos espontâneo de quem ganha ou perde com as transformações em curso. Mesmo em situações que se afastam muito da relação de trabalho convencional, como os técnicos que atuam como sócios em pequenas

---

entregadores de plataforma: como jogar as regras do jogo e a produção de identidades coletivas", *Geografares*, Vitória, Ufes, v. 2, n. 35, jul.-dez. 2022; disponível on-line.

mantenedoras e são influenciados por uma ideologia do empreendedorismo que rejeita a proteção ao trabalho assalariado como solução, persiste um antagonismo entre o "nós" dos trabalhadores e o "eles" das grandes empresas, representadas nesse caso pelas multinacionais que dominam o mercado. Entre os promotores de vendas, está sempre claro quais são as marcas que se beneficiam em última instância do trabalho realizado. Essas relações, é claro, nem sempre se compatibilizam com a negociação coletiva. Por isso mesmo, nesses casos o programa "de categoria" poderia colocar em questão as diferentes formas de incorporação do trabalho no setor, abrindo o caminho para a politização dos arranjos produtivos que subjazem a elas.

11

O sabor da exploração

As estratégias de controle sobre o trabalho juvenil adotadas pelos restaurantes do grupo Madero

Kelem Ghellere Rosso

Introdução

Uma rede de restaurantes *fast-food* que não quer se parecer com uma rede de restaurantes *fast-food*. Assinatura de *chef* e arquitetura sofisticada; mais de 250 unidades em todas as regiões do país[1], mas sem franquias; cerca de 8 mil funcionários diretos, sem terceirização; empresa com controle de base familiar, que chegou até Miami; produção própria e orgânica dos ingredientes e a promessa de alimentação saudável. Ao final de tudo, o prato é o mesmo: hambúrguer. Mas não é qualquer hambúrguer: é "*the best burguer in the world*". Embora contrariem tendências do setor, o que os restaurantes do grupo Madero oferecem é comida rápida feita por mãos jovens e periféricas: *fast*, muito *fast*.

Os restaurantes do grupo Madero ganharam a cena do mundo dos negócios e do consumo pela rápida expansão que alcançaram nos últimos anos. De 2005, quando da abertura do primeiro restaurante Madero, até 2014, foram 42 restaurantes; três anos depois, em 2017, esse número já havia quase triplicado para 124; em 2020, em plena pandemia de covid-19, atingiu a marca de 200 unidades; em 2022, chegou a 275 – mais que o dobro do número em 2017. As investidas de *marketing* exitosas alçaram a marca à popularidade nacional. Foi em 2017 também que o empresário e fundador do grupo, Junior Durski, fechou sociedade com o apresentador de televisão da Rede Globo Luciano Huck, que também estava na condição de presidenciável à época. Uma campanha publicitária com os dois

---

1 Segundo dados da empresa, o ano de 2022 se encerrou com o número de 275 restaurantes, sendo "91 operações Madero Steak House, 79 Madero Container, 92 Jerônimo, 1 Durski, 2 Ecoparadas (com 10 operações no total), e 2 Dundee Chicken & Burgers". Grupo Madero – Relações com Investidores, "Nossa história"; disponível on-line.

como protagonistas consolidou a marca no imaginário. Ali selaram os princípios da imagem do Madero e de Durski: responsabilidade ambiental, compromisso social e com as condições de trabalho.

A marca fez frente às principais redes internacionais do ramo, como McDonald's, Burger King e Outback, que funcionam por franqueamento, ao oferecer um cardápio de tipo *gourmet* e voltado para um público de classe média, concentrando sua presença principalmente em *shoppings* e aeroportos, de cidades de médio e grande portes.

Dentre as estratégias utilizadas pela empresa, o comum predomínio do emprego juvenil nas redes *fast-food* foi mantido, mas em moldes particulares: jovens recrutados em cidades onde não há restaurante do grupo, especialmente interioranas e da região Nordeste, com a promessa de carteira assinada, sem exigência de experiência prévia – algumas vezes até declarando preferência por aqueles que não a têm –, com garantia de treinamento remunerado e moradia custeada pela empresa, porém, em contrapartida, o candidato tem de estar disposto a viver em outra cidade/região, à escolha da empresa. Por meio de órgãos públicos, como secretarias municipais ou agências de emprego, a oferta das vagas chega causando furor nos jovens dessas localidades, onde o desafio do primeiro emprego e da formalidade é ainda mais dramático.

A busca por jovens e o sistema de alojamentos não são novidade para o setor de restaurantes no Brasil, pelo contrário, é fato conhecido de seus empregadores e empregados. O que há de novo no caso Madero, e motivou esta pesquisa, é a magnitude da empreitada: um sistema de alojamentos que comporta cerca de 8 mil funcionários[2], em todas as regiões do país – onde existe um restaurante, existem um ou mais alojamentos. O investimento da empresa nesse sistema chama a atenção e nos dá a pista de que ele é um fator de grande relevância para o desenvolvimento das atividades do grupo. Daí o questionamento quanto às motivações da empresa nesse modelo: qual o interesse em tamanho investimento? Por que o jovem? Por que o nordestino?

A hipótese-guia defende que cada estratégia, em suma, o rechaço ao sistema de franquia e à terceirização, a verticalização, a mão de obra juvenil e regionalizada e o sistema de alojamentos, é parte de um modelo único, que tem a condição juvenil como elemento basilar. Entendê-lo nos permite chegar mais próximo do que poderia responder à questão geral da pesquisa: o que revela o caso Madero sobre a estrutura de trabalho brasileira e, em específico, sobre a condição da juventude trabalhadora?

Essa combinação de recursos e características, na aparência contraditórias, só é possível de ser entendida quando tomada na sua totalidade. Isso exigiu de nós uma análise da gênese e do desenvolvimento da empresa tendo como fundamento a especificidade do capitalismo brasileiro, nossa formação social brasileira. Foi a curiosidade por saber como se faz "o melhor hambúrguer do mundo" num país de capitalismo dependente que nos trouxe até aqui. Como se faz: processo de

---

2 Madero Brasil, *Centro de Treinamento e Moradias – Grupo Madero*, vídeo, YouTube, 2 dez. 2020.

produção e de trabalho. Por isso também, a pesquisa foi além da gênese da empresa e adentrou o enredo da consolidação da família que a dirige, do seu fundador e presidente, Luiz Renato Durski Junior, que se lançou nacionalmente como o bem-sucedido empresário e *chef* Junior Durski.

A imagem de sucesso, porém, sofreu abalos quando da declaração de Durski nos primeiros dias do isolamento social, por conta da pandemia de covid-19, e que desencadeou uma grande campanha de boicote ao Madero:

> Tô aqui pra dizer que eu sou totalmente contrário a esse *lockdown* que nós estamos tendo no Brasil. O Brasil não pode parar dessa maneira. O Brasil não aguenta. Tem que ter trabalho. As pessoas têm que produzir, têm que trabalhar. [...] nós não podemos, por conta de 5 mil pessoas, ou 7 mil pessoas que vão morrer – eu sei que é muito grave, eu sei que isso é um problema, mas muito mais grave é o que já acontece no Brasil.[3]

E, de fato, não parou. Naquele ano de 2020, apesar de perder prestígio – e a sociedade com Huck –, Durski inaugurou seu restaurante de número duzentos. Alguns meses depois da perda do seu candidato à presidência da República, no pleito de 2022, diz ao jornal *O Globo*[4], em junho de 2023, estar arrependido de se posicionar sobre a pandemia e em apoio a Jair Bolsonaro, quando do seu mandato e das eleições[5]. Uma onda de notícias do endividamento da empresa passou a ser difundida, mas, a despeito disso, em setembro de 2022, seu nome foi incluído na lista de bilionários da Forbes[6].

Ao acompanhar o movimento de criação e expansão da marca e, mais além, de acumulação de capital da família Durski, a partir da figura de Junior Durski, foi possível identificar elementos que são estruturantes da formação social brasileira e a maneira como são acionados ao longo dessa trajetória, sendo condição para entender como se chega a um império como o Madero. E, assim, a questão clássica sobre a relação entre o arcaico e o moderno mostra sua pertinência na atualidade: a combinação entre os dois não é algo avesso à acumulação de capital, pelo contrário, segue sendo fator de ampliação das formas de exploração.

A análise que apresentamos aqui é resultado da pesquisa de doutoramento, realizada entre 2018 e 2022[7], para a qual as principais fontes utilizadas foram palestras, entrevistas e declarações feitas pelo empresário Junior Durski, disponíveis no YouTube, em meios de comunicação em geral e publicadas em seu perfil público

---

3 Junior Durski, vídeo, Instagram, 23 mar. 2020.

4 Glauce Cavalcanti, "'Eu não faria de novo', diz presidente do Madero sobre declaração anti-isolamento na pandemia", *O Globo*, 4 jun. 2023; disponível on-line.

5 Congresso em Foco, "Dono do Madero se diz arrependido por apoiar Bolsonaro e por ação na pandemia. Relembre como foi", *UOL*, 5 jun. 2023; disponível on-line.

6 Raquel Brandão, "Como o dono do Madero entrou para a lista de bilionários da Forbes", *O Globo*, 6 set. 2022; disponível on-line.

7 Kelem Ghellere Rosso, *Trabalhando no Madero: estratégias de controle e a centralidade do trabalho juvenil no capitalismo dependente* (doutorado em sociologia, Curitiba, SCH-UFPR, 2022).

no Instagram. Esse conteúdo foi cotejado com dados oficiais, como os apresentados pela Relação Anual de Informações Sociais (Rais), a partir de dados compilados do período de 2011 a 2018, e pesquisas acadêmicas sobre a participação econômica e política da família Durski no estado do Paraná, e matérias de caráter jornalístico. Quanto à perspectiva sobre as relações de trabalho nos restaurantes, foram utilizados processos jurídicos envolvendo a empresa e, principalmente, vídeos gravados e publicados no YouTube por funcionários do grupo Madero, bem como as interações da audiência na forma de comentários. Tais vídeos se caracterizam pela exposição de aspectos das condições de trabalho na empresa e do processo de seleção das vagas, e partem da intenção de tirar dúvidas de um número significativo de jovens que almejam uma vaga na empresa e buscam informações sobre ela na plataforma. É o que Ana[8], administradora de um dos canais analisados, explica:

> É muito estranho uma empresa dar moradia, serviço e disponibilidade de mudança de cidade sem ter uma experiência em qualquer área. Além disso, pagar toda a viagem. Isso é estranho. Eu não teria coragem! Essas são as perguntas que mais ficam no ar pra quem não conhece a empresa. Daí na dúvida a pesquisa na internet vai surgindo. Como é trabalhar no Madero? Como funciona o alojamento? E assim são milhares de perguntas. Vou contar um pouquinho pra vocês sobre a minha história no Madero. (Ana, 12 set. 2019.)

Foram então selecionados quatro canais, com paridade de gênero, que continham os vídeos mais visualizados da plataforma a partir da busca pelo tema "Madero" e correlatos. São eles: Ana, Gabriel, Maria e Isaac, todos jovens que trabalham ou trabalharam nos restaurantes da empresa e em localidades distintas entre si.

A análise seguiu quatro eixos: 1. Elementos da constituição da marca e trajetória do empresário; 2. A questão da verticalização da empresa e seu significado para a reprodução de capital; 3. Gestão de pessoas, o perfil da mão de obra e relações de trabalho; 4. Acumulação de capital e família; questão racial e regional. Neste artigo, o foco está no modelo de trabalho adotado pela empresa, que entendemos como síntese da trajetória econômica e política da família, cujas principais características serão apresentadas a seguir.

Como fazer sucesso no capitalismo dependente: família, propriedade e o caráter da burguesia brasileira

Por meio dos nomes das marcas associadas ao grupo, Madero e Jerônimo[9], acessamos importantes pilares da trajetória de Junior Durski e família, e esses nomes

---

8 Embora sejam vídeos de acesso público, optamos por utilizar nomes fictícios para preservar a identidade dos jovens, bem como não informar seus links, apenas a data de publicação.

9 Em 2017, o grupo cria um novo conceito de restaurantes, sob a marca Jerônimo, voltado para um público juvenil, estilo *fast casual*, com atendimento *drive-thru* e preços mais acessíveis que os comumente praticados pelo Madero.

podem ser entendidos como reforço deliberado desses aspectos. Mais que signos do passado, são reafirmações do legado ainda presente e que dá sustentação ao empreendimento mais recente.

Madero é então referência a uma das principais atividades econômicas desenvolvidas pela família, a exploração de madeira, na região de Prudentópolis, no Paraná: "Meu bisavô foi um colonizador, primeiro prefeito da minha cidade, Prudentópolis, e já foi madeireiro"[10]. Findo o ciclo econômico da madeira no estado, Junior Durski aceita, em suas palavras, o "chamado" da ditadura civil-militar, na figura do então presidente João Figueiredo, para explorar madeira na Amazônia e colonizá-la – seguir a trajetória da família, agora em outras terras. Para isso, abdica do mandato como vereador daquele município e desloca-se para o recém-criado estado de Rondônia, dando continuidade à atividade da família, além do garimpo, por mais quinze anos.

Já Jerônimo é uma homenagem ao patriarca Jerônimo Durski que, juntamente com sua esposa, foi o primeiro de família polonesa a fazer a travessia ao Brasil, sendo considerado o precursor da empreitada da imigração dessa origem no país. Além disso, Jerônimo fez-se conhecido como professor em escolas nas colônias onde residiu e como escritor da "cartilha polaca", uma espécie de manual bilíngue para a educação dos jovens da comunidade polonesa. Assim, foi também reconhecido como patrono das escolas polonesas no Brasil. Por conta disso, e da influência dos seus descendentes parlamentares, o sobrenome Durski é de conhecimento público no estado de estabelecimento da família muito antes da atuação empresarial do dono do Madero. Desde a década de 1950, seu trisavô dá também nome a ruas em Curitiba e na região metropolitana. O nome da marca traz então a reafirmação do legado familiar e da identidade polonesa.

A prole de Jerônimo Durski seguiu edificando uma trajetória que retrata o caminho clássico do surgimento e desenvolvimento do agente burguês na formação da sociedade de classes no Brasil. O contexto de integração da família Durski à sociedade brasileira é o de formação da estrutura de classes atual: desagregação do trabalho escravo e fundação do trabalho livre. Como conhecido projeto de branqueamento da força de trabalho, a imigração europeia assumiu papéis distintos no Sul e no Sudeste do país. Se em São Paulo teve maior expressão no trabalho nas lavouras de café, no Sul os imigrantes concentraram suas atividades nas colônias, com produção de alimentos[11], assim como assentaram-se Jerônimo e família. Fazendeiros do café, ao implementarem o trabalho livre, e imigrantes europeus, ao levarem a lógica mercantil aos espaços econômicos que não eram de

---

[10] Felipe Milanez, "Coronavírus: empresário que desdenhou da morte de '5 ou 7 mil' foi madeireiro na Amazônia", *Carta Capital*, São Paulo, 25 mar. 2020; disponível on-line.

[11] Sérgio Odilon Nadalin, *Paraná: ocupação do território, população e migrações* (Curitiba, Sociedade de Amigos do Museu Paranaense, 2017).

interesse da aristocracia agrária, tornam-se os agentes propulsores da transformação burguesa da sociedade brasileira[12]. Segundo Florestan Fernandes, porém, esse processo não se dará nos moldes das revoluções burguesas clássicas, marcadas pela ruptura radical entre a nova classe burguesa e as classes dominantes do Antigo Regime e pela reestruturação da sociedade no sentido de sua democratização. No caso do Brasil, a aristocracia agrária não perde seu protagonismo no processo social e garante uma transição segura para a ordem social competitiva, no sentido autocrático da dominação, sem ter que abrir mão de seus privilégios estamentais e garantindo também os interesses da dominação externa. A burguesia assume, assim, um lugar secundário: concilia seu papel dinamizador do mercado interno à submissão aos valores e interesses conservadores da aristocracia. No âmbito da divisão internacional do trabalho, aceita também o lugar de dependência frente às classes burguesas dos países de capitalismo central, abdicando de um projeto autônomo de nação[13].

A partir dessa perspectiva, o olhar para a trajetória de uma família de imigrantes europeus, no Sul do Brasil, nos permite entender os elementos estruturantes que determinaram, em última instância, os caminhos trilhados. Vemos, assim, como a estratégia de ascensão social construída pela família se dá conforme as oportunidades abertas pelo caráter da burguesia brasileira, classe que se consolidava naquele momento. Por exemplo, quando vemos que o filho de Jerônimo, a primeira geração dos Durski nascida no Brasil, já alcança o título de coronel e o cargo de maior poder numa cidade do estado. O que é possível por meio do vínculo com o partido da situação, e conservador, da época, que é uma estratégia comum dos imigrantes daquele período[14]. Além da aliança política, para selar a integração à classe dominante, as alianças familiares também serão acionadas. O mesmo coronel José Durski busca também matrimônio com família da oligarquia local, aliando-se à fração luso-brasileira no estado[15]. A partir dele, outros membros da família permanecem nos cargos políticos de maior poder na cidade de Prudentópolis, incluindo Junior Durski, seu bisneto, mas que irá abdicar do mandato ao qual foi eleito a fim de expandir os domínios econômicos da família, e consegue: "Ele é formado em Direito, já foi vereador, madeireiro na Amazônia, aventurou-se em garimpos e decidiu largar tudo para apostar alto numa grande paixão, a gastronomia"[16], resume a mídia do ramo. Aparentemente se afasta da

[12] Florestan Fernandes, *A integração do negro na sociedade de classes*, v. 1: *O legado da "raça branca"* (São Paulo, Globo, 2008).

[13] Idem.

[14] Benno Victor Warken Alves, *Brasileiro, branco: a fronteira da branquitude no Paraná* (doutorado em sociologia, São Paulo, FFLCH-USP, 2019).

[15] Sua esposa, Vitalina Coelho, pertencia a uma importante família da classe dominante local, cujos membros figuram até a atualidade em espaços decisivos do poder estatal.

[16] "As sete vidas de Junior Durski", *Viver*, Curitiba, 2 mar. 2017; disponível on-line.

participação política direta, mas coloca-se, enquanto empresário, ativamente em apoio a candidatos e mandatários de alcance nacional. Também em relação aos investimentos apresenta um movimento de ruptura: "Meu bisavô era madeireiro, meu avô era madeireiro, meu pai era madeireiro, e *eu consegui parar com o negócio agora*"[17]. A vida de Durski significa então uma combinação meticulosa entre rupturas e permanências com a tradição familiar, tanto política quanto econômica. São os privilégios locais conquistados pela família que o propulsionam à ampliação da sua participação no mercado, ou seja, inflexões que permitem a Durski projetar-se nacionalmente e chegar à lista dos bilionários brasileiros.

Estratégias de controle sobre o trabalho: trânsitos de acumulação de capital e desigualdade regional e racial

Se a trajetória de Durski como madeireiro o leva do Sul ao Norte do país, o que aqui entendemos como trânsito de acumulação de capital, possível a partir da intervenção estatal, já como empresário da indústria de alimentos irá operar no sentido Sul-Nordeste, contando também com o aparato estatal para isso[18].

Desde o surgimento da marca, é no eixo Sul-Sudeste que se concentram o maior número de restaurantes, tendo o estado do Paraná como base do Grupo, especialmente o trecho que compreende Curitiba e Ponta Grossa, onde se instalam a Fábrica/Cozinha Central (Ponta Grossa), a Fazenda Madero (Palmeira)[19] e o escritório central, em Curitiba. Já a força de trabalho será oriunda de outras regiões, especialmente do Nordeste. Como se vê, um dos aspectos que chamam a atenção é o investimento na verticalização da empresa no sentido de ampliação do domínio sobre etapas de produção precedentes ao restaurante: produção dos alimentos (fazenda e fábrica/cozinha central) e dos setores de logística e construção/arquitetura dos restaurantes.

A fixidez da estrutura da empresa contrasta com a fluidez da força de trabalho. O deslocamento exigido aos jovens trabalhadores como critério de seleção não é somente quanto à definição do local de trabalho. A mudança entre as unidades é uma possibilidade aberta pela estrutura de contratação e manutenção da força

---

[17] Felipe Milanez, "Coronavírus: empresário que desdenhou da morte de '5 ou 7 mil' foi madeireiro na Amazônia", cit.

[18] Como o apoio da rede de promoção ao emprego de instituições públicas, conforme exposto anteriormente, mas não só, também por meio de doações de terrenos (onde foi construída a fábrica/cozinha central) e financiamentos de origem pública. Kelem Ghellere Rosso, *Trabalhando no Madero*, cit.

[19] Tanto Fazenda (dedicada à produção de vegetais orgânicos) quanto Fábrica/Cozinha (responsável pela fabricação dos pães, molhos, hambúrgueres e demais ingredientes necessários à elaboração do cardápio) têm como objetivo suprir a totalidade dos restaurantes do grupo. Os restaurantes, dessa forma, são responsáveis pela montagem dos pratos a partir dos ingredientes fornecidos por esses dois espaços, num processo avançado de industrialização da produção de refeições.

de trabalho. Uma vez dentro da empresa, e dependente do alojamento, o remanejamento se dará conforme necessidades da empresa, exclusivamente segundo seus critérios.

No campo do discurso, o deslocamento que Junior Durski proporciona é entendido como a tão sonhada e escassa oportunidade de primeiro emprego formal para jovens de regiões com os mais baixos índices de empregabilidade. Conforme se reproduz na fala de uma funcionária do Madero, responsável pelo processo de seleção citado:

> Até o momento, já temos em torno de 100 sergipanos trabalhando em nossos restaurantes por todo o país. Buscamos esses jovens no interior para dar oportunidade de trabalho para quem quer ir para a capital aprender uma profissão, mas não tem condições. Então nós fornecemos moradia e alimentação.[20]

Para afastar qualquer questionamento quanto à qualidade dos alojamentos, a empresa lançou um vídeo institucional que explica seu processo de deslocamento, treinamento e as condições das moradias. O cuidado e a preocupação social seriam os princípios regentes desse modelo:

> A qualidade, a atenção aos detalhes e o cuidado estão presentes em tudo o que fazemos. E isso não é diferente quando o assunto é cada um de nossos colaboradores. Em Curitiba, Paraná, mantemos um Centro de Treinamento para recepcionar e capacitar os novos funcionários dos restaurantes, que chegam de diversos estados do Brasil por meio de um transporte próprio oferecido pelo Grupo Madero. A maioria deles são jovens que estão em busca de uma primeira oportunidade de emprego ou de uma recolocação no mercado.
>
> [...] Atualmente mantemos moradias em todas as cidades em que temos restaurantes, que também são utilizadas pelos colaboradores após a fase de treinamento.[21]

Para chegar a esse modelo e recrutar jovens nas mais distintas e distantes cidades do país, a empresa conta com a parceria imprescindível do poder público. Seguindo o princípio de não terceirização, o processo de seleção é realizado diretamente por funcionários dos Recursos Humanos da empresa, que chegam às cidades apenas no momento da entrevista. De acordo com o levantamento que realizamos, todo o processo anterior, que envolve desde divulgar o processo de seleção e a empresa, prestar informações sobre ele, ceder espaço para realização das etapas da seleção, centralizar as inscrições e até mesmo oferecer transporte aos candidatos quando se trata de seleção de caráter regional, é realizado por órgãos públicos responsáveis pela promoção de emprego, como secretarias municipais e estaduais do trabalho e/ou de assistência social, bem como do Sistema Nacional de Emprego (Sine). No caso abaixo, a Procuradoria Geral do Estado do Rio Grande do Norte utiliza seu site oficial para divulgar a oferta de duzentas vagas de atendente e auxiliar de cozinha:

---

[20] "NAT encaminha jovens do interior para seleções de emprego na capital e outros estados", Governo do Estado de Sergipe, 24 out. 2018; disponível on-line.

[21] Madero Brasil, *Centro de Treinamento e Moradias – Grupo Madero*, cit.

Para concorrer às vagas, os candidatos devem preencher os seguintes requisitos: ter idade entre 18 e 26 anos, o ensino fundamental completo e não podem residir em Natal. Os interessados devem procurar os guichês do Sine-RN, nas Centrais do Cidadão do interior do estado, munidos dos documentos pessoais, carteira de trabalho e comprovante de residência atualizado.[22]

Na descrição, destacamos os critérios exigidos pela empresa: apenas ensino fundamental completo, limitação da faixa etária e não residir na capital do estado, justamente para onde as vagas eram destinadas. A ênfase do informe nesse quesito mostra que o deslocamento e, assim, residir nos alojamentos, é fator crucial para a empresa.

Quanto às motivações da empresa para optar por esse modelo, podemos encontrar a resposta a partir das pistas que o próprio Durski expõe em suas palestras e entrevistas. Apesar de o discurso de responsabilidade social ser o oficial, identificamos nas suas declarações a vantagem aberta pela desigualdade regional:

> Eu acho que esse pessoal do interior tem uma pegada mais forte. Eu acho que é mais sofrido. Porque é mais sofrido, então as coisas são mais fáceis.
>
> [...]
>
> Eu acho que cada vez mais é mais difícil ter funcionário bom, e o problema é que as pessoas não gostam muito de trabalhar mais. O pessoal do interior ainda gosta, sabe? O pessoal do interior gosta. Você vai lá, tira o cabo da enxada da mão do cara e dá uma bandeja pro cara carregar no ar-condicionado. Pô, isso é moleza, sabe? Tipo: "pô, eu tô tranquilo demais, isso aqui tá muito fácil pra mim".[23]

Se num primeiro momento ele aciona a desigualdade entre rural e urbano dentro de um mesmo estado/região, como nos primeiros restaurantes inaugurados, posteriormente, com a expansão da empresa, amplifica seu raio de alcance e vai em busca de jovens de regiões mais distantes, como o Nordeste.

> O nordestino e o nortista é [*sic*] muito mais trabalhador que o resto do Brasil. Até porque é fácil entender. O serviço é muito mais difícil. *A vida no Norte e no Nordeste é muito mais dura.* Então, quando você vai contratar alguém pra trabalhar no restaurante que você dá quatro refeições por dia; que você dá uniforme; que você dá residência e muito bem-equipada pra que ele possa ir trabalhar caminhando a pé; que você tem um plano de carreira muito bom; que ele vai trabalhar no ar-condicionado porque dentro do restaurante tem ar-condicionado. Ele vai fazer um trabalho sensacional.[24]

Apoia-se na ideologia que contrasta Sul/Sudeste e Norte/Nordeste, sendo a primeira a terra das oportunidades, do progresso e da modernidade; e a segunda, do

---

[22] Assessoria de Comunicação Social-RN, "Sine-RN disponibiliza 200 vagas de emprego para trabalhadores do interior do RN", Procuradoria Geral do Estado, 17 jul. 2019; disponível on-line.

[23] Junior Durski, *Rede Mercosul – Circuito Empresarial – Palestra com Junior Durski*, Circuito Empresarial, Rede Mercosul de Comunicação – Record News Paraná, Curitiba, 2014.

[24] Junior Durski, entrevista concedida ao perfil @drsimonesilva, vídeo, Instagram, 16 jun. 2021 (grifos nossos).

atraso, da escassez, da vida difícil. Mais que se apoiar nessa ideologia, reforça-a, pois sua manutenção mostra-se vital para a ampliação do processo de acumulação de capital.

A partir disso, a empresa aciona também o desejo desses jovens em "melhorar de vida" – que historicamente impulsiona o processo migratório da força de trabalho no sentido periferia-centro no Brasil[25] –, como ilustra a declaração de uma candidata na cidade de Itaporanga (SE):

> Eu achei uma boa oportunidade, muito bem-organizado, uma excelente iniciativa da Prefeitura com o Madero pra ver se emprega os jovens da nossa cidade. Estamos precisando muito. Vim com a mente aberta para viajar, até porque eu não pretendo ficar aqui, pretendo ir para outro lugar com o objetivo de crescer profissionalmente.[26]

O empresário remonta, assim, à estratégia de migração de trabalhadores do Nordeste-Sul, elemento que é constitutivo da formação da sociedade de classes no país, e que visa manter o "circuito contínuo de reposição da força de trabalho"[27].

Tal processo resulta num perfil da força de trabalho do grupo que é majoritariamente negro (63,4%), masculino (66%), com ensino médio completo (86,3%) e idade média de 25 anos[28]. A remuneração é definida pelo piso regional estabelecido em acordo entre sindicatos de trabalhadores e entidades patronais, conforme ocupação dentro do restaurante, o que não ultrapassa a média de dois salários mínimos[29].

A preferência por trabalhadores oriundos das localidades citadas nos permite entender o sistema de alojamentos como recurso que garante um maior aproveitamento da desigualdade regional do mercado de trabalho brasileiro, mas vai além. A questão que ainda fica no ar é qual o impacto desse sistema na acumulação de capital da empresa. É novamente nas declarações de Durski que encontramos a resposta:

---

[25] Com base nos estudos de Eunice Durham, em *A caminho da cidade* (São Paulo, Perspectiva, 1978), "[...] os migrantes conseguem se deslocar com o *suporte da rede de pares, e são movidos pelo desejo de 'melhorar de vida' no moderno mundo urbano*, o que exige a aquisição de novos códigos de conduta que convivem ou entram em tensão com os antigos", em Jaime Santos Junior, Mariana Zanata Thibes e Marilda Aparecida de Menezes, "Disjunções e ambivalências: famílias migrantes nordestinas no ABC paulista", *Civitas: Revista de Ciências Sociais*, Porto Alegre, PUCRS, v. 19, n. 3, set.-dez. 2019, p. 678; disponível on-line (grifos nossos).

[26] "Grupo Madero realiza seleção com jovens itaporanguenses pela 4ª vez", Governo Municipal de Itaporanga d'Ajuda, 16 jan. 2016; disponível on-line.

[27] Lúcio Kowarick, *Trabalho e vadiagem: a origem do trabalho livre no Brasil* (Rio de Janeiro, Paz e Terra, 1994), p. 88.

[28] Dados da Relação Anual de Informações Sociais (Rais) referentes ao ano de 2018. Rais Identificada, Secretaria de Trabalho/Secretaria Especial de Previdência e Trabalho/Ministério da Economía, anos-base 2011-2018.

[29] Em 2018, ainda de acordo com os dados da Rais, o grupo informava que as ocupações mais expressivas eram *garçom*, *cozinheiro geral* e *auxiliar nos serviços de alimentação*, com remuneração nominal média de 1.277 reais (como o salário mínimo à época era de 954 reais, eles chegavam a receber menos que um salário e meio). Idem.

Custa muito menos, muito menos, tipo assim, 20% a menos do que o vale-transporte que nós teria que pagar. Então com o dinheiro do vale-transporte que nós não precisamos pagar porque eles vão a pé – e a gente faz o acordo com o sindicato, homologa no Ministério do Trabalho, pra não ter problema trabalhista nenhum –, com o dinheiro do vale-transporte que nós não precisamos pagar, nós pagamos o aluguel. E ainda sobra um pouco. Com isso nosso *turn-over* diminuiu muito, porque a pessoa pensa antes de sair: "Puxa, mas se eu sair daqui...", ou se algum colega de trabalho convidar pra ir trabalhar com ele: "Olha, eu não vou porque – você vai me dar residência? Não vou. Então eu não posso ir". Mas então, com isso, essa é uma diminuição de custo, mas essa é muito pequena no total. Qual é a maior? A maior de todas [é] que num restaurante [em] que nós temos cinquenta empregados, o restaurante da nossa categoria com o mesmo faturamento – vamos dizer aqui que vou vender 900 mil reais, tenho cinquenta funcionários –, o outro restaurante da mesma categoria e do mesmo estilo do nosso e com garçons e tal, ele vai precisar de pelo menos noventa. Nós temos cinquenta, ele vai precisar de noventa.[30]

A redução de que Durski fala é possível graças à ampliação da intrajornada: "Porque nós fazemos um acordo com o sindicato e homologamos no Ministério do Trabalho que a nossa intrajornada pode ser maior que duas horas"[31]. O sistema de alojamento permite então atacar uma série de entraves típicos do setor em relação à gestão da mão de obra, e tudo isso sem custos adicionais: 1) diminuir a rotatividade dos empregados a 20% (enquanto a média entre os restaurantes é de 73% (em 2017) e, especificamente no setor *fast-food*, chega a 150%)[32]; 2) ter uma única equipe de trabalho para dois turnos; 3) e, por último – e que não está explícito em sua fala, mas que verificamos nos depoimentos dos funcionários –, flexibilizar a jornada de trabalho diária de acordo com as necessidades de cada unidade. Sobre essa questão, ao acompanhar os relatos de Gabriel vemos que, em fevereiro de 2021, afirma: "Eu sou base, eu trabalho sete horas e vinte, daí entro meio-dia, faço quatro horas de intervalo, saio uma e meia volto cinco e meia [conta nos dedos], é, certo, volto cinco e meia e vou até onze e vinte da noite". Pouco tempo depois, em agosto do mesmo ano, relata que sua jornada inicia às cinco da tarde e se estende até uma e meia da madrugada, com uma hora e dez minutos de intervalo. Em comentários aos vídeos, encontramos visões mais críticas à jornada: "Madero é uma empresa muito boa, mas infelizmente é o tipo de empresa que te prendem a eles, viver só pra eles, aquele intervalo que eles dão lá e só pra deixá a pessoa mais cansativa, seria muito melhor trabalhar direto"[33].

A questão da jornada de trabalho nos restaurantes do grupo é conflituosa[34]. Sua flexibilização é aprofundada ainda por meio do emprego frequente de horas

---

[30] Junior Durski, participação no perfil @foodcobrasil, vídeo, Instagram, 29 jul. 2021.

[31] Idem.

[32] "O Turnover existente no mercado gastronômico", blog da *C'est Prêt*; disponível on-line.

[33] Comentário ao vídeo de Isaac, 20 dez. 2020.

[34] Além do conteúdo exposto nos vídeos e comentários, uma série de processos na Justiça do Trabalho confirmam a disputa.

extras, cuja compensação é definida de forma autocrática pelos empregadores[35]: "eles tipo fica dando umas folgas pra você assim quando der pra abater, outra forma você trabalha menos pra abater pra você ficá diminuindo" (Gabriel, 24 fev. 2021). A proximidade da moradia ao local de trabalho torna ainda mais viável a exigência de horas extras, além de argumento, "também é um elemento importante do estado de prontidão permanente para o trabalho que se tornam submetidos os operários"[36]. Ao acompanhar a série de vídeos de Gabriel, evidenciou-se ainda que a possibilidade de mudança de unidade de trabalho (dentro da mesma cidade ou entre cidades/estados) é constante e conforme necessidades da empresa, o que, mais uma vez, é possível graças aos alojamentos.

O controle sobre a mobilidade dos empregados, como atesta a declaração citada de Durski, é fator conhecido na literatura sobre a relação entre moradia e trabalho. Alvim e Leite Lopes[37], ao estudar o caso da Companhia de Tecidos Paulista (CTP), em Pernambuco, observam que o monopólio sobre a residência dos trabalhadores tem o objetivo duplo de dificultar sua mobilidade em relação ao emprego e sua articulação político-sindical, por meio da vigilância sobre a esfera de reprodução da vida. No caso do Madero, a política de alojamentos implica ainda que o vínculo dos trabalhadores à empresa, e a manutenção dele, coloca-os numa *condição permanente de migrante*, tornando-os ainda mais vulneráveis em relação aos ditames da empresa. Entendemos assim que a estratégia do Madero passa por provocar o que chamamos aqui de *desterritorialização programada*, ou seja, mais que um mero deslocamento, a empresa opera intencionalmente no sentido de retirar esses jovens, muitos deles com escassa ou nenhuma experiência laboral prévia, da rede de apoio familiar de sua localidade.

A combinação entre, por um lado, imobilidade de emprego e de articulação política e, por outro, mobilidade entre unidades de trabalho e de jornada, adotada pelo Madero, revela a articulação entre traços históricos da constituição da classe trabalhadora brasileira dentro dos princípios de um capitalismo dependente, como a migração inter-regional constante[38], e a atual lógica de flexibilização das relações de trabalho. Podemos entender que isso os coloca, efetivamente, como

---

35 Ruy Braga, *A política do precariado: do populismo à hegemonia lulista* (São Paulo, Boitempo, 2012); Sadi Dal Rosso, *O ardil da flexibilidade: os trabalhadores e a teoria do valor* (São Paulo, Boitempo, 2017).

36 José Sérgio Leite Lopes, "Fábrica e vila operária: considerações sobre uma forma de servidão burguesa", em José Sérgio Leite Lopes et al. (orgs.), *Mudança social no Nordeste: a reprodução da subordinação (estudos sobre trabalhadores urbanos)* (Rio de Janeiro, Paz e Terra, 1979), p. 58.

37 Rosilene Alvim e José Sérgio Leite Lopes, "Vila operária e cidadania", *Revista de Sociologia e Política*, Curitiba, UFPR, n. 2, 1994, p. 99-109; disponível on-line.

38 Alexandre de Freitas Barbosa, "O mercado de trabalho: uma perspectiva de longa duração, *Estudos Avançados*, São Paulo, USP, v. 30, n. 87, 2016, p. 7-28; disponível on-line.

"trabalhadores errantes em busca de empregos fixos, que aceitam a volatilidade da sua condição pela promessa de estabilidade"[39].

O fundamento de tais condições está na permanência de um excedente de força de trabalho, estratégia central das classes dominantes no processo de transição ao trabalho livre[40], e que permite ao grupo Madero, ainda na atualidade, engendrar tal modelo de trabalho.

Considerações finais

A forma inovadora como o grupo Madero posiciona publicamente sua marca, ao se vincular a iniciativas de responsabilidade social e ambiental e pela sofisticação da sua arquitetura, por exemplo, contrasta com as raízes arcaicas das relações de trabalho que a sustentam, e constitui-se como recurso de dissuasão das estratégias de exploração e de acumulação de capital[41] empregadas por Durski e sua família.

Como vimos, ser jovem é, então, condição para poder ser empregado no modelo de trabalho do grupo Madero: viver em alojamentos, com quartos compartilhados, aceitar as constantes mudanças de unidade de trabalho e ampliação na jornada. Se o mercado de trabalho é desigual e atinge a todos os trabalhadores, é conhecido que a gravidade da situação é ainda maior quando se trata de jovens em busca de inserção profissional.

Além da questão etária, o perfil da força de trabalho dos restaurantes do grupo confirma que a reserva de trabalhadores tem caráter racial demarcado: oriunda da "imensa superpopulação relativa"[42] que tem como fonte a "massa marginalizada"[43] do processo de integração à sociedade de classes e que segue sendo fonte de uma mão de obra disposta a viver em constante deslocamento. Daí o jovem negro e nordestino como preferência, respondendo à questão que nos colocamos como ponto de partida desta investigação.

Nossa análise permite reafirmar a centralidade do trabalho juvenil num país de capitalismo dependente, cuja estruturação do mercado de trabalho contou, inequivocamente, com o pilar do excedente da força de trabalho. Assim, o recurso da migração desses trabalhadores foi, e segue sendo, como acabamos de ver, fundamental para a ampliação da apropriação do mais-valor. O que reafirma a vantagem à acumulação de capital aberta pelas desigualdades regional e racial que

---

[39] Kelem Ghellere Rosso, *Trabalhando no Madero*, cit., p. 135.

[40] Lúcio Kowarick, *Trabalho e vadiagem*, cit.

[41] A partir da perspectiva do fetichismo da marca e do papel da publicidade no capitalismo atual. Ver Celso Frederico, "Marx na pós-modernidade", em Francisco Teixeira e Celso Frederico, *Marx no século XXI* (São Paulo, Cortez, 2009); Ludmila Costhek Abílio, *Sem maquiagem: o trabalho de um milhão de revendedoras de cosméticos* (São Paulo, Boitempo, 2014).

[42] Alexandre de Freitas Barbosa, "O mercado de trabalho", cit.

[43] Clóvis Moura, *Dialética radical do Brasil negro* (São Paulo, Anita, 1994).

marcam esse mercado, entendidas aqui como parte dos aspectos próprios de uma revolução burguesa de caráter dependente[44] e, por isso mesmo, cuja manutenção é de interesse das classes dominantes do país.

[44] Conforme Ianni, sobre as questões regional e racial: "São problemas que a peculiar 'revolução burguesa' desenvolvida no Brasil não resolveu nem encaminhou satisfatoriamente para a grande parte da população; problemas que não interessam às classes dominantes nem resolver, nem encaminhar, sempre encobrindo-os ideologicamente ou reprimindo-os com as mais diversas e sofisticadas técnicas de violência"; Octavio Ianni, "O negro e o socialismo", em Octavio Ianni et al., *O negro e o socialismo* (São Paulo, Fundação Perseu Abramo, 2005), p. 7-8.

12
A roça de toco quilombola
Trabalho em uma epistemologia da multiespécie[1]

Tábata Berg[2]

Introdução

Neste texto, busco articular elementos apreendidos a partir da pesquisa etnográfica que venho realizando junto às comunidades do complexo quilombola de Mata Cavalo, na cidade de Nossa Senhora do Livramento (MT), que nos possibilitam olhar o trabalho a partir de uma perspectiva da multiespécie, distinta daquela que se consolidou nos estudos do trabalho ancorada na centralidade humana e em seu lugar privilegiado de sujeito ativo, possibilitando-nos vislumbrar uma epistemologia outra do trabalho.

Para tanto, irei me centrar em descrever e analisar a roça de toco, modo de produção agrícola singular, sob o qual constituiu-se o território quilombola de Mata Cavalo e que, como busco demonstrar, não se sustenta sobre a centralidade ativa do caráter humano na atividade laboral, mas em inter-relações complexas entre uma diversidade de espécies e entidades, humanas e não humanas. Faço esse recorte, pois compreendo que a promoção de leituras da categoria trabalho a partir de outras perspectivas epistemológicas, no estudo de caso em questão, nomeadamente, a partir de uma perspectiva ancorada nas práticas epistêmicas quilombolas, pode contribuir para o enriquecimento dos estudos do trabalho enquanto um campo científico multidisciplinar. No entanto, é importante ressaltar que não se encontra no escopo deste texto, ao trazer essa outra perspectiva, ensaiar ou endossar novas

---

1 A realização desta pesquisa foi aprovada pelo CEP/Conep e está inscrita no número de protocolo CAAE 69625523.9.0000.5540.

2 A pesquisa foi realizada em parceria com os pesquisadores Julianne Meisner e Emilio Acevedo Nieto, com as pesquisadoras comunitárias quilombolas Zulmira Lucio e Graziele Silva, e contou com a participação ativa dos membros diversais das comunidades do complexo quilombola de Mata Cavalo.

leituras para a categoria trabalho. Nesse sentido, minha pretensão é um tanto mais modesta: fomentar a imaginação crítica.

Antes de avançarmos à roça de toco em si, faz-se necessária uma breve contextualização.

O complexo quilombola de Mata Cavalo encontra-se localizado na intersecção dos biomas Pantanal e Cerrado. O território foi reconhecido como quilombola pela Fundação Palmares e, portanto, enquanto área de interesse social pelo governo Lula em 2007, tendo sido objeto de dois laudos antropológicos demandados pelo Ministério Público: o laudo antropológico, realizado em 1996 por Maria de Lourdes Bandeira et al.[3], e o laudo de 2007, de Edir Pina de Barros[4]. Ambos comprovaram que ali convivem em relações sociais singulares comunidades descendentes de pessoas escravizadas que desenvolveram dinâmicas territoriais próprias com práticas laborais, sistemas de parentesco e todo um aparato cultural singular. Nossa pesquisa deparou-se com vários dos elementos encontrados por Bandeira et al. e por Barros.

O complexo de Mata Cavalo, formado hoje por sete comunidades, organizadas em associações independentes, encontra-se onde existiam a sesmaria Boa Vida e a sesmaria Rondon, ambas as quais prosperaram por meio da utilização massiva do trabalho de pessoas escravizadas nas plantações e manufaturas de produtos agrícolas e extraídos dos biomas ocupados. Ao mesmo tempo, conforme contam nossas parceiras de pesquisa, os biomas também foram locais privilegiados onde as escravizadas fugidas podiam se esconder. Desde esse período as práticas laborais agrícolas e de beneficiamento realizadas pelas escravizadas para seu consumo próprio, e até mesmo para o consumo das sesmarias, diferenciavam-se profundamente daquelas realizadas para a comercialização. Desde esse período a plantação de multiculturas em coabitação com os biomas e o extrativismo marcam as práticas agrícolas de subsistência, opondo-se às grandes derrubadas de vegetação para a plantação monocultural da cana-de-açúcar, levada ao porto para exportação. No final do século XIX, antes da abolição da escravatura no Brasil, parte da sesmaria Boa Vida foi doada aos 34 escravizados e escravizadas sob sua posse, com a condição, segundo sujeitos de pesquisa, de que esses cuidariam da senhoria até sua morte. Outra parte foi vendida para Vicente Ferreira de Jesus. Já a sesmaria Rondon foi parte vendida ao negro liberto e garimpeiro Marcelino Paes de Barros, e a outra parte ao escravizado Graciano da Silva Tavares.

Com a abolição da escravatura, esse território tornou-se "terras de negros" e as diferentes comunidades foram sendo construídas em torno dos troncos dos antepassados, escravizados e negros libertos, que ali adquiriram suas terras ou que passaram a viver no território, mesmo sem possuir o título, por meio das

---

3 Maria de Lourdes Bandeira et al., *Mata Cavalos (MT): relatório histórico-antropológico* (Brasília/Cuiabá, Ministério da Cultura/Fundação Palmares/Unic, 1996).

4 Edir Pina de Barros, *Laudo pericial histórico-antropológico* (Mato Grosso, Justiça Federal, 2007).

relações costumeiras de apadrinhamentos e parentescos. Assim, ainda que, como consta na maioria dos relatos, aquelas terras e os modos de vida ali constituídos fossem percebidos como terras de negros, desde o início houve uma diversidade étnico-racial convivendo no território quilombola, sendo essa uma marca não só do complexo quilombola de Mata Cavalo, mas da maioria dos quilombos no Brasil, tanto no período da escravidão quanto depois dele. Esse é um aspecto importante para o qual apontava Beatriz Nascimento e que marcou os quilombos como espaços de interação e integração singular em relação à lógica global que estruturava a sociedade colonial brasileira, como territórios que integravam agentes oprimidos na sociedade brasileira, nomeadamente, indígenas e brancos pobres não possuidores de terras[5].

Nessas terras também coexistiram, ora em conflito aberto, ora em um conflito silencioso, desde o período da escravidão, duas formas de produção agrícola, ancoradas em formas laborais muito distintas. De um lado, a monocultura, com o beneficiamento dos produtos agrícolas, voltada para a comercialização, realizada pelo trabalho compulsório dos escravizados – a agromanufatura, a criação extensiva de animais e o garimpo[6]. Após o fim da escravidão, essas atividades laborais mantiveram-se presentes, realizadas pelas negras libertas remuneradas de modo irrisório dentro de fazendas comandadas por brancos. Do outro lado, a roça de toco, feita pelas escravizadas para sua subsistência e transmitida ao longo dos séculos para suas descendentes. Essa forma de produção agrícola atravessa toda a vida comunitária, material e simbólica das comunidades que compõem o complexo de Mata Cavalo e é um dos elementos unificadores entre a diversidade presente nas diferentes comunidades e dentro de cada uma delas. Ela articula não apenas uma forma de trabalho singular, mas funciona como um fato social total, por encontrarem-se articulados nela – na roça de toco – os vários elementos de um determinado modo de vida social, inclusive aqueles contraditórios, sendo mesmo organizadora daquelas práticas que não mais se encontram no campo laboral, como as práticas políticas, educacionais e religiosas, estando presente como base do imaginário social mesmo naqueles locais nos quais tem enfrentado enormes dificuldades para seguir se reproduzindo enquanto modo de produção.

A roça de toco e as formas de extrativismo que a complementam são fortemente caracterizadas pela solidariedade entre espécies, pela associação de culturas variadas e pela presença de entidades mágicas: santos (ocupando lugares privilegiados os santos negros São Benedito e Nossa Senhora Aparecida), orixás, assombrações, sobretudo a presença dos ancestrais que já faleceram.

---

5 Beatriz Nascimento, *Uma história feita por mãos negras: relações raciais, quilombos e movimentos* (Rio de Janeiro, Zahar, 2021).

6 Silvânio Paulo de Barcelos, *Quilombo Mata Cavalo: terra, conflito e os caminhos da identidade negra* (mestrado em história, Cuiabá, ICHS-UFMT, 2011).

Não é que não haja uma indistinção entre humanos e não humanos dentro do território quilombola de Mata Cavalo, o que Bruno Latour tem definido por instabilidade da noção de natureza, o que na radicalidade do argumento culminaria numa indistinção entre humanos e não humanos[7]. Ao contrário, existe uma hierarquia bastante evidente no circuito de trocas que atravessa as relações entre humanos e não humanos no complexo quilombola, inclusive, a mesma hierarquia atravessa as relações de estima e divisão dos poderes entre humanos, nas quais a proximidade do parentesco é um dos elementos determinantes, mas não exclusivo. Outros como, por exemplo, o cumprimento das funções específicas dentro do sistema de relações sociais e a presença na luta pela terra somam-se ao parentesco e o qualificam. Como ressaltou Antônio Bispo dos Santos, existe uma profunda solidariedade entre diversais[8].

Assim, embora não sejam indistintos, não humanos – animais domésticos, plantas, a chuva, o Sol – são imbuídos de um caráter ativo, de subjetividade, são agentes dentro desse sistema de relações hierárquicas e individualização. Por exemplo, um animal doméstico pode colocar-se entre um feitiço endereçado à sua cuidadora humana, numa ação ativa de proteção, sacrificando-se em seu lugar e cumprindo, assim, sua função na divisão das atividades intrínseca ao sistema de relações do quilombo. Nesse sistema, portanto, humanos e não humanos têm lugares e funções distintas, mas ambos participam ativamente na reprodução do modo de vida quilombola.

Nesse sentido, dentro do território prevalece o que Donna Haraway tem definido por naturezas-culturas[9], nas quais uma imbricação entre a materialidade e os significantes atravessa a constituição e a relação das diferentes espécies que nele coexistem. Vimos que em um pequeno espaço é possível encontrar culturas de arroz, milho, ramas, melancia, banana, algodão, mamona etc. intercaladas com árvores do próprio Cerrado, como o babaçu, que crescem "espontaneamente" no meio das roças de toco. Esse roçado é circundado pela vegetação do Cerrado e do Pantanal, que lhe garante umidade e proteção contra o ataque de pragas e dos animais silvestres. Há lugares no Cerrado/Pantanal que não são cultiváveis, sendo redutos das assombrações. "O Cerrado", como é chamado pelas quilombolas, é entidade viva, com subjetividade, com a qual mantêm uma delicada relação de solidariedade, trocas, obrigações e quizilas.

A roça de toco é tradicionalmente feita um pouco antes do início da temporada de chuva, concentrada no final da primavera e com ocorrência durante todo o verão. Assim, por volta do final de novembro ou início de dezembro, conforme aparecem os sinais das primeiras chuvas, reúnem-se os "muxiruns" (mutirões) para o preparo do solo. Há uma retirada manual da vegetação dos biomas. Durante

---

7 Bruno Latour, *Diante de Gaia: oito conferências sobre a natureza no antropoceno* (trad. Maryalua Meyer, São Paulo/Rio de Janeiro, Ubu/Ateliê de Humanidades, 2020).

8 Antônio Bispo dos Santos, *A terra dá, a terra quer* (São Paulo, Ubu/Piseagrama, 2023).

9 Donna Haraway, *Quando as espécies se encontram* (trad. Juliana Fausto, São Paulo, Ubu, 2022).

muitos anos essa retirada era feita com machado e foice; hoje é, em grande medida, feita com serra elétrica. Enquanto isso, parte da equipe de trabalho prepara o aceiro, uma barreira física entre o espaço da plantação e o restante da vegetação dos biomas para controlar o fogo.

Posteriormente, coloca-se o fogo controlado naquela pequena área. Após a queima, será feita mais uma limpeza do terreno e, mesmo assim, ali ficarão tocos das árvores maiores que antes ali habitavam. Nesse espaço será plantado milho, banana, arroz, cana-de-açúcar ou mesmo mandioca. Essas culturas ocupam lugares mais centrais na hierarquia da plantação, por garantirem um retorno econômico, sendo comercializadas desde a abolição da escravidão pelos quilombolas. Juntamente a uma dessas culturas serão associadas outras mais voltadas à subsistência, como abóboras; ramas variadas, como inhame, batata doce e feijão; soma-se a presença constante de frutas como melancia e mamão; circundam a plantação culturas de mamona e de algodão, além de árvores e plantas importantes para a produção dos remédios caseiros. Cresceram de modo "espontâneo" palmeiras de babaçu e outras árvores típicas dos biomas. Essa presença permanente de árvores não cultivadas nas roças de toco reforça a coexistência do cultivo com o extrativismo.

Com a chegada das chuvas, após cerca de três meses, já estarão sendo colhidos os primeiros produtos. A plantação daquele ano também convive com plantações de anos anteriores. O milho produzido no território é semente crioula, não tendo sido contaminado pelas sementes híbridas, e encontra-se há mais de cem anos no território. O mesmo ocorre com a mandioca e a banana. Não há acréscimos de insumos químicos ou de agrotóxico nas plantações tradicionais.

Chamo a atenção aqui para a importância do fogo. Visto como inimigo dos biomas, o fogo tem sido cuidadosamente manuseado pelas populações quilombolas de modo secular e, como demonstra o antropólogo Guilherme Moura Fagundes[10], tem uma enorme importância dentro das trocas entre essas populações e o Cerrado, garantindo a continuidade de seus modos de vida e de produção. Nesse caso, além do fogo controlado utilizado para a limpeza da área a ser cultivada, há também a queima dos materiais advindos do consumo cotidiano. O que é visto como lixo nos centros urbanos, no quilombo é percebido como insumo após passar pela queima nos terreiros das casas quilombolas. Esse material é queimado e reservado para ser usado nas plantações, seja da roça de toco, seja das pequenas hortas.

Como é o caso da noção de lixo, nesse modo de vida, também não há de maneira arraigada a ideia de desperdício. Existe uma transformação constante daquilo que não serve mais para um determinado modo de consumo para outro. As sobras de comidas alimentam os animais que vivem ao redor da casa, os cachorros, os gatos,

---

[10] Guilherme Moura Fagundes, "Fire Normativities: Environmental Conservation and Quilombola Forms of Life in the Brazilian Savanna", *Vibrant: Virtual Brazilian Anthropology*, ABA, v. 16, 2019; disponível on-line.

os porcos, as aves (galinhas, patos, entre outras espécies), o gado (em pequena monta) e as abelhas. Em contrapartida, esses animais também têm funções bem delimitadas e participam da intrincada hierarquia social que existe no complexo quilombola de Mata Cavalo entre as espécies de viventes. Cabe aos cachorros a proteção da casa, dos humanos, das plantações e dos demais animais domésticos. Essa proteção é tanto contra ameaças físicas, como já mencionado, como também contra ameaças mágicas; a proteção das humanas contra feitiços, espíritos e assombrações. As aves fornecem ovos e carne, além de insumos para a plantação. As abelhas fornecem mel. E assim segue toda uma rede de relações recíprocas baseadas nas funções que devem ser cumpridas por humanos e não humanos, rede esta marcada pela circularidade que o pensador quilombola Antônio Bispo dos Santos explicitou como "início, meio, início"[11]. São estranhas, desse modo, a esse sistema produtivo e simbólico as noções de fim, desperdício e perda.

Essa circularidade marca uma temporalidade distinta daquela ocidental. O tempo não é o do relógio. É o tempo das demandas do roçar, abrir as covas, semear e colher, atravessado pelo tempo de pilar, cozinhar e embalar. Da galinha a cacarejar anunciando os primeiros raios de luz, quando já é hora de lavar as vasilhas, alimentar os animais. É também o tempo da demanda, da festa, da feira, de um comprador ou atravessador. Do sol a rachar a terra e a lembrar que é tempo de fazer as tarefas à sombra, descascar a semente, cozinhar o doce no tacho. Do cair da tarde e do sono que chega determinando se esse dia será ou não dia de assistir à novela. É um tempo da substância e não da pura abstração, tempo do saber-fazer, isto é, das técnicas e saberes ancestrais, e não da produtividade. E se, de um lado, o trabalho é marcado por uma interação entre diferentes espécies, que participam de modo ativo nas atividades laborais, de outro, encontra-se fundamentado na concretude. Formas de trabalho que têm proximidades e distanciamentos da definição ontológica de trabalho presente na obra marxiana[12].

A roça de toco é a principal fonte de subsistência agrícola das comunidades no complexo de Mata Cavalo. Ela garante a subsistência pelo consumo *in natura* de seus produtos. Consumo da banana, do milho, da mandioca, da abóbora, das frutas e dos legumes variados. Mas também pelo beneficiamento desses produtos. Exemplos são a produção dos óleos de babaçu e de mamona, a produção da farinha de mandioca, das redes feitas do algodão, da banana frita e dos doces variados. Essa produção, na tradição, assim como a roça de toco, é feita por meio dos "muxiruns", de modo artesanal e com poucos acréscimos de produtos ultraprocessados. Existe toda uma produção dos utensílios utilizados para os beneficiamentos que

---

[11] Antônio Bispo dos Santos, "Início, meio, início: conversa com Antônio Bispo dos Santos", *Indisciplinar*, Belo Horizonte, EA-UFMG, v. 6, n. 1, out. 2020, p. 52-69; disponível on-line.

[12] Karl Marx, *O capital: crítica da economia política*, Livro I, *O processo de produção do capital* (trad. Rubens Enderle, São Paulo, Boitempo, 2013), capítulo 5.

mobilizam saberes e técnicas ancestrais, como é o caso dos pilões de socar. Seus produtos *in natura* ou beneficiados também são comercializados desde o tempo da abolição da escravidão.

O comércio com a cidade, atravessada pela lógica monetária, sempre participou da configuração da roça de toco. As trocas monetárias e as trocas tradicionais coexistem nesse território desde o período da escravidão, quando negros libertos passaram a adquirir por meio da compra parte do território e exercer nele atividades que, além da subsistência imediata, também eram atravessadas pela comercialização. Foi o caso de Marcelino Paes de Barros, fundador do tronco da comunidade de Mata Cavalo de Cima, uma das sete comunidades do complexo quilombola. Essa dimensão é importante quando estamos pesquisando sobre a eficácia desse modo de vida em garantir a segurança dos biomas com os quais convive. Isso porque as dificuldades em comercializar e obter rendimentos econômicos com a produção agrícola e seus modos de beneficiamento são barreiras à continuidade desse modo de vida e à sua eficiência em proteger os biomas.

O modo de vida dentro do complexo quilombola de Mata Cavalo não é, portanto, um sistema fechado sobre si mesmo. Assim, pelo fato de desde sempre ter mantido relações de trocas materiais e simbólicas com o "mundo dos brancos", a vulnerabilidade econômica – intensificada pelo racismo e pelo sexismo, que tornam difícil para as comunidades negras e para as mulheres acessarem o mercado econômico, ou seja, acessarem formas de trabalho dignas e crédito para a produção agrícola e para o beneficiamento dos seus produtos – coloca a população do complexo de Mata Cavalo em uma relação com o "mundo dos brancos" extremamente desigual, favorecendo as formas de expropriação e exploração que têm se reproduzido no território há séculos. Dois exemplos marcantes do impacto dessa vulnerabilidade econômica sobre a continuidade da roça de toco são:

a. o caso do endividamento da população quilombola por fazendeiros brancos que contratavam seus serviços agrícolas em condições de trabalho análogas à escravidão. Esses fazendeiros foram estendendo suas propriedades para dentro do território quilombola ao endividar em seus comércios os quilombolas que para eles trabalhavam. Dívidas com fumo, guaraná, retalhos de pano e álcool são as mais mencionadas pelos nossos parceiros de pesquisa;
b. a venda ilegal de trechos do território pelas próprias quilombolas, com destaque para aquelas que foram desterritorializadas e voltaram, mas que devido à altíssima vulnerabilidade econômica não conseguem garantir sua subsistência nas terras.

O primeiro caso esteve na origem dos conflitos de terra em Mata Cavalo. Mesmo tendo a titularidade da terra, devido à vulnerabilidade econômica e racial os primeiros trechos de terra começaram a ser expropriados pelos fazendeiros brancos. Já no segundo, o histórico de desterritorialização forçada, que impediu aos quilombolas que estão retornando para o complexo de terem acesso ao saber-fazer necessário para garantir a produtividade no Cerrado, une-se a um retorno sem qualquer apoio de políticas públicas capazes de garantir a permanência dessa população no território. Duas vezes vítimas do racismo estrutural, ao serem expulsas da terra e ao retornarem sem as condições adequadas para esse retorno, não resta alternativa a essa população senão a venda do terreno no qual vivem, aumentando a presença de não quilombolas no território.

Nos dois casos, a expansão das grandes propriedades e a entrada de não quilombolas em espaços menores pulverizados geraram e seguem gerando devastação ambiental, fragilizando os biomas e dificultando a continuidade da roça de toco em seus moldes tradicionais. Por exemplo, garimpos realizados dentro do território são apontados pelos quilombolas como responsáveis pela diminuição das águas dos riachos e por sua contaminação, tornando o solo mais arenoso e dificultando o plantio sem correção química. Tanques de peixes colocados nos leitos dos rios por fazendeiros impedem a subida dos peixes e inviabilizam a continuidade da atividade tradicional de pesca, que participa da composição do extrativismo quilombola que complementa a roça de toco.

Outro aspecto importante é que na roça de toco temos um lugar privilegiado de exercício, manutenção e reprodução do saber-fazer quilombola de Mata Cavalo. Quando falamos de saber-fazer, estamos falando de um conjunto de conhecimentos, técnicas, tecnologias e práticas que são transmitidos de modo nem sempre explícito através das gerações. Esse conjunto, todavia, não é jamais estático em nenhuma sociedade, e no caso das comunidades quilombolas, em especial do complexo de Mata Cavalo, esse conjunto se desenvolveu em relação e oposição a outros modos de vida, particularmente, ao modo de vida ocidental, "ao mundo dos brancos". Ora em oposições tácitas, ora em enfrentamento explícito e, por vezes, incorporando elementos (conhecimentos, técnicas, tecnologias e práticas) que integram o mundo ocidental. Dois exemplos atuais no complexo quilombola nos oferecem subsídios para compreender esse caráter rizomático e mutável do saber-fazer.

No primeiro deles, temos confrontos e incorporações com o modo de produzir intrínseco ao agronegócio. Por um lado, a roça de toco segue fazendo resistência à monocultura e ao uso de adubos químicos e agrotóxicos; por outro, o êxodo forçado, com a consequente diminuição do tamanho das famílias, é resolvido pela incorporação de técnicas e tecnologias ocidentais. É o caso do uso de tratores para arar e da substituição de áreas de cultivo de multiespécies por pequenas monoculturas em rodízio. Essas duas mudanças têm entrado fortemente na tradicional roça de toco, protagonizadas pelos homens quilombolas e pelas gerações mais jovens.

O outro exemplo é a incorporação das técnicas e tecnologias agroecológicas. Ora contrapondo-se, ora em convivência com o primeiro caso, o diálogo com a agroecologia como uma ciência ocidental com aproximações e distanciamentos da roça de toco tem sido utilizado pelas quilombolas tanto para aprimorar e atualizar o saber-fazer quanto para garantir legitimidade, frente à monocultura do agronegócio, para seu modo de vida singular. Por exemplo, o banco de sementes crioulas com orientações de como protegê-las da contaminação por sementes híbridas. Por um lado, há a incorporação dos conhecimentos científicos produzidos pela agroecologia enquanto campo científico; por outro, tornarem-se guardiãs de sementes centenárias e em evidente risco garante visibilidade e legitimidade ao modo de vida quilombola frente ao poder público e às organizações civis. As mulheres quilombolas das várias gerações protagonizam esse intercâmbio cultural com a agroecologia.

Existem atualmente vários elementos que oferecem risco ou são barreiras à reprodução da roça de toco como um fato social articulador do modo de vida quilombola no complexo de Mata Cavalo. Sendo esse modo de vida ancorado em uma relação respeitosa com os biomas com os quais convive, sua continuidade impacta diretamente na segurança desses biomas. Os principais desses elementos se concentram em torno dos conflitos territoriais, conflitos que são, como veremos, multifatoriais, mas que têm no racismo e no sexismo forças propulsoras.

A luta pelo território: a (re)existência do modo de vida quilombola

Desde a abolição, sempre existiram conflitos entre os negros e os brancos – tentando avançar sobre as terras de negros. Segundo relatos, alguns desses brancos foram recebidos no território pelas próprias comunidades quilombolas, e a partir de um determinado momento passaram a expandir suas atividades econômicas para além do terreno cedido, com o tempo empregando e explorando a força de trabalho quilombola, a partir de um misto entre lógica monetária e relações tradicionais de apadrinhamento que sempre estiveram presentes no modo de vida quilombola. No entanto, embora essas práticas híbridas façam parte do modo de vida quilombola no complexo de Mata Cavalo, foram utilizadas de forma parasitária pelos fazendeiros brancos que, explorando-as, conseguiram expandir suas posses expropriando as terras dos negros e explorando a força de trabalho quilombola abaixo do valor real, submetendo as quilombolas a formas de trabalho análogas à escravidão.

No final da década de 1950, essa presença ameaçadora agudiza-se quando um sujeito branco da cidade é recebido no território por um quilombola que, segundo relatos, era seu compadre e compra uma pequena porção de terra na localidade, onde instala uma "venda" a partir da qual passa a endividar as quilombolas, tomando-lhes suas terras. Nesse contexto, passa a contratar seus trabalhos, torna-se padrinho de muitas das crianças nascidas, que, em retribuição, passam, tão logo consigam exercer atividades laborais, a trabalhar para ele nas terras apossadas das quilombolas. Nesse período, existiam diversos documentos que atestavam a posse legal das descendentes de escravizadas naquelas terras, documentos que foram reunidos pelo, nesse momento, já fazendeiro, que, tornando-se prefeito de Nossa

Senhora do Livramento, prometeu regularizar a situação fundiária das terras. Foi então que reivindicou, após alguns processos judiciais, 8 mil hectares dentro do hoje complexo quilombola de Mata Cavalo. Rapidamente ele fatiou e vendeu as porções de terras.

De acordo com os relatos das sujeitas de pesquisa, Vicente Ferreira Mendes era escravizado em Boa Vida, embora ele não conste entre os 34 escravizados oficialmente registrados, e foi encontrando e guardando pepitas de ouro com as quais ele pôde comprar, após sua libertação, as terras hoje conhecidas como a comunidade Ribeirão da Mutuca, reivindicada por seus descendentes. Confirmando a história dos descendentes de escravizados, o historiador Barcelos afirma que a compra das terras realizada por Vicente Ferreira Mendes foi registrada de acordo com a lei fundiária da época[13].

Vicente é percebido por suas descendentes como um homem de trato gentil. Ele se casou com uma jovem escravizada, Francisca Romana, hábil tecelã, mulher "maluda". A jovem Romana consta do registro de propriedade de 1875 da sesmaria Boa Vida como escravizada negra, nascida naquela sesmaria, e encontra-se entre os 34 escravizados que foram contemplados com a doação da sesmaria Boa Vida realizada por Anna da Silva Tavares. Barcelos afirma algo que oferece pistas importantes ao primeiro objetivo da pesquisa: tanto a compra do Ribeirão da Mutuca como a doação da sesmaria Boa Vida foram devidamente registradas de acordo com as leis vigentes à época. Ou seja, encontravam-se em conformidade com a legislação fundiária em vigor após o ano de 1893 e, também, com o primeiro Código de Terras de Mato Grosso[14].

A pesquisa de Barcelos também confirma a compra das terras realizada pelo negro liberto Marcelino Paes de Barros, que lhe dava a propriedade legal das terras que hoje correspondem à comunidade de Mata Cavalo de Cima. Confirmando o que vem sendo relatado pelos sujeitos de pesquisa, a pesquisa documental de Barcelos comprova a legitimidade legal da propriedade da terra pelos negros em Mata Cavalo.

No entanto, o racismo institucional foi condição de possibilidade para que os brancos avançassem de modo predatório sobre as terras dos negros, mobilizando, além do endividamento e da força física, os aparelhos estatais, como a polícia e a justiça, e sendo principal obstáculo à continuidade da roça de toco no território.

As terras de Mata Cavalo ficaram por um certo período sob disputa judicial, e foi enfrentando-a com os poucos instrumentos de que dispunha na época que Macário, filho de Vicente Ferreira Mendes e Francisca Romana, conseguiu manter em sua posse legal duzentos hectares de terra. Essas terras funcionaram como posto de resistência do modo de produção e trabalho quilombolas, mas também, segundo suas descendentes, como aprisionamento, já que a família se viu cercada

---

13 Silvânio Paulo de Barcelos, *Quilombo Mata Cavalo*, cit.

14 Idem.

por fazendeiros. Anos mais tarde, Miguel Ferreira, filho de Macário, casa-se com Rosa, uma jovem órfã, nascida na comunidade de Capim Verde (que hoje se encontra quase em sua totalidade na posse de fazendeiros), pertencente ao complexo quilombola. Como Macário, algumas outras famílias quilombolas conseguiram manter a posse legal sobre seu território, como foi o caso, de acordo com relatos, de Simião, membro da comunidade Aguassu, que faz divisa com as comunidades Mata Cavalo de Cima e Mata Cavalo de Baixo. No entanto, a maioria das quilombolas permaneceram nas terras devido à resistência dos costumes comunais e seguiram entre as atividades exercidas em suas roças de toco, cultivadas em terras comunais sobre as quais não tinham nenhuma garantia legal, e as atividades agrícolas e o garimpo existentes nas terras apossadas pelos fazendeiros brancos.

Para aquelas que não possuíam mais qualquer garantia legal sobre as terras, tornou-se cada vez mais difícil manter-se no território de Mata Cavalo. Na década de 1970, o território encontrava-se todo fatiado entre proprietários brancos que, ao deparar-se com a resistência das quilombolas que ali viviam, vendiam suas terras para outros. A monocultura, a criação extensiva de gado e o garimpo proliferavam no território. A violência de jagunços armados, o despejo promovido por forças policiais e a queima criminosa de casas de barro cobertas com folhas de sapê ou babaçu, a construção tradicional dentro do complexo quilombola, expulsavam um contingente cada vez maior de quilombolas que partiam rumo às cidades ou mesmo para trabalharem em outras fazendas da região. Um dos sujeitos de pesquisa nos conta que a cidade de Várzea Grande, hoje com quase 300 mil habitantes, nasceu do êxodo quilombola.

Na história mais recorrente entre os sujeitos de pesquisa, conta-se que apenas cinco famílias permaneceram no complexo quilombola. No entanto, caminhando pelo complexo podemos comprovar que esse número é bem mais expressivo, que houve um grupo de famílias que nunca saíram do território e que seguiram alimentando de forma muitas vezes silenciosa o modo de vida singular que ali se desenvolveu.

As disputas territoriais se acirraram no território de Mata Cavalo no final dos anos 1980, tomando contornos cada vez mais violentos. Há uma profissionalização e um crescimento do agronegócio que tornam as atividades econômicas desenvolvidas nas fazendas controladas por brancos devastadoras, com implementação de tecnologias, uso de adubos químicos e de agrotóxicos. A substituição do garimpo artesanal pelo garimpo extensivo com uso de tecnologias cada vez mais modernas e de substâncias nocivas à vida (humana e não humana) existente nos biomas avança sobre o território, com grupos econômicos nacionais e internacionais. A pecuária extensiva, voltada para exportação, torna-se presente nas principais fazendas que disputam o território com as quilombolas. Os interesses mobilizados dentro do território tornam-se, portanto, altamente mercadológicos.

Em contraposição, temos no Brasil o final do regime militar com o consequente processo de redemocratização. Esse processo abre possibilidades de atuação para os movimentos sociais, que passam a disputar questões como propriedade da terra dentro da constituinte que dará origem à Constituição de 1988. Dentre esses movimentos destacam-se movimentos de trabalhadores rurais, dos povos originários, de mulheres e feministas e o movimento quilombola. Todos eles impactaram profundamente a construção da carta constitucional brasileira, oferecendo novas possibilidades de atuação para disputas seculares, como aquela que ocorria em Mata Cavalo no período.

Nesse novo contexto de atuação pelo direito à terra no Brasil, acontece a retomada do território com o retorno de famílias que foram expulsas de Mata Cavalo nas décadas anteriores. Estudos subsequentes demonstraram que aquelas terras reivindicadas pelas famílias negras eram terras quilombolas. Com o avanço e acirramento das disputas há um certo recuo dos fazendeiros e uma expansão progressiva, no final dos anos 1990 e durante os anos 2000, das terras ocupadas pelos quilombolas, seja pelas famílias que se mantiveram no território, seja por aquelas que estão retornando. As terras tradicionalmente entendidas como terras de negros agora são lidas por meio da identidade quilombola. Há um avanço das políticas públicas voltadas para equidade racial e de gênero. No entanto, alguns elementos são importantes nessa retomada do território:

a. embora os fazendeiros tenham recuado, eles seguiram contestando legalmente a legitimidade da propriedade quilombola, e não deixaram de exercer, ainda que de forma mais tímida, as atividades econômicas que marcaram o território: a monocultura, a pecuária e o garimpo; por outro lado, somaram-se à luta pelo território grupos nomeados como sem-terras, e parte deles não deixou o território após os estudos comprovarem que aquela terra não poderia ser alvo de reforma agrária, tornando-se grileiros e passando a expandir seus domínios e a vender terrenos de modo ilegal dentro do território;
b. o retorno de famílias que foram expulsas do território criou conflitos entre o modo de vida quilombola, como vimos, centralizado na roça de toco, e o modo de vida ocidental "do mundo dos brancos". Muitos daqueles que retornam não possuem o conjunto do saber-fazer quilombola e enfrentam enormes dificuldades para manter-se no território, e isso tem como consequência um novo êxodo ou a implementação de formas de produção estranhas ao modo de vida quilombola (uso de adubos químicos, de sementes híbridas e de agrotóxico). Esse retorno impacta o modo de vida quilombola, gerando conflitos e desdobramentos ambientais perversos;
c. passa a existir uma oferta, até então inexistente, de aparelhos e verbas estatais, assim como espaços de representatividade dentro do Estado e junto às organizações civis. Esses "bens raros", pois são limitados, criam disputas entre as comunidades e dentro delas. Por um lado, os quilombolas de Mata Cavalo acessam e impactam a construção das políticas públicas, levando suas demandas e ganhando legitimidade para as lutas seculares travadas no

complexo quilombola; por outro, há uma modificação nas dinâmicas de poder e hierarquia internas ao quilombo, intensificando os conflitos;

d. nesse contexto, a liderança protagonizada pelas mulheres quilombolas adquire uma forma particular. Elas, que estiveram à frente da continuidade do saber-fazer singular ao seu modo de vida, seja na roça de toco, seja na luta territorial, tornam-se agora a maioria entre as lideranças políticas que representam os interesses de suas comunidades fora do complexo quilombola. Há uma reorganização das relações de gênero, que sempre foram singulares dentro do complexo. Aquelas características intrínsecas à roça de toco como fato social total encontram-se presentes nos modos de militância política dessas mulheres e em suas atuações fora do campo agrícola.

No entanto, ainda que o território tenha sido reconhecido em 2007, que a participação dos quilombolas nos aparelhos estatais tenha se multiplicado e que a organização quilombola tenha adquirido contornos nacionais e internacionais nas últimas duas décadas, entramos nos anos 2020 sem que a situação fundiária do complexo de Mata Cavalo tenha sido regularizada.

Como vimos, dificuldades internas, como a presença de não quilombolas e a venda de terrenos por quilombolas que retornaram ao território, são intensificadas. Há um retorno significativo das atividades de garimpo para o território – hoje, segundo os sujeitos de pesquisa, pelo menos cinco garimpos exploram suas terras. A presença de grileiros foi exponencialmente intensificada – nesses pequenos terrenos são visíveis o desmatamento e a queimada predatória, sem a continuidade de qualquer atividade agrícola expressiva. O avanço da extrema direita com a eleição de Jair Bolsonaro em 2018, cuja oposição aos quilombolas e ao seu modo de vida foi expressa abertamente durante o pleito eleitoral, dificulta o acesso das comunidades dentro do complexo às políticas públicas e intensifica os conflitos entre quilombolas e representantes do agronegócio.

Enquanto isso as atividades predatórias no Cerrado e no Pantanal se intensificam, com o avanço de grandes queimadas e um cerco protagonizado pela presença das plantações de soja, de um lado, e do garimpo altamente tecnológico, de outro. O complexo de Mata Cavalo se vê cercado pelas atividades econômicas mais lucrativas do estado do Mato Grosso, ao mesmo tempo que os conflitos internos tomam grandes proporções.

Os conflitos territoriais e suas consequências ambientais, como o enfraquecimento ecológico dos biomas – com o desaparecimento de frutas e ervas medicinais; o empobrecimento dos solos, a diminuição dos riachos; a ausência dos peixes, a contaminação das águas –, encontram as mudanças climáticas que se intensificaram no Brasil nos últimos anos. Durante nossa pesquisa, a escassez das chuvas e o aumento significativo das temperaturas impediram a colheita e atrasaram a plantação das quilombolas no complexo de Mata Cavalo. Além disso, presenciamos a agudização dos conflitos internos nas comunidades e ameaças à vida de lideranças.

O contexto político modificou-se a partir da eleição de Luiz Inácio Lula da Silva, reabrindo as comunicações entre as organizações quilombolas e o governo federal, todavia não existe estimativa para a regularização fundiária do complexo de Mata Cavalo hoje.

Considerações finais

Neste artigo, busquei descrever e analisar os principais elementos que participam da roça de toco quilombola, fazendo desta um modo de vida singular ancorado em uma epistemologia laboral não centrada no caráter exclusivamente ativo do humano, mas em um intercâmbio permanente com outras espécies e entes que entram nesse processo lidos como também imbuídos de subjetividade e caráter ativo. Esse é o caso do Cerrado, entidade viva e ativa com a qual vivem em solidariedade. Nessa epistemologia do trabalho marcada pela multiespécie, a temporalidade é circular e não linear, e o fim do processo laboral, no sentido da ontologia marxiana, não é percebido com um fim em si mesmo – o produto não é o fim, mas meio e começo desse processo ininterrupto no qual a atividade produtiva não se distingue da produção e reprodução do modo de vida quilombola, mantendo, a partir de resistências e re-existências, as fronteiras[15] com o mundo dos brancos, bem como com as formas de vida e a epistemologia do trabalho singulares presentes nesse mundo.

Olhar para a roça de toco quilombola possibilita aos estudos do trabalho descentrarem sua perspectiva epistemológica e ontológica, de bases no mundo dos brancos ou, em outras palavras, cujos pressupostos ocidentais nos são cada vez mais evidentes e questionáveis por outros modos de vida, sem que haja uma desistência à fé na ciência, todavia, tornando-a passível de diálogos fronteiriços e encruzilhadas[16] epistemológicas com os diversais, alimentando seu caráter crítico.

---

[15] Antônio Bispo dos Santos, *A terra dá, a terra quer*, cit.

[16] Gloria Anzaldúa, *Chicanas deslenguadas: vivir en la frontera* (México, Palapa Editorial, 2020).

13

A educação rural mediada por tecnologias sob o olhar de estudantes do ensino médio

Antonio Marcos Pantoja dos Santos

Mediação tecnológica educacional

As tecnologias digitais têm se apresentado como um elemento de fundamental importância para a sociedade na modernidade, visto que esta se encontra em constante evolução, impulsionada por avanços tecnológicos, mudanças culturais e novas formas de pensamento.

As emergentes tecnologias contemporâneas geram ambientes de comunicação inéditos, abrangendo tanto interações humanas quanto artificiais. Esses cenários, até então não explorados, promovem modalidades inovadoras de engajamento entre o usuário e as máquinas, em que ambos desempenham funções distintas em relação ao tradicional papel de receptor e transmissor de informações. Nesse contexto, a construção do conhecimento contextualizado ocorre por meio da interação estabelecida entre o sujeito e a máquina[1].

As práticas pedagógicas, portanto, também são afetadas e sofrem influência direta das tecnologias digitais e popularizam de forma acelerada a formação a distância, sem que haja tempo suficiente, em muitos casos, para a preparação dos professores e dos recursos a serem utilizados como suporte para o ensino. Vale ressaltar que o uso de tais tecnologias na educação já era discutido desde a década de 1970[2] e mencionado na Lei de Diretrizes e Bases da Educação Nacional nº 9.394, de 1996 – LDB[3].

---

[1] Julio Cabero Almenara, "Nuevas tecnologías, comunicación y educación", *Edutec: Revista Electrónica de Tecnología Educativa*, n. 1, fev. 1996; disponível on-line.

[2] Raquel Goulart Barreto, "Tecnologia e educação: trabalho e formação docente", *Centro de Estudos Educação e Sociedade,* v. 25, n. 89, 2004, p. 1.181-1.201.

[3] Brasil, Lei n. 9.394, de 20 de dezembro de 1996, estabelece as diretrizes e bases da educação nacional (Brasília, Planalto, 1996).

Posto isso, o conceito de educação mediada por tecnologias vem recebendo novos significados e ingredientes. José Manuel Moran, Marcos Tarciso Masetto e Marilda Aparecida Behrens também corroboram que a educação mediada por meios digitais é um conceito que se refere à integração e ao uso de tecnologias como ferramentas facilitadoras no processo de ensino e aprendizagem. Ela envolve a utilização de dispositivos tecnológicos, aplicativos, *softwares*, plataformas on-line e recursos digitais para suportar o acesso, a aquisição e a construção de conhecimento de forma mediada[4].

O conceito de educação mediada por tecnologias também abrange o uso e a integração das Tecnologias da Informação e Comunicação (TICs) no contexto educacional, visando promover a formação de indivíduos capazes de compreender, utilizar e criar tecnologias de formação crítica, ética e responsável. É uma abordagem pedagógica que busca preparar os estudantes para o mundo digital, desenvolvendo suas competências digitais, criatividade, pensamento crítico e capacidade de resolver problemas complexos.

Nos últimos anos, a educação mediada por tecnologias tem se tornado cada vez mais presente nos ambientes educacionais, desde a educação básica até o ensino superior, e tem sido impulsionada pelo rápido avanço tecnológico e pelas mudanças nas práticas de ensino e aprendizagem. Em janeiro de 2023, a LDB sofreu modificações por meio da Lei n. 14.533, que introduziu a Política Nacional de Educação Digital (PNED), além de promover alterações nas leis n. 9.448, 10.260 e 10.753. Assim, a revisão da LDB em 2023 decorreu da implementação da nova PNED[5].

As reconfigurações da educação mediada por tecnologias tencionam oferecer diversas possibilidades, tais como: acesso a informações e recursos em tempo real, personalização do aprendizado, colaboração em rede, simulações e ambientes virtuais de aprendizagem. Uma das principais características da educação por meio de tecnologias é sua flexibilidade, permitindo aos estudantes que acessem o conteúdo em seu próprio ritmo, local e horário, o que pode facilitar o aprendizado individualizado e adaptado às necessidades de cada um[6].

Além disso, a educação mediada por tecnologias também pode proporcionar uma maior interação entre os estudantes e os conteúdos, por meio de recursos

---

[4] José Manuel Moran, Marcos Tarciso Masetto e Marilda Aparecida Behrens, *Novas tecnologias e mediação pedagógica* (Campinas, Papirus, 2000).

[5] Brasil, Lei n. 14.533, de 11 de janeiro de 2023, institui a Política Nacional de Educação Digital e altera as Leis n. 9.394, de 20 de dezembro de 1996 (Lei de Diretrizes e Bases da Educação Nacional), 9.448, de 14 de março de 1997, 10.260, de 12 de julho de 2001, e 10.753, de 30 de outubro de 2003, Brasília, *Diário Oficial da União*, 2023; disponível on-line.

[6] Jânio Robson Rocha Lima, "A implementação do ensino híbrido no período pós-pandemia", *Revista Ibero-Americana de Humanidades, Ciências e Educação*, São Paulo, v. 7, n. 2, fev. 2021; disponível on-line.

multimídia, como vídeos, jogos educacionais, fóruns de discussão, *chats* e videoconferências, o que pode enriquecer a experiência de aprendizagem[7].

Quando introduzidas em ambiente educacional, as tecnologias não apenas estabelecem uma ponte interconectada, proporcionando aos indivíduos a oportunidade de não se alienarem dos desafios da realidade. Ao contrário, possibilitam a construção e a expansão de conhecimentos por meio do enfrentamento direto desses desafios. Vale ressaltar que esse desdobramento não representa uma revolução pedagógica, mas sim uma incorporação pedagógica no ato de lecionar[8].

As TICs desempenham o papel de agentes transformadores no ambiente escolar, ampliando os horizontes da educação para além dos limites físicos da escola. A inserção dessas tecnologias é vista como um meio de fortalecer o acesso às novas realidades, promovendo maior criticidade, reflexão, ação e pertencimento nas decisões da sociedade.

Sendo assim, a menção à contribuição das TICs para uma mudança qualitativa na pedagogia escolar ressalta a ideia de que essas tecnologias não apenas agregam valor ao processo educacional, mas também têm o potencial de alterar fundamentalmente a abordagem pedagógica tradicional. A capacidade de absorção e produção de conhecimento no campo educacional é apontada como uma das consequências positivas desse impacto transformador.

Vale ressaltar que a escola pode ser considerada um campo social diverso que tem a responsabilidade de apresentar e fortalecer a inserção das tecnologias da informação e comunicação na vida dos educandos. Assim, faz-se referência à Base Nacional Curricular Comum (BNCC), que enfatiza a necessidade de a educação escolar possibilitar a construção de competências e habilidades, valores e práticas cognitivas e epistêmicas relacionadas às tecnologias e ao mundo do trabalho. O objetivo final é formar cidadãos justos, competentes e inclusivos.

No entanto, é preciso alertar para uma realidade preocupante ao mencionar que muitas escolas ainda não estão preparadas para o uso das tecnologias educacionais no campo. Essa observação destaca um desafio significativo na implementação efetiva das tecnologias na educação, evidenciando que, apesar das diretrizes e recomendações, a infraestrutura tecnológica e a capacitação necessárias podem não estar disponíveis em todas as instituições de ensino[9].

É necessário garantir a qualidade dos recursos utilizados, a formação adequada dos educadores para o uso efetivo das tecnologias, a promoção da ética digital,

---

7 Marco Silva, "Internet na escola e inclusão", em Maria Elizabeth Bianconcini de Almeida e José Manuel Moran (orgs.), *Integração das tecnologias na educação: salto para o futuro* (Brasília, MEC/Seed, 2005), p. 62-8; disponível on-line.

8 Vanina Costa Dias, "Ensinar e aprender em tempos de cultura digital", *Percurso Acadêmico*, Belo Horizonte, PUC Minas, v. 6, n. 12, jul.-dez. 2016, p. 435-48; disponível on-line.

9 Lilian Bacich, Adolfo Tanzi Neto e Fernando de Mello Trevisani (orgs.), *Ensino híbrido: personalização e tecnologia na educação* (Porto Alegre, Penso, 2015).

a segurança e a privacidade dos dados dos estudantes, além da necessidade de constantes atualizações tecnológicas. É fundamental também considerar os entraves como desigualdades no acesso à infraestrutura tecnológica e a necessidade de desenvolver estratégias para superá-las[10].

No contexto do ambiente rural, essa realidade não foi diferente, da mesma forma que não o foi para os participantes envolvidos no processo educacional. Diante dessa constatação, surge a necessidade premente de lançar luz sobre a situação atual das escolas no meio rural e promover discussões sobre experiências de educação mediada por tecnologias em áreas predominantemente influenciadas pela presença de empreendimentos agroindustriais.

Nessa perspectiva, os indivíduos que vivem em comunidades rurais, com destaque para os estudantes do ensino médio, devem ser integralmente incorporados a projetos e políticas públicas que possuam uma abordagem inclusiva, particularmente no que se refere ao acesso irrestrito a diversos meios e ferramentas digitais e tecnológicas. Essa abordagem visa assegurar que esses indivíduos usufruam plenamente de seu direito à cidadania.

Experiências de educação mediada por tecnologias: o caso do Goiás Tec

São diversas as experiências de educação mediada por tecnologias no Brasil. A inserção dessas práticas em ambientes escolares – ou não – é impulsionada pela inovação, dado que o modelo educacional que se consolidou ao longo dos séculos já não satisfaz às exigências e aos dilemas inerentes à transformação do mundo contemporâneo[11].

No estado de Goiás foi implantado o programa Goiás Tec, o qual, de acordo com a Secretaria de Estado da Educação de Goiás (Seduc-GO)[12], surgiu em resposta à crescente demanda por formação tecnológica e capacitação de educadores e estudantes, visando prepará-los para os desafios da sociedade digital e do mercado de trabalho.

Com base em outros estudos e em informações publicadas nos canais oficiais de comunicação da Secretaria da Educação de Goiás, é possível depreender que o programa tem como proposta expandir o atendimento no ensino médio por meio de

[10] Carlos Eduardo Crestani e Márcio Bender Machado, "Aprendizagem baseada em projetos na educação profissional e tecnológica como proposta ao ensino remoto forçado", *Revista Brasileira de Educação*, Rio de Janeiro, v. 28, e280048, 2023; disponível on-line.

[11] Arline Thomé da Silva e Daniela Tomio, "Práticas inovadoras de formação continuada docente e o lugar das tecnologias", *Revista da FAEEBA: Educação e Contemporaneidade*, Salvador, Uneb, v. 32, n. 69, jan.-mar. 2023, p. 203-22; disponível on-line.

[12] Estado de Goiás, Secretaria de Estado da Educação, "Projeto Goiás Tec reúne secretária da Educação e equipes do Ensino Médio e de Tecnologia", Goiânia, Seduc, 23 set. 2019; disponível on-line.

aulas transmitidas em tempo real via satélite, utilizando uma metodologia inovadora. A ideia é que as aulas sejam ministradas em estúdios com tecnologia avançada, de forma ampla no sistema público de ensino, como parte dos esforços do governo de Goiás para fortalecer e expandir o ensino médio para todos os municípios do estado[13].

De acordo com o Decreto n. 9.619, de 20 de fevereiro de 2020, que cria o programa Goiás Tec, o ensino médio regular poderá ser ofertado por meio da tecnologia digital, ou seja, na modalidade a distância, para comunidades de difícil acesso e onde haja a escassez de professores habilitados, conforme descreve o artigo 1º, detalhado no parágrafo único, dessa determinação governamental[14].

O decreto supracitado não dá detalhes de como deveria ocorrer o processo educativo e a aprendizagem com o uso da tecnologia de educação à distância. Apenas diz que o ensino será realizado a partir de aulas produzidas por professores habilitados e que haverá, nas comunidades, um mediador – substituto dos professores presenciais – e os estudantes, cujo papel deverá ser de espectadores, tendo o processo de aprendizagem concretizado com a resolução das atividades.

A partir da Lei estadual n. 20.802, de 8 de julho de 2020, o programa Goiás Tec passa a ser instituído no âmbito da Seduc-GO, sendo concebido como uma estratégia de educação tecnológica que busca promover a integração das TICs na educação básica, visando aprimorar a qualidade do ensino e estimular a inovação pedagógica nas escolas goianas[15].

A Seduc-GO afirma que o programa é resultado de um processo de planejamento e desenvolvimento que envolveu a identificação de demandas e a análise de tendências educacionais e tecnológicas. No entanto, ao ser apresentado para debate na Assembleia Legislativa do Estado de Goiás (Alego), o projeto de lei que criava o programa Goiás Tec no âmbito da Seduc-GO enfrentou resistência de organizações sociais e de deputados que ficaram com dúvidas sobre seu funcionamento e sobre o déficit de professores nas escolas do estado. Houve deputados que encaminharam seus votos contrários, justificando que o projeto não veio acompanhado de parecer do Conselho Estadual de Educação e não houve ampla participação dos setores da sociedade civil, o que poderia ser feito pela própria Alego por meio de audiências e consultas públicas[16].

---

13 Udna Lemos Torres, Wanessa Cristiane Gonçalves Fialho e Juliana Simião Ferreira, "Desafios do programa 'Goiás Tec – Ensino Médio ao Alcance de Todos'", *Olhares*, Guarulhos, Departamento de Educação da Unifesp, v. 11, n. 1, 2023; disponível on-line.

14 Estado de Goiás, Secretaria de Estado da Casa Civil, Decreto n. 9.619, de 20 de fevereiro de 2020. Autoriza a Secretaria de Estado da Educação a instituir a modalidade de Ensino Médio mediado por tecnologia, Goiânia, Casa Civil da Governadoria, 2020; disponível on-line.

15 Idem, Secretaria de Estado da Casa Civil, Lei n. 20.802, de 8 de julho de 2020. Institui, no âmbito da Secretaria de Estado da Educação, o Programa GOIÁS TEC – Ensino Médio ao Alcance de Todos, Goiânia, Casa Civil da Governadoria, 2020; disponível on-line.

16 Universidade Federal de Goiás, *Solicitação Coletiva para reprovação do Projeto de Lei que institui o Programa Goiás TEC no Ensino Médio de Goiás* (Goiânia, UFG, 2020); disponível on-line.

Acerca do processo formativo para mediadores e estudantes, a Seduc-GO assegura também que, desde seu lançamento, o Goiás Tec tem oferecido uma série de ações, como formações, cursos, *workshops* e recursos educacionais, voltados para mediadores e estudantes da rede estadual de ensino. Segundo a pasta, o objetivo do programa é contribuir para o desenvolvimento de competências digitais, criatividade, pensamento crítico e protagonismo dos estudantes, preparando-os para o mundo digital e para o mercado de trabalho do século XXI[17].

As políticas que implementaram o Goiás Tec deram novas nomenclaturas para os professores, diferenciando-os entre si no corpo docente do projeto, dado o local de desempenho de suas funções. Assim, os que atuavam em sala de aula diretamente com os estudantes passaram a ser considerados como "mediadores", e aqueles que começaram a agir nos estúdios de gravação e transmissão de aulas com a utilização de tecnologias como "formadores".

Ainda de acordo com os documentos orientadores do programa e informações disponíveis diretamente no site da pasta, o projeto oferece aos mediadores e estudantes o acesso a uma plataforma on-line de recursos educacionais, com conteúdos digitais alinhados às demandas e aos currículos das escolas goianas, sendo que "todo o trabalho é feito com base no material disponibilizado pelos professores de estúdio"[18].

Para a Seduc-GO, o programa Goiás Tec representa um esforço do governo do estado de Goiás em promover a educação tecnológica e a inovação pedagógica nas escolas goianas, visando preparar os educadores e os estudantes para os desafios do mundo contemporâneo, impulsionando a transformação digital na educação básica do estado.

Além disso, o Goiás Tec promove a integração da tecnologia de forma transversal nas diversas disciplinas e níveis de ensino, estimulando a criação de projetos interdisciplinares e práticas pedagógicas inovadoras, apresentando-se como uma iniciativa promissora e evidenciando esforços para melhorar a qualidade do ensino e apoiar o desenvolvimento acadêmico dos estudantes, tal como destacam as reportagens disponíveis nos canais oficiais de comunicação do órgão da educação.

A evolução do papel das tecnologias na educação desperta a atenção para a transição de um simples manuseio superficial para uma utilização mais integrada e sistematizada no processo educacional.

---

[17] Estado de Goiás, Assembleia Legislativa do Estado de Goiás, "Virmondes defende reavaliar implantação do programa Goiás Tec", Goiânia, Alego, 16 jun. 2020; disponível on-line.

[18] Idem, Secretaria de Estado da Educação, "Programa Goiás Tec oferece plantão de dúvidas e reforço escolar aos estudantes", Goiânia, Seduc, 11 maio 2022; disponível on-line.

O programa Goiás Tec sob o olhar de estudantes do campo

Inicialmente, o estado de Goiás implantou o programa Goiás Tec para atender os estudantes do ensino médio com aulas produzidas e padronizadas em um estúdio localizado na capital do estado, disseminando-o entre as escolas rurais e semiurbanas[19].

Para dar robustez a esta discussão, fomos em busca de informações e de conhecer *in loco* o funcionamento e a efetividade do programa Goiás Tec em escolas rurais atendidas no município de Luziânia. Assim sendo, destacamos as seguintes inquietações: como ocorreu o processo de implantação do projeto na escola observada? O que pensam os estudantes do ensino médio no Vale do Pamplona sobre esse programa? Qual a avaliação que eles fazem acerca da efetividade do Goiás Tec em suas aprendizagens?

O estudo foi realizado por meio de uma pesquisa bibliográfica e documental, tanto na internet, nos canais oficiais dos órgãos que cuidam da educação no estado de Goiás, quanto presencialmente nas escolas atendidas pelo programa. Em paralelo a essa etapa, realizamos uma pesquisa exploratória por um período de dezoito meses, entre os anos de 2022 e 2023, com o objetivo de conhecer a localização, o trajeto da mobilidade (fazendas/centro urbano-escola-fazendas/centro urbano) de estudantes e profissionais da educação (professores, gestores e servidores), bem como os aspectos estruturais das escolas.

Foram realizadas entrevistas com estudantes atendidos pelo programa de mediação tecnológica educacional para compreender suas percepções sobre o processo de ensino e aprendizagem estabelecido. Ouvimos desses atores participantes quais são suas perspectivas e os olhares que eles lançam sobre esse projeto. A partir dessas entrevistas e observações do cotidiano escolar, podemos perceber que o programa enfrenta diversos desafios ante a realidade local e o processo formativo dos jovens para atuarem como protagonistas das transformações sociais vividas.

Entre outras questões, em geral, as respostas[20] apontaram para a necessidade de melhoria das estruturas tecnológicas, fortalecimento da formação e disponibilidade de professores presenciais, democratização do acesso, atualização e sustentabilidade do programa e de seus recursos, interação entre os estudantes, mediadores e professores e suporte a todos os envolvidos.

Na tabela 1, sob o olhar dos estudantes entrevistados, são destacados alguns pontos que podem ser considerados como aspectos críticos relacionados à metodologia de ensino geral do programa de ensino médio Goiás Tec.

---

19 Idem, Assembleia Legislativa do Estado de Goiás, "Matéria que cria o programa Goiás Tec no Ensino Médio é aprovada em primeira votação", Goiânia, Alego, 10 jun. 2020; disponível on-line.

20 Ressalta-se que, metodologicamente, os depoimentos foram transcritos e codificados com letras do alfabeto para manter o sigilo de seus depoentes participantes.

Tabela 1 – Percepção dos estudantes quanto à metodologia do programa Goiás Tec.

ASPECTO OBSERVADO	DEPOIMENTO
METODOLOGIA	Sobre o Goiás Tec, por um lado é bom e por outro lado não. Existem pontos negativos que precisam dar uma melhorada. Quanto, estão tranquilos para mim. (Estudante A, 16 anos.)
	Nós tivemos uma surpresa, pois foi muito de repente. Por isso, o Goiás Tec está na iminência de não conseguirmos nos adaptar muito bem. (Estudante B, 16 anos.)
	Não gosto muito [do Goiás Tec]. Eu preferia estudar como antigamente, com os outros professores [presentes]. (Estudante C, 19 anos.)
	O Goiás Tec complica mais ainda. Mas, se tiver foco e paciência, a pessoa consegue aprender. (Estudante D, 17 anos.)
	Não [gosto] muito [do Goiás Tec], porque não tem um professor explicando. É apenas por vídeo. (Estudante E, 18 anos.)
	Na verdade, não [gosto do Goiás Tec]. Se você perguntar pra qualquer pessoa da nossa sala, a gente não fica feliz em estudar pelo programa. A gente preferia o modo antigo, com professores presenciais. (Estudante F, 17 anos.)
	[O programa Goiás Tec] não é a melhor opção. (Estudante G, 17 anos.)
	Goiás Tec, não [gosto de estudar pelo programa]. Eu preferia como antigamente. Com o Goiás Tec não [nos] desenvolvemos. Na metodologia de antes, quando a gente copiava, estávamos lá sempre ativos, sempre prestando atenção. Com o Goiás Tec você não consegue prestar atenção. É uma tela... como se você não estivesse fazendo nada. Só assistindo normalmente. Não agrega em nada na sua vida. (Estudante H, 17 anos.)
	Olha, gostar, eu não gosto muito, não [do Goiás Tec]. É uma diferença muito grande. Eu prefiro que os professores estejam em sala de aula e tirem nossas dúvidas. (Estudante K, 15 anos.)
	Eu acho que o Goiás Tec é um método de aprendizagem um pouco diferente. Não é o mesmo que ter um professor na sala, que tire nossas dúvidas na hora. (Estudante L, 15 anos.)
	Eu não "curto" muito assistir às aulas pela TV. Eu preferia como era antes, mas eu tô me adaptando ainda. Tudo é muito novo para mim nesse programa Goiás Tec. (Estudante M, 16 anos.)
	Eu gosto de estudar no Goiás Tec, porém seria melhor se os professores estivessem pessoalmente. (Estudante N, 15 anos.)

Fonte: elaborado pelo autor.

A metodologia utilizada no processo de ensino e aprendizagem de programas de educação mediados por tecnologia é mais um elemento que merece destaque. Para que haja efetividade metodológica, é fundamental assegurar que os professores estejam adequadamente preparados para ministrar aulas por meio desse formato, utilizando a tecnologia de maneira efetiva para engajar os alunos e promover uma aprendizagem significativa.

O foco das propostas elaboradas e apresentadas aos professores deve ser o de possibilitar o suporte para experimentarem novas formas de atuação, refletirem sobre elas e, nesse movimento, verificarem até que ponto esses métodos de condução das aulas poderiam impactar nos resultados esperados em relação ao desempenho dos alunos[21].

Além disso, é preciso ter cautela quanto ao uso excessivo das novas tecnologias (NT) no ambiente educacional. Apesar de a inovação ser importante, é fundamental que o ensino não se restrinja apenas à transmissão de aulas, mas também valorize a participação ativa dos estudantes, a interação entre pares e a realização de atividades práticas, que são fundamentais para uma aprendizagem autônoma e efetiva.

Mesmo que os programas de educação mediada por tecnologias apresentem potencial para ampliar o acesso e promover a inovação no ensino médio, é necessário um acompanhamento cuidadoso para garantir que os desafios técnicos e pedagógicos sejam superados, e que o ensino transmitido por meio dessa metodologia seja de qualidade e proporcione uma experiência educacional enriquecedora para todos os estudantes.

Os alunos das escolas visitadas teceram comentários sobre a atuação dos mediadores e disseram que eles tentam implementar o maior esforço possível para ajudar no desenvolvimento da aprendizagem. Nesse quesito, a tabela 2 traz a percepção dos estudantes quanto à mediação do Goiás Tec, ou seja, a ponte entre os conteúdos propostos pelo programa e os estudantes, realizada pelos mediadores.

Tabela 2 – Percepção dos estudantes quanto à mediação do programa Goiás Tec.

ASPECTO OBSERVADO	DEPOIMENTO
MEDIAÇÃO	Geralmente, quando eu tenho as dúvidas, que são de matérias que a mediadora tem o domínio, eu tiro com ela. A nossa mediadora é formada em matemática. E aí, o que é daquilo que ela conhece, ela explica de uma forma que a gente consegue aprender. (Estudante B, 16 anos.)
	A mediadora até que tira as dúvidas, umas de matemática, que ela é experiente nisso. Agora nas outras, tipo agora, que tá passando projeto de vida, não tem como ela tirar. (Estudante I, 16 anos.)
	Quando tenho dúvidas, pergunto para a mediadora. Ela deixa a gente pesquisar também. (Estudante J, 16 anos.)
	Temos uma mediadora que ajuda bastante a gente. (Estudante K, 15 anos.)
	Ela [a mediadora] dá aula de inglês, física, matemática. As outras disciplinas eu não lembro. Ela também tira dúvida de outros conteúdos, tipo de geografia e história. (Estudante N, 15 anos.)

Fonte: elaborado pelo autor.

Quando perguntamos a respeito da mediação feita entre os estudantes, os conteúdos ensinados e os professores situados em um estúdio, a análise das respostas dos

[21] Lilian Bacich, Adolfo Tanzi Neto e Fernando de Mello Trevisani (orgs.), *Ensino híbrido*, cit.

depoimentos orais nos faz entender que os alunos enfrentam diversos desafios para sanarem suas dúvidas. Os trechos destacam a prevalência do movimento de virtualização do ensino, que é comumente associado à educação à distância via internet.

Embora reconheçam a importância da tecnologia na educação contemporânea, os entrevistados pareceram subestimar a complexidade e a diversidade dos ambientes de aprendizagem on-line e presencial. No entanto, a maioria dos estudantes entrevistados foram enfáticos ao demonstrarem interesse em estudar com professores presenciais e apontam a falta de formação específica dos professores como um dos obstáculos para a aprendizagem eficaz.

Também é fundamental considerar que a eficiência dos programas de educação implementados com o uso da tecnologia não depende apenas da presença da mediação tecnológica, mas também da qualidade do *design* instrucional, da interação entre os participantes e do apoio institucional. Ignorar esses aspectos pode levar a uma visão simplista e superficial do papel da tecnologia na educação[22].

Portanto, enquanto reconhecemos a importância da virtualização do ensino, é crucial analisar essa questão de forma mais ampla e contextualizada, levando em consideração a diversidade de abordagens e tecnologias disponíveis, bem como as complexidades envolvidas na promoção de experiências educacionais significativas e eficazes.

De acordo com os depoimentos orais coletados dos estudantes participantes da pesquisa, o programa Goiás Tec não oferece suporte técnico e de apoio pedagógico adequado para o desenvolvimento de uma aprendizagem significativa, conforme apresenta a tabela 3 a seguir.

Tabela 3 – Percepção dos estudantes quanto a infraestrutura e o suporte aos alunos do Goiás Tec.

ASPECTO OBSERVADO	DEPOIMENTO
SUPORTE	Quando eu quero tirar uma dúvida, eu passo para a professora mediadora e ela envia a pergunta para lá [para o estúdio central] e, às vezes, consegue resolver. (Estudante A, 16 anos.)
	Agora, com os professores de estúdio, percebo que eles têm dificuldade, não têm facilidade de explicar algumas matérias. E aí ficam alguns espaços, a gente não consegue aprender. (Estudante B, 16 anos.)
	O complicado é em termos de você tirar dúvidas. Se você tiver um mediador dentro da gente, o nosso é de matemática. Se tiver que tirar dúvidas de linguagens, português, aí já complica. (Estudante D, 17 anos.)
	Você não pode procurar o professor (está distante no estúdio). Sem o professor presente é mais difícil de entender as aulas. (Estudante E, 18 anos.)

22 Raquel Goulart Barreto, "Tecnologia e educação", cit.

ASPECTO OBSERVADO	DEPOIMENTO
SUPORTE	Só que os horários são horários padrões que eles colocaram. E na nossa escola não funciona. A primeira aula, por exemplo, começa às sete e pouco. A gente chega na escola às 7h40. A gente acaba perdendo as aulas on-line. (Estudante F, 17 anos.)
	Só se você mandar no número dele. Até ele responder... (Estudante G, 17 anos.)
	Não tem como tirar dúvida. (Estudante H, 17 anos.)
	[As dúvidas] mandam para os professores, eles passam Instagram ou alguma forma de mandar pergunta para eles. Aí, no caso, com os mediadores. (Estudante I, 16 anos.)
	Eu tiro minhas dúvidas com a mediadora. (Estudante K, 15 anos.)
	... ou com quem dá aula lá no vídeo. A gente envia as perguntas através de um *chat*. (Estudante L, 15 anos.)
	Não tenho acesso a ele e as minhas dúvidas eu tiro com a mediadora. (Estudante M, 16 anos.)
	Quando tem alguma pergunta para fazer, eu pergunto para a mediadora e ela tira a minha dúvida. (Estudante N, 15 anos.)
	Eu mesmo nunca consegui entrar em contato ou fazer uma pergunta para eles que estão dando aula na televisão. (Estudante O, 15 anos.)

Fonte: elaborado pelo autor.

Um dos desafios enfrentados para a efetividade do programa Goiás Tec é a disponibilidade e qualidade da infraestrutura tecnológica nas escolas goianas. Nem todas as instituições de ensino possuem acesso adequado à internet, equipamentos tecnológicos atualizados e recursos avançados, embora seu enfoque esteja predominantemente direcionado a inovações marginais e complementares. Isso pode limitar a eficiência e o alcance do programa, dificultando o pleno aproveitamento das capacitações e dos recursos oferecidos.

A falta de estrutura adequada, enfrentada pela educação no meio rural do Brasil, é um dos principais motivos do atraso no acesso às NT. Em 2022, uma pesquisa desenvolvida pelo Centro Regional de Estudos para o Desenvolvimento da Sociedade da Informação (Cetic) monitorou o uso das tecnologias de informação e comunicação em escolas do país. De acordo com o estudo *TIC Educação – 2022*, mais de 50% das escolas rurais não têm acesso à internet. Enquanto isso, na zona urbana, 99% têm ao menos um computador e 98% acessam a internet[23].

Os dados também mostram que o uso das tecnologias reflete no desempenho escolar, uma vez que os alunos e professores recorrem à internet para adquirir

[23] Centro Regional de Estudos para o Desenvolvimento da Sociedade da Informação, *TIC Educação – 2022* (São Paulo, Cetic, 2022); disponível on-line.

informações e usam o computador para trabalhar com as ferramentas digitais que auxiliam no aprendizado.

Outro ponto crítico que merece destaque em relação à educação mediada por tecnologias é a exclusão digital, que já é consequência de um processo histórico de diferenciação em função da classe dominante. Deve-se garantir o acesso equitativo a todos os estudantes, independentemente de sua localização geográfica ou condição socioeconômica. É fundamental assegurar que todos os alunos tenham igualdade de acesso aos recursos tecnológicos e às oportunidades de formação, a fim de evitar a ampliação de desigualdades educacionais.

A rápida evolução das tecnologias pode representar um desafio para o programa Goiás Tec em termos de atualização constante dos recursos oferecidos e sustentabilidade a longo prazo. É necessário assegurar a continuidade do projeto e sua adequação às mudanças tecnológicas e educacionais, bem como viabilizar recursos financeiros e parcerias duradouras para sua manutenção e expansão.

A realidade e os depoimentos dos estudantes nas áreas rurais dos municípios goianos chamam a atenção para a necessidade de enfrentar os desafios específicos presentes nas escolas, reconhecendo a diversidade de situações, e destaca a importância da cooperação e da coordenação de esforços para garantir uma educação de qualidade em todo o país.

Embora o programa Goiás Tec tenha como objetivo promover a formação tecnológica de estudantes e de seus educadores, também enfrenta desafios relacionados à infraestrutura, à capacitação, ao acesso equitativo e à sustentabilidade. É importante abordar esses pontos negativos de forma estratégica, visando superá-los e maximizar os benefícios do programa para a educação no estado de Goiás.

Essa reflexão ratifica a importância de abordar questões de equidade e acessibilidade na educação, assegurando que todas as escolas, independentemente de sua localização ou recursos, possam acompanhar as mudanças e inovações necessárias para preparar os estudantes para um mundo cada vez mais tecnológico.

Para um próximo debate

No geral, os estudantes entrevistados não apresentaram uma boa avaliação do programa Goiás Tec. Segundo eles, essa modalidade de ensino não lhes proporciona a aprendizagem inovadora e a produção de conhecimento que garantem a formação omnilateral.

Os jovens estudantes do ensino médio no programa Goiás Tec enfrentam uma série de desafios diversos. Estes vão desde a difícil acessibilidade à internet, muitas vezes de qualidade inferior, até a escassez de professores qualificados capazes de fornecer o suporte essencial para o acesso dos alunos às aulas e aos materiais disponibilizados.

No projeto analisado, a formação dos jovens se dá, na maioria das vezes, por meio dessas gravações em um *pen drive* que são exibidas pelo professor mediador.

Depender exclusivamente de aulas gravadas pode limitar as oportunidades de discussão, colaboração e aplicação prática do conhecimento. O programa Goiás Tec, ao invés de promover um avanço significativo na educação dos jovens do campo, parece ser mais uma medida superficial e desarticulada.

Ao concentrar seus esforços em tecnologias específicas sem considerar as necessidades reais das comunidades rurais, o programa desconsidera as nuances e os desafios únicos enfrentados por esses jovens. Além disso, ao não priorizar o desenvolvimento de habilidades básicas e críticas, como a inclusão digital e a formação do pensamento crítico, o Goiás Tec pode acabar por marginalizar ainda mais os jovens do campo, deixando-os despreparados para enfrentar os desafios do mundo contemporâneo. Em vez de soluções simplistas e desconectadas, é necessário um compromisso genuíno com uma educação holística e inclusiva, que leve em conta as realidades locais e promova um desenvolvimento integral dos estudantes rurais.

Assim, urge que a sociedade civil organizada e o Estado elaborem debates em conjunto com as entidades representativas das populações do campo, em torno da implementação de políticas públicas e/ou financiamento de projetos de educação mediada por tecnologias.

14
O ideal do sujeito empreendedor e o Novo Ensino Médio

Neoliberalismo, trabalho e educação

Matheus Paiva

Introdução

Este texto se insere nas discussões em torno do empreendedorismo que o pensam como fenômeno ligado ao neoliberalismo na contemporaneidade, suas manifestações e encaminhamentos em diversos campos da vida social, priorizando, no entanto, discutir sua inserção na educação básica brasileira. Mais especificamente, será analisada a inserção da temática empreendedora na etapa do ensino médio, a partir da reforma educacional que originou aquilo que se convencionou chamar de Novo Ensino Médio (NEM), no qual essa temática passa a ser prescrita em documentos normativos para todos os estados do país, devendo ser contemplada por escolas públicas e particulares.

Parte-se da concepção trazida por Dardot e Laval[1] a partir dos estudos de Foucault sobre o neoliberalismo, na qual os autores definem o empreendedor como modelo de sujeito neoliberal. Trata-se, em suma, de pensar no empreendedor como um modelo comportamental atrelado à responsabilização individual pelo sucesso e fracasso, bem como à necessidade de adaptação e autotransformação constante frente a um mundo marcado pela flexibilização de rotinas, normas e relações de trabalho. Assim, o neoliberalismo será visto como "racionalidade", antes do que como uma política econômica. A racionalidade neoliberal define-se a partir da generalização da concorrência como norma de conduta e da empresa como modelo de subjetivação.

Busca-se compreender as caracterizações do empreendedorismo ao torná-lo objeto da formação dos jovens em dois currículos específicos: o currículo paulista e o currículo paraense para o NEM. Enquanto o primeiro parece centrar-se em

---

[1] Pierre Dardot e Christian Laval, *A nova razão do mundo: ensaio sobre a sociedade neoliberal* (trad. Mariana Echalar, São Paulo, Boitempo, 2016).

uma contemplação do empreendedorismo mais atrelada ao ambiente empresarial e ao sucesso individual, o segundo aparenta buscar flexibilizar essa concepção, focando o empreendedorismo enquanto prática ligada à coletividade, chamando-a de "empreendedorismo social". Ao fim do artigo, no entanto, pretende-se evidenciar que, apesar das divergências observadas entre os casos desses dois estados, a temática empreendedora apresenta certo núcleo, o qual está fortemente ligado ao empreendedorismo enquanto um modelo de subjetividade neoliberal.

Utilizou-se, para essa reflexão, a metodologia da análise documental, combinando o estudo de documentos curriculares com discussões da teoria social acerca do empreendedorismo como promotor de uma subjetividade neoliberal.

O empreendedorismo na educação e no ensino médio brasileiro: uma breve apresentação

A relação entre empreendedorismo e educação no Brasil não é nova, datando ao menos de pouco mais de duas décadas. Nesse contexto, desde o início dos anos 2000 podem ser observadas tanto a publicação de obras com circulação relevante que advogam a inserção da temática empreendedora em escolas do país, bem como a implementação, em diferentes estados, de iniciativas para trabalhar a temática em instituições educacionais públicas, principalmente na etapa do ensino médio, cuja preocupação com o mundo do trabalho se mostra mais imediatamente situada.

Assim, no início do milênio, surgem importantes trabalhos, como, por exemplo, dois livros de Fernando Dolabela, autor brasileiro que vale destacarmos por ser fundador da chamada *pedagogia empreendedora*, corrente que sustenta a pertinência de desenvolver o empreendedorismo na educação básica em busca da promoção do "desenvolvimento" econômico e dos próprios sujeitos: *Pedagogia empreendedora*[2] e *Empreendedorismo, uma forma de ser*[3].

Ao mesmo tempo, vemos surgir algumas iniciativas práticas, ora por meio de ações puramente públicas, ora por meio de parcerias público-privadas. Em uma pesquisa sobre as parcerias estabelecidas entre escolas públicas e outras organizações no Rio Grande do Sul, Alves, Klaus e Loureiro[4] nos fornecem um exemplo disso. Contemplando oito secretarias municipais de educação e três coordenadorias do estado em seu estudo, os autores constatam que a maioria dos projetos e programas desenvolvidos nas instituições escolares junto a parceiros externos tinham como

---

[2] Fernando Dolabela, *Pedagogia empreendedora: o ensino de empreendedorismo na educação básica, voltado para o desenvolvimento social e sustentável* (São Paulo, Editora de Cultura, 2003).

[3] Idem, *Empreendedorismo, uma forma de ser: saiba o que são empreendedores individuais e coletivos* (Brasília, Agência de Educação para o Desenvolvimento, 2003).

[4] Alexandre Alves, Viviane Klaus e Carine Bueira Loureiro, "Do sonho à realização: pedagogia empreendedora, empresariamento da educação e racionalidade neoliberal", *Educação e Pesquisa*, São Paulo, v. 47, e226115, 2021; disponível on-line.

foco a formação de crianças e de jovens empreendedores, instituindo, para tanto, projetos propostos sobretudo pela Junior Achievement (JA)[5] e pelo Serviço Brasileiro de Apoio às Micro e Pequenas Empresas (Sebrae), ambas instituições abertamente preocupadas em desenvolver o empreendedorismo enquanto prática orgânica nos sujeitos do país.

O Novo Ensino Médio: uma nova etapa

Apesar de parecer cada vez mais presente em toda a educação básica ou mesmo no ensino superior, a temática do empreendedorismo encontrará no ensino médio, fase historicamente ligada a processos de formação profissional, uma importante esfera para seu ensinamento, não apenas alcançando essa etapa da educação básica, mas encontrando nela terreno fértil para tornar-se estrutural e reproduzir-se. Nessa senda, deve-se pensar não apenas a inserção da temática no ensino médio brasileiro, mas o aprofundamento desse processo e sua busca de tornar-se um elemento educacional estruturante, vinculado à formação de todos e quaisquer jovens submetidos ao sistema educacional brasileiro.

Embora existissem, desde o início do milênio, iniciativas diversas com o fim de trabalhar o empreendedorismo na educação básica, até então tratava-se de medidas esparsas, situadas em uma escala local, sem grande abrangência. É só mais tarde que vemos o tema do empreendedorismo inserir-se de maneira obrigatória no ensino médio em âmbito nacional, e é justamente esta uma das principais novidades trazidas à baila pela reforma educacional que cria o chamado NEM.

Em 2018, o governo federal institui o NEM, reformulando a estrutura dessa etapa da educação e vinculando, inclusive, certos temas a ela. Uma das principais novidades que vêm à tona é a divisão obrigatória do currículo entre uma parte comum às escolas de todos os estados da federação (a chamada Formação Geral Básica) e uma parte "flexível", na qual os estudantes supostamente poderiam escolher objetos temáticos mais caros a seu interesse, a fim de se envolverem com maior ânimo no processo educacional. Nesta, se, por um lado, os jovens podem optar dentre unidades curriculares criadas por sua escola, por outro, têm de contentar-se com o fato de que tais unidades precisam contemplar ao menos um (e preferencialmente todos) de quatro "eixos estruturantes" que lhes dão fundamento: investigação científica, processos criativos, intervenção e mediação sociocultural e, por fim, o empreendedorismo.

Em decorrência disso, não mais o empreendedorismo será trabalhado por meio de agentes que o propõem como objeto educacional por acharem-no interessante.

---

5 Trata-se de uma organização cuja missão é "inspirar e preparar jovens para terem sucesso em uma economia globalizada"; JA Brasil, "Sobre nós", Porto Alegre, [2018?]; disponível on-line, citado em Alexandre Alves, Viviane Klaus e Carine Bueira Loureiro, "Do sonho à realização", cit.

Agora, todas as escolas, públicas ou particulares, concordem ou não de antemão com sua pertinência para o desenvolvimento dos jovens, têm de satisfazer a contemplação dessa temática, correspondendo a normativos federais que assim a impõem.

Se, por um lado, esse assunto se torna praticamente obrigatório no ensino médio brasileiro como um todo, vindo "de cima para baixo", por outro, justamente em decorrência dessa nacionalização da temática, esta terá de ser mobilizada por estados distintos da nação, marcados por histórias distintas, forças políticas distintas entre si, perspectivas educacionais hegemônicas diversas e daí por diante. Isto é, ao adentrar a educação brasileira como um todo, devendo ser contemplado por todos, o empreendedorismo passará a ser mobilizado em vários contextos, podendo trazer à tona múltiplas perspectivas a seu respeito.

Nesse sentido, exploraremos a seguir o caso de dois currículos estaduais que adotam, pela primeira vez em seus respectivos estados, o NEM e, portanto, o empreendedorismo enquanto eixo estruturante da formação dos jovens. Foca-se, assim, em analisar o currículo do estado de São Paulo e, em seguida, o do estado do Pará, o qual parece buscar certo distanciamento frente à proposta do governo federal no que concerne à contemplação da temática, embora esbarre em certos limites.

Busca-se, com isso, explorar a ocorrência de fissuras ou mesmo rupturas entre essas diferentes mobilizações do empreendedorismo para a formação de sujeitos, bem como elucidar a existência de certo núcleo de sentido a partir do qual o tema será entendido pelos curriculistas de ambos estados, o que pode evidenciar alguns dos limites para a mobilização da temática a partir de novas perspectivas que busquem romper com um caráter mais empresarial, neoliberal etc.

O caso do currículo paulista

Primeiro, analisaremos o currículo proposto pelo estado de São Paulo para o NEM. Essa escolha parte da constatação de que o estado em questão se mostrou avançado em contemplar o NEM, além do que, pela relevância econômica e no imaginário social do país, pode vir a ser um modelo para outras regiões ou inciativas futuras que busquem lidar com a temática do empreendedorismo na educação básica ou mesmo superior.

A presente reflexão se deu a partir da leitura e análise do *Currículo paulista: etapa ensino médio*, elaborado pelo estado para a última fase da educação básica[6]. Embora aprovado oficialmente em 2020 (ano, portanto, anterior à obrigatoriedade do NEM, estabelecida em 2022), o documento curricular já contemplava os elementos colocados pela chamada reforma do ensino médio, abordando, assim, os temas da Formação Geral Básica, bem como os dos Itinerários Formativos e

[6] Estado de São Paulo, Secretaria da Educação do Estado de São Paulo, *Currículo paulista: etapa ensino médio* (São Paulo, Seduc-SP, 2020); disponível on-line.

o empreendedorismo, propriamente. Isso foi possível porque esses elementos já haviam sido descritos em documentos anteriores, como a Portaria n. 1.432 do Ministério da Educação, de 2018, na qual estão discriminadas as partes geral e "flexível" do currículo e os eixos temáticos que devem guiar esta última, dentre os quais se encontra o de empreendedorismo[7].

O currículo paulista produzido em 2018 para o NEM se baseia fortemente em dois pilares: a preocupação com a temática do trabalho, que será entendida como marcada por uma série de transformações na contemporaneidade, frente às quais o estudante deve, supostamente, adaptar-se, e a preocupação com a dimensão "socioemocional" ou subjetiva dos educandos cuja formação pretende pautar.

Já em seu tenro início, o currículo paulista traz à tona uma estrutura discursiva que rapidamente se mostra preocupada em propor uma formação para além dos muros escolares, capaz, portanto, de reverberar na vida prática e concreta dos jovens em formação para além do ambiente e das demandas situadas nas instituições escolares. Assim, o documento chama atenção para o "contexto" dos jovens do país e da região na atualidade, afirmando ser necessário que seja este o ponto de partida de um projeto educacional pertinente. Passa-se, assim, a diagnosticar esse contexto supostamente vivenciado pelos estudantes do estado.

Esse diagnóstico irá, então, se estender por grande parte do documento, constituindo-se como base para alicerçar muitos dos argumentos curriculares a respeito daquilo que o estado entende ser o papel da educação básica e do ensino médio na formação dos jovens, que se dará, portanto, justamente em função dessa compreensão da realidade operada ao diagnosticar tal contexto.

A principal característica desse "contexto" que o currículo de São Paulo descreve será a da emergência de um novo estado de coisas que, surgido na contemporaneidade, representaria uma ordem social original, a qual implicaria, igualmente, em uma série de demandas novas a serem desenvolvidas por parte dos sujeitos e das instituições sociais. Eis aí, inclusive, um dos principais argumentos atribuídos pelo currículo à reforma educacional que lhe dá fundamento: a necessidade de correspondência, no âmbito educacional, às novas demandas que floresceriam na contemporaneidade.

Diferentes dimensões da vida social são abordadas ao se reconhecer o mundo de novidades ao qual o NEM estaria buscando corresponder. Privilegia-se particularmente a dimensão do trabalho, reconhecida repetidamente no documento curricular como uma das preocupações centrais da formação proposta e bastante mencionada ao se descrever o eixo de empreendedorismo. Assim como a vida social de forma geral, o campo do trabalho é descrito no currículo como marcado,

---

[7] Brasil, Ministério da Educação, Portaria n. 1.432, de 28 de dezembro de 2018. Estabelece os referenciais para elaboração dos itinerários formativos conforme preveem as Diretrizes Nacionais do Ensino Médio, Brasília, *Diário Oficial da União*, 2019; disponível on-line.

na atualidade, por transformações que fazem surgir um novo estado de coisas, ao qual caberia a todos os jovens adaptar-se.

Antes de prosseguir no tratamento da temática do trabalho, central à caracterização do eixo de empreendedorismo em São Paulo, deve-se fazer um breve destaque acerca da posição defendida frente ao contexto que o estado narra. Busca-se, aqui, esclarecer o diagnóstico por ele realizado e sintetizado em seu documento curricular para o ensino médio, mas isso é central principalmente na medida em que o estado parte desse diagnóstico para uma tomada de atitude frente a essa realidade que ele descreve. Isso é, uma vez operado o diagnóstico que aqui se busca definir, é justamente a *adaptação* dos jovens frente a ele o que o modelo educacional proposto buscará promover (e não, por exemplo, uma crítica ao estado de coisas percebido ou muito menos uma tentativa de transformá-lo por meio da educação, seja em breve, seja em um futuro mais distante). Nas palavras do próprio documento curricular, "o Ensino Médio deve atender às demandas da contemporaneidade"[8].

O "mundo do trabalho" na atualidade é reconhecido como marcado pela flexibilização do modelo de trabalho até então vigente, o qual seria caracterizado pelas ideias de carreira ou de profissão, que descrevem a permanência dos trabalhadores em tarefas e vínculos profissionais mais ou menos estáveis e duradouros. Na contemporaneidade, por sua vez, segundo o currículo do estado de São Paulo, veríamos emergir um enfraquecimento desse aspecto de estabilidade e constância que definiria as profissões e sua substituição pela variabilidade e imprevisibilidade das demandas ao trabalhador, das tarefas a serem desempenhadas, pelo rebaixamento do tempo de permanência em determinado local ou em subordinação a um mesmo empregador etc.

Nesse sentido, fala-se, por exemplo, o seguinte:

> Especificamente sobre a educação para o mundo do trabalho, faz-se necessário combinar as demandas dos setores produtivos, os interesses dos indivíduos e os interesses coletivos, preparando, assim, o cidadão para o desempenho de "profissões" cada vez mais fluidas, intangíveis e mutantes. O trabalhador deve estar habituado e preparado para a adaptação contínua das relações profissionais, dos objetivos da produção da gestão, e das tecnologias, inovações e integrações rupturas subjacentes, do posicionamento intelectual, político e filosófico dos atores sociais, incluindo concepções e visões de mundo, comportamento, condutas e valores.[9]

Trata-se, em verdade, segundo o diagnóstico do documento, do reconhecimento de um contexto no qual não apenas haveria grandes rupturas com um estado de coisas anterior, mas no qual a emergência de novidades, de disrupções, se faz uma constante. As mudanças se tornam o estado permanente.

---

[8] Estado de São Paulo, Secretaria da Educação do Estado de São Paulo, *Currículo paulista*, cit., p. 23.

[9] Ibidem, p. 28.

Não são poucas as convergências de tal análise com algumas constatações que circulam nas ciências sociais. A respeito dessa leitura do mundo, o diagnóstico curricular parece ir ao encontro, por exemplo, de outros como aqueles apresentados por Sennett[10] ou por Rosa[11].

O primeiro desses autores toma como objeto de sua análise as transformações produzidas pela flexibilização de legislações trabalhistas e pela implementação de novas tecnologias no mundo do trabalho contemporâneo no âmbito subjetivo, identitário e nas próprias relações entre os trabalhadores. Nesse debate, Sennett reconhece a impermanência dos profissionais em um mesmo trabalho por longos períodos de tempo e entende que, a partir disso, também se fragilizam a identificação entre o trabalhador e seu trabalho e, assim, a própria construção de uma identidade profissional, bem como a noção de carreira como o paradigma do trabalho, cujo processo comum deixa de ser aquele de vínculos duradouros em uma mesma empresa ou em poucas distintas, exercendo mais ou menos o mesmo tipo de atividade.

Rosa desenvolve um diagnóstico da modernidade tardia entendendo-a como uma época marcada por um mundo social atravessado pela flexibilidade e pela emergência constante de transformações abruptas, frente às quais resta ao sujeito reinventar-se constantemente, adaptar-se. Para o autor, a contemporaneidade instaura, sobretudo no campo do trabalho, mudanças sucessivas do *status quo* como um estado permanente do meio social. Assim, os sujeitos passariam a viver em um mundo marcado por sucessivas rupturas, fazendo da ocorrência destas uma constante. O resultado, para o autor, seria o surgimento de uma exigência central frente aos sujeitos: a adaptabilidade.

Prosseguindo sua argumentação acerca das transformações que demandariam uma atualização do modelo escolar da última etapa da educação básica brasileira, o currículo paulista argumentará, de forma até semelhante àquela descrita por tais autores, que não apenas novas demandas se impõem, mas buscará sustentar, sobretudo, a sua imposição frente *aos sujeitos*, que passam, assim, a ser objeto da formação proposta no documento. A preocupação de preparar os jovens para a nova realidade que estaria a marcar a atualidade encontra na dimensão socioemocional um dos campos mais centrais.

Já em seu início, o currículo paulista afirma estar baseado no modelo da educação integral, que engloba, segundo o mesmo documento, as seguintes dimensões: intelectual, física, cultural e *socioemocional*.

Trazida à tona, assim, por meio do modelo da educação integral, a dimensão socioemocional será resgatada no eixo de empreendedorismo, no qual, segundo

[10] Richard Sennett, *A corrosão do caráter: consequências pessoais do trabalho no novo capitalismo* (trad. Marcos Santarrita, Rio de Janeiro, Record, 2015).

[11] Hartmut Rosa, *Social Acceleration: a New Theory of Modernity* (trad. Jonathan Trejo-Mathys, Nova York, Columbia University Press, 2013) [ed. bras.: *Aceleração: a transformação das estruturas temporais na Modernidade*, trad. Rafael H. Silveira, São Paulo, Editora Unesp, 2019].

explicita o próprio documento curricular paulista, serão trabalhadas as chamadas competências socioemocionais, que dizem respeito a "orientações de como lidar com os outros, consigo mesmo e com os desafios"[12].

Nessa senda, são eleitas como objetos educacionais a serem trabalhados centralmente no eixo de empreendedorismo as dimensões comportamental e emocional dos estudantes, bem como as diferentes formas de ocupar-se e de lidar consigo próprio.

Combinando os dois aspectos destacados na análise até aqui sintetizada, temos que a reforma educacional que traz à tona o empreendedorismo como eixo da formação dos jovens no ensino médio busca, na visão estampada no currículo paulista para essa etapa da educação, corresponder às demandas de um novo tempo. Especificamente, o eixo de empreendedorismo se ligaria sobremodo às exigências do trabalho, ajudando o indivíduo a se adaptar às novidades que surgem. Essa adaptação, por sua vez, se daria sobretudo a partir do desenvolvimento de certas capacidades socioemocionais, psíquicas e subjetivas.

Para ilustrarmos brevemente algumas das características que o currículo busca desenvolver nos jovens em meio a esse contexto, podemos retomar o seguinte trecho:

> Viver, aprender e se relacionar *nesse novo contexto* tem *exigido, cada vez mais, maior autonomia e mobilização de competências dos sujeitos* para acessar, selecionar e construir pontos de vista frente ao volume substancial de informações e conhecimentos disponíveis, para *buscar soluções criativas e fazer escolhas coerentes com seus projetos de vida e com o impacto dessas escolhas.*[13]

Sustenta-se, assim, que "a sociedade contemporânea" engendraria um "novo contexto", definido no capítulo inicial do documento como marcado por "cenários complexos, multifacetados e incertos"[14]. Essa configuração implicaria em demandas igualmente novas por parte "*dos sujeitos*", exigindo destes cada vez mais "maior *autonomia* e mobilização de competências [...] para *buscar soluções criativas* e *fazer escolhas coerentes com seus projetos de vida* e com o impacto dessas escolhas" (grifos nossos).

Assim, no âmbito do próprio documento curricular do estado, reconhece-se, dessa forma, a emergência de novas dinâmicas no mundo social na contemporaneidade. Diante desse mundo, marcado por "cenários incertos", o que se coloca é a ideia de que os sujeitos devem adaptar-se, correspondendo a esse novo estado de coisas. É esse o papel atribuído à educação, ao ensino médio.

Afasta-se o tecimento de críticas diante da contemporaneidade e de processos como a flexibilização de legislações trabalhistas, o surgimento de novas formas de exploração do trabalho, e daí por diante. Buscando naturalizar essa realidade

---

[12] Estado de São Paulo, Secretaria da Educação do Estado de São Paulo, *Currículo paulista*, cit., p. 202.

[13] Ibidem, p. 23 (grifos nossos).

[14] Idem.

imediata, é o empreendedor que aparece como modelo ideal, sustentando a necessidade de adaptações subjetivas frente às novas realidades do mundo contemporâneo, sem, no entanto, refletir criticamente acerca destas.

O caso do currículo paraense

Outro caso para exemplificar os caminhos da adoção da temática do empreendedorismo e a maneira com que ela é compreendida no campo da educação e no âmbito da reforma do NEM é o currículo produzido pelo estado do Pará direcionado para a etapa do ensino médio. Mais precisamente, trata-se do volume 2 do *Documento curricular do estado do Pará*, produzido em 2021, o qual busca dar conta, de maneira original, no âmbito estadual, das transformações trazidas à tona pela reforma do ensino médio[15].

De modo peculiar, o currículo desse estado apresenta novidades frente ao modelo paulista e mesmo frente à adoção do empreendedorismo enquanto eixo estruturante, proposta pelo próprio Ministério da Educação[16]. Assim, são manifestadas recorrentes críticas e rupturas com perspectivas pedagógicas historicamente adotadas pelo governo federal, de forma a, inclusive, adotar não o eixo de empreendedorismo, mas, no lugar deste, o chamado "empreendedorismo social".

Originalmente, a noção de "empreendedorismo social" vem à baila e se coloca como uma das principais abordagens ao empreendedorismo, passando a ser compreendida como uma combinação entre elementos empresariais ligados à ideia clássica de empreendedorismo (técnicas de gestão, aspectos comportamentais do empreendedor etc.) e a eleição, como fim da aplicação desses elementos, de problemáticas sociais, comunitárias, para resolução. Será justamente esta a perspectiva adotada pelo estado do Pará, que propõe, por meio da noção de "empreendedorismo social", como objetos da ação empreendedora questões sociais, comunitárias (e não mais puramente individuais[17]), tais como a "resolução de problemas socioambientais"[18].

Tentemos, então, compreender algumas outras ideias que norteiam o currículo e as distinções e semelhanças que apresenta para manejar a ideia de empreendedorismo na formação dos educandos em comparação com a perspectiva adotada pelo estado de São Paulo e diante do modelo proposto pelo governo federal.

Diferentemente do caso anterior, há um nítido esforço de inovação, com críticas ao histórico das políticas educacionais federais para o ensino médio. Critica-se sobretudo

---

[15] Estado do Pará, Secretaria de Estado de Educação do Pará, *Documento curricular do estado do Pará: etapa ensino médio*, v. 2 (Belém, Seduc-PA, 2021); disponível on-line.

[16] Brasil, Ministério da Educação, Portaria n. 1.432, de 28 de dezembro de 2018, cit.

[17] Fala-se, assim, que, no eixo de empreendedorismo social, o empreendedorismo "passa a ser entendido como uma produção social"; Estado do Pará, Secretaria de Estado de Educação do Pará, *Documento curricular do estado do Pará*, cit., p. 367.

[18] Ibidem, p. 417.

o modo pelo qual a dimensão do trabalho seria encarada por tais políticas, descrita no documento como marcada por um "cunho neoliberal"[19], o que será utilizado para embasar uma perspectiva própria de educação, inclusive acerca do empreendedorismo.

Segundo o currículo ora contemplado, a temática do trabalho seria direcionada nas políticas nacionais de educação para o ensino médio, historicamente, em uma perspectiva essencialmente centrada no desenvolvimento de "competências" voltadas à empregabilidade mais imediata dos jovens após sua formação, o que, defende o estado, representaria alguns limites claros:

> É importante ressaltar que apesar de um salto qualitativo no discurso oficial em empregar conceitos como qualidade social da educação e educação integral, estes não podem ser compreendidos apenas pelo viés teórico e progressista que ontologicamente esses termos possuem, *tendo em vista que as diretrizes do Governo seguiam as orientações da política neoliberal, na perspectiva de um Estado Empresarial, sob a lógica gerencialista.*[20]

Se, por um lado, então, critica-se a forma pela qual o trabalho é contemplado nos normativos federais da educação, por outro, o estado não deixará de buscar lidar com a dimensão do trabalho, que também emerge em seu currículo. Por outro lado, ainda, o estado procurará, no âmbito de seu currículo oficial, afirmar o propósito de contemplar o trabalho, temática prevista em documentos norteadores da educação, como a própria Constituição Federal de 1988, de maneira diversa daquela que atribui ao governo federal. O mesmo ocorre com a abordagem do empreendedorismo. Nesse sentido, afirma-se sobre este o seguinte:

> [...] apesar d[e] o termo ter sido importado de uma lógica empresarial [e] voltado à empregabilidade, ao mercado de trabalho e à profissionalização, sua raiz enquanto ação de empreender, idealizar e decidir realizar alinha-se à concepção e aos princípios curriculares paraenses em direção de uma prática educativa emancipatória, dialógica e gnosiológica, capaz de estabelecer ações e ideias inovadoras, úteis à mediação de problemas sociais [...].[21]

A partir daí, podemos ressaltar alguns elementos. Primeiro, cabe chamar atenção ao fato de que o documento curricular reconhece no termo "empreendedorismo", originalmente, uma vinculação a uma lógica empresarial e à eleição da empregabilidade como problema central. Assim, também o empreendedorismo se insere na série de críticas que o estado faz frente à forma pela qual o governo federal vem lidando com o trabalho na etapa do ensino médio, entendida pelo currículo paraense como essencialmente preocupada apenas com a empregabilidade, ou seja, com as demandas econômicas imediatas (aproximando-se, assim, inclusive, da qualificação de "neoliberal" conforme descrita pelo estado anteriormente).

---

19 Ibidem, p. 60.

20 Idem, grifos nossos.

21 Ibidem, p. 367.

Da mesma forma como ocorreu ao tratarmos da perspectiva que o documento do estado estabelece em relação à dimensão do trabalho, novamente aqui, no caso do empreendedorismo, a crítica que opera no que se refere ao conteúdo que seria (originalmente) vinculado à temática ou, no caso, ao termo não implicará no abandono de sua mobilização por parte do estado. Novamente, assim, um jogo de oposição parece se estabelecer. O estado, então, aparenta recusar a "lógica empresarial" voltada para a empregabilidade que reconhece na origem do termo empreendedorismo, utilizando-o "apesar" dela.

O que parece mais interessante ainda, no entanto, é que também o reconhecimento de uma *semelhança*, de uma convergência com o sentido original do termo a ser explorada, vem à tona. Tão logo se mostra o jogo de oposição frente àquilo que se reconhece ser o núcleo original da ideia de empreendedorismo, estabelece-se, imediatamente, um jogo de aproximação, identificando nos traços comportamentais do empreendedorismo, precisamente, um sentido diante do qual a própria perspectiva pedagógica do estado do Pará se aproximaria.

Nessa senda, o estado reconhece no empreendedorismo uma "raiz" útil, a partir da qual pretende trabalhá-lo. A saída dada para a obrigatoriedade de lidar com o empreendedorismo enquanto um eixo de seu currículo é, assim, apontar no termo um núcleo com o qual identifica sua perspectiva educacional. Essa raiz consiste na "ação de empreender", em "idealizar e decidir realizar" algo, e é possível trabalhar com ela porque ela convergiria com a perspectiva educacional do estado (educação emancipatória, gnosiológica e dialógica), ligada a ideias e práticas inovadoras. Em suma, a raiz de empreender, de idealizar e decidir realizar, remeteria aos elementos de uma educação "emancipatória" e preocupada com a promoção de "inovações", ambos aspectos defendidos pelo estado.

Assim, é justamente em características que dizem respeito ao comportamento, aos sujeitos, que o estado reconhece a "raiz" do empreendedorismo. Embora busque se afastar do caráter "neoliberal" que vinculou ao empreendedorismo em sua origem, é nos aspectos voltados à estruturação de um tipo de sujeito empreendedor, figura que se fortalece com o neoliberalismo, que irá focar, apontando a relevância da perspectiva comportamental no tema do empreendedorismo.

Em outra passagem que nos interessa para compreendermos o sentido atribuído ao eixo de empreendedorismo (ou, agora, "empreendedorismo social"), o currículo continuará abordando as potenciais contribuições do eixo para a formação: "o Empreendedorismo Social visa desenvolver nos estudantes habilidades que estejam articuladas à criação de empreendimentos pessoais ou produtivos. Por essa razão, tal eixo dialoga com o projeto de vida dos jovens, uma vez que visa fortalecer a autonomia, o foco e a determinação, a fim de que consigam planejar e alcançar os objetivos voltados, inclusive, à geração de renda"[22].

[22] Ibidem, p. 399.

Podemos perceber, assim, que essa fala resgata novamente a ideia anterior de que o empreendedorismo seria entendido a partir de sua "raiz", reconhecida nos aspectos de "idealizar e decidir realizar", como uma preparação para a ação do sujeito no mundo. Essa preparação, por sua vez, consistiria no desenvolvimento de competências como a autonomia, o foco e a determinação, que possibilitariam supostamente ao indivíduo "planejar e alcançar" seus objetivos, inclusive aqueles tocantes à geração de renda. Novamente, identifica-se no empreendedorismo uma raiz que alia valores e pragmatismo, segundo a qual, a partir do desenvolvimento de valores e comportamentos voltados à autonomia, ao foco e à determinação, o sujeito poderá planejar e conquistar seus objetivos.

O empreendedorismo seria compreendido, assim, primordialmente, como ferramenta útil para que os jovens possam "planejar e alcançar os objetivos", sejam estes produtivos ou não. Assim, não se tem um abandono do empreendedorismo como modelo, mas, antes, sua generalização, ou, ao menos, seu alargamento. Trata-se, em suma, de sua aplicabilidade para além do processo produtivo, mas como conjunto de técnicas pelas quais o sujeito pode e deve operar (planejando) para aumentar sua eficácia (alcançando seus objetivos) em diferentes campos de sua vida.

Não se trata, portanto, de desenvolver jovens necessariamente empresários ou algo do gênero. Nesse caso, ao menos, o que ocorre é que o estado não parece vincular um fim específico ao empreendedorismo (por exemplo, uma formação para empresas, negócios etc.). Não à toa, o empreendedorismo, assim, para o estado, pode estar ligado a diferentes fins, como "a construção de uma carreira, a aquisição de uma microempresa, um curso superior ou outras aspirações pessoais"[23].

Diferente, mas igual? Pensando o empreendedorismo como modelo de sujeito (neoliberal)

Com a leitura dos currículos paulista e paraense, pretendeu-se dar um quadro, ainda que parcial, incompleto, acerca da adoção da temática do empreendedorismo no contexto do NEM, tornada obrigatória com a reforma educacional que funda este. Por meio desses materiais, embora sem dúvida não se possam esgotar as características atribuídas a essa temática no modelo educacional adotado desde 2022 na última etapa da educação básica, pode-se vislumbrar algumas das diferentes possibilidades de encaminhamento do empreendedorismo como temática educacional, evidenciando divergências e rupturas, bem como – e eis aí o central para a presente discussão – a existência de certos limites ou questões que se impõem ao tentar mobilizar esse tema na formação dos jovens em detrimento de uma perspectiva empresarial ou neoliberal.

---

[23] Ibidem, p. 367.

Primeiramente, podemos sintetizar o caso paulista. O currículo de São Paulo parte de um diagnóstico do mundo social e sobretudo do campo do trabalho na contemporaneidade como marcados por sucessivas rupturas, gerando um mundo do trabalho definido por "'profissões', cada vez mais fluidas, intangíveis e mutantes". Em síntese, propõe, diante desse contexto, que os jovens formandos devem se adaptar, desenvolvendo competências demandadas por esse estado de coisas emergente.

Além disso, vimos que as competências a serem desenvolvidas encontram no campo socioemocional um lugar central no eixo de empreendedorismo conforme definido pelo estado. Assim, trata-se de desenvolver no eixo certas disposições psíquicas e comportamentais, como, por exemplo, a adaptabilidade. Nas palavras já mencionadas do currículo: "O trabalhador deve estar habituado e preparado para a adaptação contínua das relações profissionais, dos objetivos da produção da gestão, e das tecnologias, inovações e integrações rupturas subjacentes [...]"[24].

Apesar das diferenças existentes entre os documentos comentados (que, diga-se de passagem, não são poucas), parece haver também entre eles *semelhanças* significativas. Não obstante o currículo paraense busque se atrelar a objetos distintos, que, em vez de se limitarem à realização individual, se ligam a problemáticas e questões comunitárias, compartilhadas entre diferentes sujeitos, uma aproximação relevante com o modelo paulista, que à primeira vista pode parecer tão diverso, vem à tona.

O próprio currículo paraense, nesta senda, embora conceda ao significado original da noção de empreendedorismo certo ar "empresarial" ou "neoliberal", além de atribuir à ação empreendedora objetos ligados à comunidade, irá reconhecer uma raiz útil nessa temática, inclusive encontrando convergências entre ela e objetivos pedagógicos do estado como desenvolver uma educação "emancipatória, [...] capaz de estabelecer ações e ideias inovadoras, úteis à mediação de problemas sociais"[25].

Nesse sentido, ainda que afirme buscar se afastar de uma perspectiva "neoliberal" e "empresarial" do empreendedorismo, acabará por reconhecer e valorizar certas características comportamentais que o estado atribui ao empreendedorismo, como a inovação, o planejamento/idealização e a execução (o "decidir fazer").

Em suma, o currículo paraense, portanto, embora identifique e critique o caráter neoliberal da ideia de empreendedorismo, não apenas não se desfaz de sua contemplação curricular, tornada obrigatória no NEM, como admite como potência os traços comportamentais que o empreendedorismo supostamente seria capaz de gerar. Ao cabo, o empreendedorismo parece ser caracterizado pelo estado como desenvolvedor de traços psíquicos e comportamentais (autonomia,

[24] Estado de São Paulo, Secretaria da Educação do Estado de São Paulo, *Currículo paulista*, cit., p. 28.

[25] Estado do Pará, Secretaria de Estado de Educação do Pará, *Documento curricular do estado do Pará*, cit., p. 367.

criatividade etc.) supostamente úteis aos sujeitos, tornando possível aos jovens "planejar e alcançar os objetivos" por eles pretendidos.

Parece, portanto, tratar-se, em ambos os casos, do empreendedorismo como um modelo comportamental, como um conjunto de práticas e posturas subjetivas que caracterizariam o ideal de sujeito necessário a obter sucesso em um mundo marcado pela flexibilização das normas trabalhistas, da jornada de trabalho, da estabilidade dos vínculos profissionais etc., seja adentrando o mundo do trabalho mais imediatamente no caso paulista, seja por meio da busca por "fortalecer a autonomia, o foco e a determinação, a fim de que consigam planejar e alcançar os objetivos almejados"[26] em diferentes ordens da vida, no caso paraense.

Assim, parecemos chegar a um núcleo do empreendedorismo como modelo de subjetividade, convergindo com discussões que o vinculam ao neoliberalismo, pensando este como um modelo e ideal de sujeito autônomo, criativo e flexível que se coloca na contemporaneidade a partir de discursos e dispositivos diversos, como, por exemplo, discutido em trabalhos de Foucault e, mais recentemente, Dardot e Laval[27]. Se, como propõem esses autores, pensarmos o empreendedorismo como modelo de sujeito atrelado à ascensão do neoliberalismo, parece haver, assim, mais continuidades do que rupturas entre ambos os casos.

Encontramos, como uma das principais justificativas apresentadas nos documentos e currículos do NEM ligadas à adoção do empreendedorismo, o reconhecimento de que na contemporaneidade se apresentaria um novo estado de coisas e que caberia aos sujeitos adaptar-se a essa nova realidade, sendo o NEM uma adaptação educacional com o objetivo de preparar os jovens para tanto.

O reconhecimento de um lugar comum – o do sujeito empreendedor como ideal de sujeito na atualidade – após os percursos distintos percorridos pelos dois currículos analisados indica a força dessa ideia e a promoção do ideal empreendedor no NEM.

---

[26] Ibidem, p. 399.

[27] Em suma, cada um desses autores propõe pensar o neoliberalismo como um poder que produz subjetividades, instaurando um tipo de sujeito que se relaciona de forma específica com os outros e consigo próprio, portando-se como uma espécie de gestor de si mesmo e buscando desenvolver capacidades como autonomia, criatividade e flexibilidade, demandas dos sujeitos na contemporaneidade em decorrência de flexibilizações de legislações trabalhistas, da estabilidade das funções exercidas, dos vínculos profissionais que se estabelecem etc. Michel Foucault, "O nascimento da biopolítica", em *Resumo dos cursos do Collège de France (1970-1982)* (trad. Andrea Daher, Rio de Janeiro, Jorge Zahar, 1997), p. 87-97; Pierre Dardot e Christian Laval, *A nova razão do mundo* (São Paulo, Boitempo, 2017).

Sobre os autores e os organizadores

Antonio A. Casilli

Professor de sociologia do Instituto Politécnico de Paris e bolsista da Faculdade Churchill, da Universidade de Cambridge. Foi cofundador da Rede Internacional sobre Trabalho Digital (INDL) e do programa de pesquisa Trabalho em Plataformas Digitais (DiPLab). Entre suas publicações cita-se *Waiting for Robots: The Hired Hands of Automation* (University of Chicago Press, 2024).

António Brandão Moniz

Professor da Universidade Nova de Lisboa desde 1983. É fundador e membro da Associação Portuguesa de Sociologia. Dirige o Observatório de Avaliação de Tecnologia (desde 2015) do Cics.Nova. É autor do recente livro *Robótica e trabalho: o futuro hoje* (Glaciar, 2018). Membro do Comitê Diretivo da rede internacional Gerpisa de investigação sobre a indústria automóvel.

Antonio Marcos Pantoja dos Santos

Mestre em Meio Ambiente e Desenvolvimento Rural pela Universidade de Brasília (UnB), mestre em Governo, Estado e Políticas Públicas pela Faculdade Latino-americana de Ciências Sociais (Flacso), especialista em Educação do Campo, Desenvolvimento e Sustentabilidade pela Universidade Federal do Pará (UFPA) e professor de Educação Básica da Secretaria de Estado de Educação do Distrito Federal (SEEDF).

Florian Butollo

Professor de sociologia com foco na digitalização do trabalho na Universidade Técnica de Berlim. Faz parte do grupo de pesquisa "O trabalho com inteligência artificial", no Instituto Weizenbaum em Berlim e do grupo de pesquisa "Globalização, trabalho e produção", no Centro de Ciências Sociais de Berlim.

Jamie Woodcock
Professor da Universidade de Essex, no Reino Unido. Autor dos livros *Troublemaking* (Verso, 2023), *Employment* (Routledge, 2023), *The Fight Against Platform Capitalism* (University of Westminster Press, 2021), *The Gig Economy* (Polity, 2019) e *Marx at the Arcade* (Haymarket, 2019).

João Pedro Inácio Peleja
Doutorando e mestre pelo Programa de Pós-graduação em Sociologia da Universidade de Brasília. Atualmente, compõe a equipe de pesquisadores do projeto "Para onde vai o trabalho humano na era digital?". É membro do Grupo de Pesquisa Trabalho e Teoria Social e do Grupo de Estudos e Pesquisas para o Trabalho, ambos da UnB.

Jörg Nowak
Professor de Economia Política Internacional no Instituto de Relações Internacionais da Universidade de Brasília. Publicou o livro *Mass Strikes and Social Movements in Brazil and India* (Palgrave Macmillan, 2019).

Karina Pinhão
Doutoranda no Centro de Estudos Sociais (CES) da Universidade de Coimbra no Programa Democracia no Século XXI. Mestre e bacharel em direito. Integrante do Grupo de Estudos sobre a Teoria da Reprodução Social (GE-TRS) e do Núcleo de Estudos de Trabalho, Gênero e Raça a Partir do Materialismo Histórico-Dialético (Negrem-Unirio).

Katiuscia Moreno Galhera
Doutora em ciência política (Unicamp) com período de pesquisadora visitante em direitos globais de trabalhadores e trabalhadoras na Universidade Estadual da Pensilvânia (Estados Unidos) e estágios pós-doutorais em sociologia (UEL) e educação (Unesp), com período de pesquisadora visitante na Universidade de Sheffield (Reino Unido).

Kelem Ghellere Rosso
Docente do Instituto Federal do Paraná e colaboradora do Mestrado ProfSocio/UFPR. Autora do livro *Trabalhando no Madero: da condição juvenil de seus trabalhadores à trajetória de acumulação de riquezas de uma família* (Fino Traço, 2024). Vencedora do Prêmio "Mundos do Trabalho" (2023) da Abet. Suas pesquisas se concentram na temática do trabalho, juventude e ensino de sociologia.

Kethury Magalhães dos Santos
Graduada em ciências sociais pela Universidade de Brasília (2021). Atualmente, é mestranda pelo Programa de Pós-Graduação em Sociologia (PPGSOL-UnB), no âmbito do qual desenvolve a pesquisa "Mulheres no delivery: as peculiaridades no trabalho de entregadoras por meio de plataformas digitais no Distrito Federal". Integrante do Grupo de Pesquisa Trabalho e Teoria Social (GPTTS) da UnB.

Laura Valle Gontijo
Doutoranda em sociologia da Universidade de Brasília (UnB), com período sanduíche na King's College London. Filiada ao Grupo de Pesquisa Trabalho e Teoria Social (GPTTS), ao Grupo de Estudos e Pesquisas para o Trabalho (GEPT) e ao Laboratório Vivo de Inclusão no Trabalho em Plataformas, da Cooperação Europeia em Ciência e Tecnologia.

Lea Schneidemesser
Pesquisadora associada e candidata a doutoranda na Universidade de Erfurt e no Instituto Weizenbaum para a Sociedade em Rede, em Berlim. Sua pesquisa se concentra na digitalização de indústrias de manufatura na China e na Alemanha, bem como na internacionalização de empresas chinesas na Europa.

Marco Aurélio Santana
Professor titular do Departamento de Sociologia e do Programa de Pós-Graduação em Sociologia e Antropologia do Instituto de Filosofia e Ciências Sociais (IFCS) da UFRJ. É coordenador do Núcleo de Estudos Trabalho e Sociedade (NETS-UFRJ). Autor de *Homens partidos: comunistas e sindicatos no Brasil* (Boitempo/Unirio, 2001) e organizador de *Juventude trabalhadora e sindicatos: formas e dinâmicas da ação coletiva no Rio de Janeiro* (7Letras, 2023).

Marta Candeias
Consultora de Financiamento de Pesquisa na Universidade de Lisboa, doutora em Avaliação de Tecnologia (2023) na Universidade Nova de Lisboa e pesquisadora júnior do Cics.Nova. É também membro da equipe de gestão da Plataforma Tecnológica Europeia Manufuture desde 2020 e líder do grupo de trabalho na iniciativa Materiais Avançados 2030 desde 2021.

Mateus Mendonça
Doutorando em sociologia na Universidade Johns Hopkins, Estados Unidos, e pesquisador no Centro para Estudos Globais Arrighi. É mestre em sociologia política pela Escola de Economia e Ciência Política de Londres (LSE), onde foi bolsista Chevening. Foi fundador da revista *The New Sociological Perspectives*. É associado ao

Cenedic/USP e membro do Movimentos de Trabalho da Associação Internacional de Sociologia (ISA).

Matheus Paiva

Pesquisador nas áreas de sociologia da educação e sociologia do trabalho. Investiga, sobretudo, a temática do empreendedorismo, buscando reconhecer os elementos centrais do seu discurso e suas relações com formas neoliberais de subjetivação. Atualmente, é mestrando em sociologia pela Universidade de Brasília e atua como professor da Secretaria de Educação do Distrito Federal.

Matheus Viana Braz

Psicólogo, mestre e doutor em psicologia pela Universidade Estadual Paulista (Unesp/FCLA). Professor do Programa de Pós-graduação em Psicologia da Universidade Estadual de Maringá (UEM), professor do Departamento de Psicologia da Universidade do Estado de Minas Gerais (UEMG) e coordenador do Laboratório de Trabalho, Saúde e Processos de Subjetivação (Latraps-UEMG).

Neusa Maria Dal Ri

Professora da Universidade Estadual Paulista (Unesp). Líder do Grupo de Pesquisa Organizações e Democracia, editora do periódico científico *ORG&DEMO*, bolsista nível 1 do CNPq. Autora de vários livros e de inúmeros artigos científicos. Pesquisadora nas temáticas de política educacional, gestão educacional e privatização da educação; trabalho, educação e empreendimentos de autogestão.

Paola Tubaro

Pesquisadora do Centre National de la Recherche Scientifique (CNRS), França. Membro do Centre of Research in Economics and Statistics (Crest, CNRS-Ensae), Institut Polytechnique de Paris, França. Estuda as transformações contemporâneas dos mercados e das organizações, em especial economia de plataforma digital.

Rafael Grohmann

Professor de Estudos Críticos de Plataformas da Universidade de Toronto. Líder do DigiLabour e do Observatório do Cooperativismo de Plataforma. Editor da revista *Platforms & Society*.

Ricardo Colturato Festi

Professor do Departamento de Sociologia e do Programa de Pós-Graduação em Sociologia da Universidade de Brasília (UnB). Coordenador do Grupo de Pesquisa Trabalho e Teoria Social (GPTTS). Autor do livro *As origens da sociologia do trabalho: percursos cruzados entre Brasil e França* (Boitempo, 2023) e organizador de *A tragédia de Sísifo* (Paco, 2023).

Ricardo Framil Filho

Doutor em sociologia pela Universidade de São Paulo e membro do grupo de pesquisa Globalização, Trabalho e Lutas Sociais. Nos últimos anos, tem se dedicado à investigação de diferentes formas de incorporação do trabalho a redes globais de produção e suas consequências para a experiência de classe e a organização coletiva.

Sarrah Kassem

Professora e pesquisadora associada da Universidade de Tubinga. Em *Work and Alienation in the Platform Economy: Amazon and the Power of Organization* (Bristol University Press, 2024), compara os trabalhadores dos armazéns da Amazon e os trabalhadores da Amazon Mechanical Turk. Seus focos atuais giram em torno de trabalhadores de plataformas e logística, condições de trabalho e as dimensões interseccionais da organização do trabalho.

Simon Scheffler

Estudante de pós-graduação na Universidade Humboldt de Berlim e ex-aluno assistente de pesquisa no Instituto Weizenbaum para a Sociedade em Rede. Sua pesquisa se concentra no papel da digitalização nas cadeias de suprimentos globais, bem como na transformação da estratégia no ambiente cada vez mais volátil do Antropoceno.

Sophie Bernard

Professora de sociologia na Universidade de Paris Dauphine-PSL e pesquisadora do Irisso. Sua pesquisa se concentra na sociologia do trabalho e do emprego e publicou dois livros: *Le Nouvel Esprit du salariat* (PUF, 2020) e *UberUsés: le capitalisme racial de plateforme à Paris, Londres et Montréal* (PUF, 2023).

Tábata Berg

Doutora em Sociologia pela Universidade Estadual de Campinas. Autora de *O ser social à luz da ser-outra* (Ofícios Terrestres, 2024). Atua em Estágio Pós-doutoral pelo Programa de Pós-graduação em Sociologia pela UnB e como consultora da Iniciativa de Saúde Populacional da Universidade de Washington. Pesquisadora nos grupos de pesquisa Trabalho e Teoria Social (UnB) e Mundo do Trabalho e suas Metamorfoses (Unicamp).

Creative Commons

Protesto contra a Uber, em Budapeste, Hungria, em 2016.

Como um espelho da corrosão que o trabalho vem sofrendo em virtude do crescimento das empresas-plataformas, este livro, que pretende ser um convite à reflexão sobre o tema e outras questões afins, foi publicado em 2024, composto em Adobe Garamond Pro, corpo 11/13,2, e impresso em papel Pólen Natural 70 g/m², pela gráfica Mundial, com tiragem de 2 mil exemplares.